U0929773

中国教育事业统计年鉴

EDUCATIONAL STATISTICS YEARBOOK OF CHINA

1996

中华人民共和国
国家教育委员会计划建设司

DEPARTMENT OF PLANNING & CONSTRUCTION
STATE EDUCATION COMMISSION
THE PEOPLE'S REPUBLIC OF CHINA

(京）新登字 113 号

图书在版编目(CIP)数据

中国教育事业统计年鉴　1996/国家教委计划建设司编.
北京：人民教育出版社，1997

ISBN 7－107－12190－1

I.中…　II.国…　III.教育统计－统计资料－中国－1996
－年鉴　IV.G526.6－54

中国版本图书馆 CIP 数据核字(97)第 13830 号

中国教育事业统计年鉴
1996
中华人民共和国国家教育委员会计划建设司　编
*
人民教育出版社出版发行
(100009　北京沙滩后街 55 号)
全国新华书店经销
人民教育出版社印刷厂印装
*
开本 787×1092　1/16　印张 23　字数 520,000
1997 年 7 月第 1 版　1997 年 7 月第 1 次印刷
印数　1－2,660

ISBN 7-107-12190-1
G・5300　定价 55.00 元

说　明

《中国教育事业统计年鉴》(1996)是一本全面反映中华人民共和国教育事业发展情况的资料性年鉴,是由国家教委计划建设司根据全国各省、自治区、直辖市教育委员会、高教局、教育厅(局)填报的学校基层报表数字整理汇编而成的。国家教委教育管理信息中心承担了数据的计算机处理汇总工作。

本年鉴包括以下部分:综合部分、高等教育、中等教育、初等教育、幼儿教育、特殊教育、成人教育、全国各级各类学校的分布情况等。

本年鉴是各有关部门研究教育改革和发展的必备资料工具书,是教育界各机关、学校指导部门制定教育计划、指导教育改革必不可少的依据。

本年鉴所列资料,暂缺台湾省的数字;凡未注明年份的均为1996年的数字。

Notes from the Compiler

The Educational Statistics Yearbook of China for 1996 is an informational yearbook comprehensively reflecting the development of the educational undertaking of the People's Republic of China, and it was compiled by the Department of Planning and Construction of the State Education commission, based on the synthetic statistical returns relating to schools of various types and levels completed by the Educational Commissions (or the Bureaus of Education and Higher Education) of the provincial governments and the goverments of various autonomous regions and municipalities directly under the State Council. All data were processed and calculated using Computers by the Educational Management Information Center of the State Education Commission.

The yearbook is composed of the following parts: summary tables, higher education, secondary education, primary education, pre-primary education, special education, adult education, geographical distribution of schools by type and level.

The yearbook is a requisite reference for all departments concerned with the study of educational reform and development, and provides indispensable factual information to the educational community (circles), the state organs, and all supervisory bodies of education (schools) engaged in curricular development and the guidance of educational reform.

The yearbook lacks the data of Taiwan Province. Data in tables are for 1996, unless otherwise notified.

目　录

一、综合部分

二、高等教育

（一）普通高等学校

（二）研究生

三、中等教育

(一) 中等专业学校

(二) 普通中学

(三) 职业中学

四、初等教育 (小学)

五、特殊教育

六、幼儿教育

七、成人教育

八、各级各类学校分布情况

附表：1990～1995年全国教育统计概要

CONTENTS

Ⅰ . SUMMARY TABLES

Ⅱ . HIGHER EDUCATION

A. REGULAR HIGHER EDUCATIONAL INSTITUTIONS

Ⅷ. GEOGRAPHICAL DISTRIBUTION OF SCHOOLS BY TYPE AND LEVEL

APPENDIX TABLES:

Basic Statistics of Education in China from 1990－95

一、综 合 部 分

I. SUMMARY TABLES

全国各级普通学校基本情况

Basic Statistics of Regular Schools in China by Level & Type

单位:万人
in 10 thousand

	学校数(所) Schools	毕业生数 Graduates	招生数 Entrants	在校学生数 Enrolment	教职工数 Teachers, Staff & Workers	
					计 Total	其中:专任教师 Of which: Full-time Teachers
总　计 Total	934432	3814.05	7034.84	23443.70	1439.17	1121.02
一、研究生 Graduate Education	740	3.97	5.94	16.23	.	
1.高等学校 Inst. of Higher Education	419	3.67	5.48	14.99	.	
2.科研机构 Research Organizations	321	0.29	0.46	1.25	.	
二、普通高等学校 Reg. Inst. of Higher Educations	1032	83.86	96.58	302.11	103.58	40.25
本专科 Undergraduates						
国家任务 Students enrolled according to state plans		54.41	75.84	228.05	.	
委托培养 Students enrolled by Contract		18.29	10.76	39.72	.	
自 费 生 Tuition-paying students		11.02	9.77	33.88	.	
教师本专科 In-service Teacher Training Courses		0.14	0.21	0.45	.	
三、普通中等学校 Reg. Secondary Schools	98665	1793.73	2457.13	6828.15	575.66	415.63
1.中等专业学校 Specialized Sec. Schools	4099	101.87	152.34	422.79	54.28	26.74
中等技术学校 Sec. Technical Schools	3206	73.79	120.77	334.78	42.98	20.43
中等师范学校 Teacher Training Schools	893	28.08	31.57	88.01	11.31	6.31
2.技工学校 Skilled Worker Schools	4467	68.11	72.68	191.81	33.49	11.51
3.普通中学 General Sec. Schools	79967	1483.97	2042.93	5739.68	442.44	346.48
高中 Senior	13875	204.93	282.23	769.25	.	57.21
初中 Junior	66092	1279.04	1760.70	4970.43	.	289.27
4.职业中学 Vocational Schools	10049	139.55	188.91	473.27	45.17	30.76
高中 Senior	8515	120.79	158.23	395.75	.	26.85
初中 Junior	1534	18.76	30.68	77.52	.	3.92
5.工读学校 Correctional Work-study Schools	83	0.23	0.27	0.60	0.28	0.14
四、小学 Primary Schools	645983	1934.08	2524.66	13615.00	638.58	573.58
五、特殊教育学校 Special Education Schools	1428	2.38	4.82	32.11	3.97	2.70
六、幼儿园 Kindergartens	187324	.	1951.65	2666.33	117.38	88.86

全国各级成人学校基本情况

Basic Statistics of Adult Schools in China by Level & Type

单位：万人
in 10 thousand

	学校数(所) Schools	毕业生数 Graduates	招生数 Entrants	在校学生数 Enrolment	教职工数 Teachers, Staff & Workers 计 Total	其中：专任教师 of which: Full-time Teachers
总 计 Total	617498	9225.88	7969.54	6957.30	110.18	46.99
一、成人高等学校 Higher Educational Institutions for Adults	1138	77.15	94.52	265.57	21.42	9.86
1、广播电视大学 Radio/TV Universities	46	18.79	19.71	52.66	4.77	2.18
2、职工高等学校 Workers' Colleges	680	9.33	11.47	32.62	8.31	3.92
3、农民高等学校 Peasants' Colleges	4	0.04	0.05	0.10	0.03	0.01
4、管理干部学院 Institutes for Administration	164	6.18	6.72	15.38	3.75	1.45
5、教育学院 Educational Colleges	240	8.06	8.00	20.54	4.42	2.23
6、独立函授学院 Independent Correspondence Colleges	4	0.35	0.45	1.36	0.14	0.07
7、普通高等学校举办：Run by Reg. Inst. of Higher Ed.		34.40	48.12	142.91		
函授部 Divisions of Correspondence		20.88	28.19	88.27		
夜大学 Evening Schools		7.08	10.89	33.05		
成人脱产班 Short-cycle Courses for Adults		6.44	9.04	21.59		
合计中：电大、普通专科班(A)		6.95	8.00	18.66		
二、成人中等学校 Sec. Education for Adults	453221	8484.86	7280.33	6018.59	68.93	31.18
1、成人中等专业学校 Specialized Sec. Schools for Adults	5070	102.05	127.18	309.71	22.49	12.13
广播电视中等专业学校 Radio/TV Specialized Sec. Schools	173	16.15	24.94	61.24	1.65	0.81
职工中等专业学校 Specialized Sec. Schools for Staff & Workers	1978	34.95	43.34	109.22	8.36	4.33
干部中等专业学校 Specialized Sec. Schools for Cadres	231	5.71	7.57	17.58	1.20	0.60
农民中等专业学校 Specialized Sec. Schools for Peasants	519	8.04	11.37	27.22	2.08	1.25
函授中等专业学校 Correspondence Specialized Sec. Schools	81	13.69	16.91	41.47	1.22	0.50
教师进修学校 In-service Teacher Training Schools	2088	23.51	23.05	52.98	7.98	4.64
2、成人中学 General Sec. Schools for Adults	5383	45.79	51.61	60.01	3.87	2.10
职工中学 General Sec. Schools for Staff & Workers	1650	14.66	17.91	23.06	2.27	1.29
农民中学 General Sec. Schools for Peasants	3733	31.13	33.70	36.95	1.60	0.81
3、成人技术培训学校 Technical Training Schools for Adults	442768	8337.02	7101.55	5648.87	42.57	16.94
职工技术培训学校 Technical Training Schools for Staff & Workers	12755	688.66	734.87	405.10	7.69	4.28
农民技术培训学校 Technical Training Schools for Peasants	430013	7648.37	6366.67	5243.77	34.88	12.65
三、成人初等学校 Adult Primary Schools	163139	663.87	594.69	673.14	19.83	5.95
1、职工初等学校 Worker Primary Schools	1546	11.95	12.82	14.45	0.42	0.21
2、农民初等学校 Peasant Primary Schools	161593	651.92	581.87	658.69	19.41	5.74
其中：扫盲班 of which: Literacy Classes	113143	406.78	338.71	409.79	13.89	3.91

(A): Of the total: The Regular Short-cycle Courses in Radio/TV Universities, for graduates from higher Schools.

各级普通学校校数

Number of Regular Schools by Level & Type

单位：所

	1949	1965	1978	1980	1985	1995	1996
普通高等学校 Reg. Inst. of Higher Education	205	434	598	675	1016	1054	1032
普通中等学校 Reg. Secondary Schools	5219	81274	167118	128065	108494	99814	98705
中等专业学校 Specialized Sec. Schools	1171	1265	2760	3069	3557	4049	4099
中等技术学校 Sec. Technical Schools	561	871	1714	2052	2529	3152	3206
中等师范学校 Teachers Training Schools	610	394	1046	1017	1028	897	893
技工学校 Skilled Worker Schools	3	281	2013	3305	3548	4507	4467
普通中学 General Sec. Schools	4045	18102	162345	118377	93221	81020	79967
高中 Senior	1597	4112	49215	31300	17318	13991	13875
初中 Junior	2448	13990	113130	87077	75903	67029	66092
职业中学 Vocational Schools	–	61626	…	3314	8070	10147	10049
工读学校 Correctional Work-study Schools	–	–	–	…	98	91	83
小学 Primary Schools	346769	1681939	949323	917316	832309	668685	645983
特殊教育学校 Special Education Schools	…	266	292	292	375	1379	1426
幼儿园 Kindergartens	…	19226	163952	170419	172262	180438	187324

各级普通学校学生数

Enrolment of Regular Schools by Level & Type

单位: 万人
in 10 thousand

	1949	1965	1978	1980	1985	1995	1996
研究生 (人) Graduate Education(Person)	629	4546	10934	21604	87331	145443	162322
普通高等学校本专科 Undergraduate Education	11.65	67.44	85.63	114.37	170.31	290.64	302.11
普通中等学校 Reg. Secondary Schools	127.05	1441.97	6675.37	5747.83	5167.46	6380.59	6824.89
中等专业学校 Specialized Sec. Schools	22.88	54.74	88.92	124.34	157.11	372.15	422.79
中等技术学校 Sec. Technical Schools	7.71	39.24	52.93	76.13	101.29	287.36	334.78
中等师范学校 Teacher Training Schools	15.17	15.50	35.99	48.21	55.82	84.80	88.01
技工学校 Skilled Worker Schools	0.27	10.10	38.20	70.04	74.17	188.59	191.81
普通中学 General Sec. Schools	103.90	933.79	6548.25	5508.08	4705.96	5370.98	5739.68
高中 Senior	20.72	130.82	1553.08	969.79	741.13	713.16	769.25
初中 Junior	83.18	802.97	4995.17	4538.29	3964.83	4657.82	4970.43
职业中学 Vocational Schools	–	443.34	…	45.37	229.57	448.32	473.27
高中 Senior	–	77.50	…	31.92	184.34	378.63	395.75
初中 Junior	–	365.84	…	13.45	45.23	69.69	77.52
工读学校 Correctional Work-study Schools	–	–	…	…	0.65	0.64	0.56
小学 Primary Schools	2439.10	11620.90	14624.00	14627.00	13370.20	13195.15	13615.00
特殊教育学校 Special Education Schools	…	2.29	3.09	3.31	4.17	29.56	32.11
幼儿园 Kindergartens	…	171.30	787.70	1150.80	1479.70	2711.23	2666.33

各级普通学校招生数

Number of Regular School Entrants by Level & Type

单位: 万人

in 10 thousand

	1949	1965	1978	1980	1985	1995	1996
研究生（人） Graduate Education(Person)	242	1456	10708	3616	46871	51053	59398
普通高等学校本专科 Undergraduate Education	3.06	16.42	40.15	28.12	61.92	92.59	96.58
普通中等学校 Reg. Secondary Schools	50.97	673.11	2769.29	2044.92	1825.70	2424.06	2457.13
中等专业学校 Specialized Sec . Schools	9.74	20.85	44.70	46.76	66.83	138.09	152.34
中等技术学校 Sec . Technical Schools	4.28	14.64	26.79	25.29	45.36	107.26	120.77
中等师范学校 Teacher Training Schools	5.46	6.21	17.91	21.47	21.47	30.83	31.57
技工学校 Skilled Worker Schools	…	…	25.70	33.13	35.54	74.05	72.68
普通中学 General Sec . Schools	41.23	345.78	2698.89	1934.31	1606.91	2025.93	2042.93
高中 Senior	7.11	45.89	692.91	383.40	257.51	273.65	282.23
初中 Junior	34.12	299.89	2005.98	1550.91	1349.40	1752.28	1760.70
职业中学 Vocational Schools	–	306.48	…	30.72	116.10	190.04	188.91
高中 Senior	–	55.67	…	24.06	98.49	161.20	158.23
初中 Junior	–	250.81	…	6.66	17.61	28.84	30.68
工读学校 Correctional Work－study Schools	–	–	…	…	0.32	0.34	0.27
小学 Primary Schools	680.00	3296.02	3315.36	2942.34	2298.17	2531.82	2524.66
特殊教育学校 Special Education Schools	…	…	0.59	0.59	0.92	5.63	4.82

各级普通学校教职工数

Number of Regular School Teachers, Staff & Workers by Level & Type

单位：万人

in 10 thousand

	1949	1965	1978	1980	1985	1995	1996
总 计 **Total**	102.30	567.87	1083.45	1167.61	1209.56	1416.06	1439.35
普通高等学校 Reg. Inst. of Higher Education	4.60	33.30	51.80	63.20	87.06	104.06	103.58
普通中等学校 Reg. Secondary Schools	12.80	110.50	422.06	437.21	439.45	559.87	575.84
中等专业学校 Specialized Sec. Schools	2.40	12.20	23.70	29.80	40.32	53.00	54.28
中等技术学校 Sec. Technical Schools	1.10	10.10	17.60	22.30	31.31	41.80	42.98
中等师范学校 Teacher Training Schools	1.30	2.10	6.10	7.50	9.01	11.19	11.31
技工学校 Skilled Worker Schools	…	…	6.66	13.61	21.53	33.67	33.49
普通中学 General Sec. Schools	10.40	67.70	391.70	389.70	355.69	429.48	442.44
职业中学 Vocational Schools	–	30.60	…	4.10	21.59	43.40	45.17
工读学校 Correctional Work-study Schools	–	–	–	…	0.32	0.32	0.28
小学 Primary Schools	84.90	407.50	562.00	605.40	602.10	632.42	638.58
特殊教育学校 Special Education Schools	…	0.37	0.69	0.80	1.15	3.68	3.97
幼儿园 Kindergartens	…	16.20	46.90	61.00	79.80	116.03	117.38

各级普通学校专任教师数

Number of Regular School Full－time Teachers by Level & Type

单位:万人
in 10 thousand

	1949	1965	1978	1980	1985	1995	1996
总计 Total	93.43	467.89	902.31	939.48	933.48	1100.27	1121.05
普通高等学校 Reg. Inst. of Higher Education	1.61	13.81	20.63	24.69	34.43	40.07	40.25
普通中等学校 Reg. Secondary Schools	8.22	70.93	330.96	323.30	305.65	403.76	415.66
中等专业学校 Specialized Sec. Schools	1.56	5.51	9.96	12.87	17.40	25.68	26.74
中等技术学校 Sec. Technical Schools	0.66	4.37	6.93	9.10	12.80	19.51	20.43
中等师范学校 Teacher Training Schools	0.90	1.14	3.03	3.77	4.60	6.17	6.31
技工学校 Skilled Worker Schools	…	…	2.80	6.14	8.89	11.54	11.51
普通中学 General Sec. Schools	6.66	45.71	318.20	301.97	265.16	333.42	346.48
高中 Senior	1.40	7.79	74.13	57.07	49.17	55.05	57.21
初中 Junior	5.26	37.92	244.07	244.90	215.99	278.37	289.27
职业中学 Vocational Schools	–	19.71	…	2.32	14.07	29.21	30.76
高中 Senior	–	5.29	…	1.65	11.58	25.49	26.85
初中 Junior	–	14.42	…	0.67	2.49	3.72	3.92
工读学校 Correctional Work-study Schools	–	–	–	…	0.13	0.16	0.14
小学 Primary Schools	83.60	385.71	522.55	549.94	537.68	566.41	573.58
特殊教育学校 Special Education Schools	…	0.26	0.42	0.48	0.73	2.52	2.70
幼儿园 Kindergartens	…	6.18	27.75	41.07	54.99	87.51	88.86

高级中等学校学生数的构成

Composition of Students in Senior Sec. Schools

	合计 Total	普通高中 Senior General Secondary Schools	中等职业技术学校 Secondary Vocational－technical Schools			
			小计 Subtotal	中等专业学校 Specialized Sec. Schools	技工学校 Skilled Worker Schools	职业中学 Vocational Schools
学生数(万人) No. of Students (in 10 thousand)						
1965	271.1	130.8	140.3	52.7	10.1	77.5
1980	1196.0	969.8	226.2	124.3	70.0	31.9
1985	1156.7	741.1	415.6	157.1	74.2	184.3
1990	1322.0	717.3	604.7	224.4	133.2	247.1
1993	1419.3	656.9	762.4	282.0	174.0	306.4
1995	1652.5	713.2	939.3	372.2	188.6	378.6
1996	1779.6	769.2	1010.4	422.8	191.8	395.8
比重(%) Percentage						
1965	100.0	48.2	51.8	19.5	3.7	28.6
1980	100.0	81.1	18.9	10.4	5.8	2.7
1985	100.0	64.1	35.9	13.6	6.4	15.9
1990	100.0	54.3	45.7	17.0	10.0	18.7
1993	100.0	46.3	53.7	19.1	12.2	21.6
1995	100.0	43.2	56.8	22.5	11.4	22.9
1996	100.0	43.2	56.8	23.8	10.8	22.2

小学毕业生和初中毕业生升学率

Promotion Rate of Primary & Junior Sec. School Graduates

单位:万人
in 10 thousand

年 份	小学毕业生升学率 Promotion Rate of Primary School Graduates			初中毕业生升学率 Promotion Rate of Junior Sec. School Graduates		
	小学毕业生数 No.of Primary School Graduates	初级中等学校招生数 No. of Junior Sec. School Entrants	升学率(%) Promotion Rate	初中毕业生数 No. of Junior Sec. School Graduates	高级中等学校招生数 No. of Senior Sec. School Entrants	升学率(%) Promotion Rate
1965	667.6	550.7	82.5	173.8	121.6	70.0
1980	2053.3	1557.6	75.9	964.8	442.8	45.9
1985	1999.9	1367.0	68.4	998.3	416.2	41.7
1990	1863.1	1389.2	74.6	1109.1	450.4	40.6
1993	1841.5	1505.6	81.8	1148.7	500.5	43.6
1995	1961.5	1781.1	90.8	1244.3	601.6	48.3
1996	1934.1	1791.4	92.6	1297.8	633.4	48.8

小学学龄儿童入学率

Net Enrolment Rate of School－age Children & Annual Retention Rate of Enrolment in Primary Schools

单位: 万人
in 10 thousand

年 份	全国学龄儿童数 Total No. of School－age Children	已入学学龄儿童数 No. of School－age Children Enrolled	入学率(%) Net Enrolment Rate
1965	11603.2	9829.1	84.7
1980	12219.6	11478.2	93.0
1985	10362.3	9942.8	95.9
1990	9740.7	9529.7	97.8
1993	11432.0	11170.9	97.7
1995	12375.4	12192.5	98.5
1996	12876.5	12723.3	98.8

注: 1992 年以前的入学率是按 7－11 周岁统一计算的.
从 1992 年起入学率是按各地不同入学年令和学制分别计算的.

Note: Net Enrolment Rate of school－age chidren before year 1993 calculated during the age 7～ 11.
After 1993, the rate varies according to provincial entrant age primary schooling years.

各级普通学校女学生和女教职工数

Number of Female Students, Teachers, Staff & Workers by Level & Type of Regular Schools

单位:万人
in 10 thousand

	女学生 Female Students		女教职工 Female Teachers, Staff & Workers		女专任教师 Female Full-time Teachers	
	人数 Number	占学生总数的比重(%) Percentage	人数 Number	占教职工总数的比重(%) Percentage	人数 Number	占专任教师总数的比重(%) Percentage
普通高等学校 Regular I H E s	110.05	36.43	40.60	39.20	13.75	34.17
中等技术学校 Sec. Technical Schools	161.76	48.32	18.17	42.29	8.85	43.34
中等师范学校 Teacher Training Schools	55.27	62.81	4.45	39.39	2.51	39.86
普通中学 General Sec. Schools	2599.65	45.29	156.73	35.42	128.03	36.95
职业中学 Vocational Schools	229.39	48.47	16.65	36.87	11.85	38.53
工读学校 Correctional Work-study Schools	0.04	7.63	0.08	27.45	0.04	26.07
小学 Primary Schools	6467.01	47.50	290.23	45.45	271.88	47.40
特殊教育学校 Special Education Schools	11.62	36.19	2.47	62.17	1.86	68.97
幼儿园 Kindergartens	1241.30	46.55	109.41	93.21	83.40	93.85

各级普通学校少数民族学生和少数民族教职工数

Number of Minority Students Enrolled, Teachers, Staff & Workers in Regular Schools at Various Levels

单位:万人
in 10 thousand

	少数民族学生 Minority Students		少数民族教职工 Minority Teachers, Staff & Workers		少数民族专任教师 Minority Full-time Teacher	
	人 数 Number	占学生总数的比重(%) Percentage	人 数 Number	占教职工总数的比重(%) Percentage	人 数 Number	占专任教师总数的比重(%) Percentage
普通高等学校 Regular I H E s	19.68	6.51	4.71	4.55	2.20	5.46
中等技术学校 Sec. Technical Schools	21.05	6.29	2.33	5.42	1.22	5.98
中等师范学校 Teacher Training Schools	9.02	10.25	0.98	8.68	0.60	9.53
普通中学 General Sec. Schools	370.19	6.45	30.45	6.88	23.34	6.74
职业中学 Vocational Schools	24.57	5.19	2.62	5.81	1.82	5.91
工读学校 Correctional Work-study Schools	0.03	5.44	0.01	2.05	0.00	2.47
小 学 Primary Schools	1251.07	9.19	61.11	9.57	51.55	8.99
特殊教育学校 Special Education Schools	1.11	3.47	0.23	5.88	0.16	6.08
幼 儿 园 Kindergartens	88.32	3.31	4.61	3.92	3.32	3.74

二、高 等 教 育

Ⅱ、HIGHER EDUCATION

（一）普 通 高 等 学 校

A.REGULAR HIGHER EDUCATIONAL INSTITUTIONS

普通高等学校校数

Number of Regular Higher Educational Institutions

单位：所

	合　计 Total	大学、专门学院 Universities & Colleges	专科学校 Short-Cycle Colleges	短期职业大学 Short-Cycle Vocational Colleges
总　计 Total	1032	608	342	82
综合大学 Comprehensive University	79	58	21	0
理工院校 Natural Sciences & Technology	280	201	79	0
农业院校 Agriculture	53	43	10	0
林业院校 Forestry	10	10	0	0
医药院校 Medicine & Pharmacy	123	101	22	0
师范院校 Teacher Training	232	75	157	0
语文院校 Language & Literature	15	12	3	0
财经院校 Finance & Economics	75	41	34	0
政法院校 Political Science & Law	26	12	14	0
体育院校 Physical Culture	14	13	1	0
艺术院校 Art	31	30	1	0
其他院校 Others	94	12	0	82

普通高等学校规模

Breakdown of Regular Higher Educational Institutions by Size of Enrolments

单位：所

	学校数 Institutions	300人及以下 300 and under	301～500人 301 to 500	501～1000人 501 to 1000	1001～1500人 1001 to 1500	1501～2000人 1501 to 2000	2001～3000人 2001 to 3000	3001～4000人 3001 to 4000	4001～5000人 4001 to 5000	5001人及以上 5001 and over
总　计 Total	1032	10	22	130	175	157	200	111	74	153
综合大学 Comprehensive University	79	0	0	4	9	5	5	6	7	43
理工院校 Natural Sciences & Technology	280	0	1	12	25	40	51	46	37	68
农业院校 Agriculture	53	0	0	8	5	7	8	9	10	6
林业院校 Forestry	10	0	0	0	2	2	4	1	0	1
医药院校 Medicine & Pharmacy	123	2	3	14	27	23	33	18	2	1
师范院校 Teacher Training	232	1	0	27	53	42	59	15	6	29
语文院校 Language & Literature	15	1	0	4	1	3	5	0	1	0
财经院校 Finance & Economics	75	0	1	4	13	15	21	8	9	4
政法院校 Political Science & Law	26	0	0	7	9	4	2	2	2	0
体育院校 Physical Culture	14	0	0	5	4	4	1	0	0	0
艺术院校 Art	31	1	13	17	0	0	0	0	0	0
其他院校 Others	94	5	4	28	27	12	11	6	0	1

普通高等学校设置专业数

Number of Specialities and Number of Educational Programmes Estabished by Field of Study in Regular Higher Educational Institutions

	合计 Total	哲学 Philosophy	经济 Economics	法学 Law	教育 Education	文学 Literature	历史 History	理学 Science	工学 Engineering	农学 Agriculture	医学 Medicine
种数 No. of Sp.	798	9	40	25	19	114	16	74	392	53	56
点数 No. of Ed. Prog.	20409	67	3161	692	750	3161	388	2266	8138	952	834

普通高等学校工科分大类学生数

Breakdown of Engineering Students by Subfield of Study in Regular Higher Educational Institutions

单位：人

	毕业生数 Graduates	招生数 Entrants	在校学生数 Enrolment
总计 Total	315005	366816	1212554
地矿 Applied Geology	9859	5940	27731
材料 Materials Science	12948	14849	51780
机械 Mechanical Engineering	60940	65409	225331
仪器仪表 Instrument & Meter	7485	7351	26386
热能核能 Thermal & Nuclear Energy	6555	7040	24265
电工 Electrical Engineering	33348	38373	126637
电子与信息 Electronics & Information	64793	91813	280641
土建 Civil Engineering & Architcture	37948	47009	153707
水利 Hydraulics	4468	4384	15545
测绘 Survey & Measure	2120	1753	6676
环境 Environment	2740	3660	11932
化工与制药 Chernical Engineering & Pharmaceutics	20293	20569	69549
轻工粮食食品 Grain & Food	10673	11414	36061
农业工程 Agriculture Engineering	4895	5204	17445
林业工程 Forestry Engineering	1684	1675	6022
纺织 Textile	7087	6124	20620
交通运输 Transportation	7373	8607	28904
航空航天 Aeronautics & Astronautics	1051	1471	5045
兵器 Weaponry	157	421	1446
公安技术 Public Security Technology	653	889	2767
工程力学 Engineering Mechanics	621	888	3215
管理工程 Management Engineering	17314	21973	70849

普 通 高 等 学
Basic Statistics of Regular Higher

	学校数(所) Institutions		本专科学生数 Undergraduate Students						
	计 Total	其中:中央部门所属学校数 of which Inst. under Central Ministries & Agencies	毕业生数 Graduates	招生数 Students Admitted	在校学生数 Enrolment	合计 Total	计 Subtotal	计 Subtotal	教授 Professors
总计 Total	1032	346	838638	965812	3021079	1035808	846531	402469	33276
其中:女 of which: Female	0	0	293717	367001	1100474	405988	325981	137540	4756
综合大学 Comprehensive Universities	79	14	122755	139406	450557	157164	128233	61147	6409
理工院校 Natural Sciences & Tech.	280	204	284071	334606	1104849	399746	305694	141744	12360
农业院校 Agriculture	53	11	46421	51390	157106	64632	48558	22778	1839
林业院校 Forestry	10	6	6248	7758	24510	10185	8009	3832	431
医药院校 Medicine & Pharmacy	123	21	57526	64794	248467	112047	91676	43259	5294
师范院校 Teacher Training	232	11	200304	222430	602863	164253	147548	73598	3860
语文院校 Language & Literature	15	8	5984	8110	25793	11875	10418	5139	415
财经院校 Finance & Economics	75	38	52476	61192	194206	48845	44286	20911	1162
政法院校 Political Science & Law	26	11	11473	14475	43821	14696	13691	5335	304
体育院校 Physical Culture	14	6	5312	6142	18103	6992	6429	3161	207
艺术院校 Art	31	11	4875	6067	18457	12418	11610	5732	542
民族院校 Nationalities	12	5	9427	10846	33516	10452	9455	4702	228
短期职业大学 Shore-cycle Vocational Colleges	82	0	31766	38596	98831	22503	20924	11131	225
总计中 Of the total									
国家教委所属院校 Inst. under SEDC	35	35	73122	77173	280541	139687	98132	46389	7207
中央其他部委所属院校 Inst. under other Central Ministries & Agencies	311	311	264442	317808	1040661	399268	311870	144437	13938
地方所属院校 Inst. under Local Auth.	686	0	501074	570831	1699877	496853	436529	211643	12131

校基本情况

Educational Institutions

单位: 人

教职工数 Teachers, Staff & Workers									
校本部教职工 Teachers, Staff & Workers in the College or Uni. Proper							科研机构人员 Personnel in Affiliated Research Org.	校办工厂、农场职工 Employees in School-run Factories, Farms	附设机构人员 Personnel in Other Subsidiary Units
专任教师 Full-time Teachers				教辅人员 Supporting Staff	行政人员 Adm. Personnel	工勤人员 Workers			
副教授 Asso. Professors	讲师 Lecturers	助教 Assistants	教员 Instructors						
110640	161863	75423	21267	122625	174447	146990	46880	63778	78619
28015	61002	34238	9529	61520	68158	58763	13353	21893	44761
18416	23885	9271	3166	18584	26141	22361	10022	7473	11436
41542	56025	24863	6954	49465	60890	53595	25056	33074	35922
6238	8579	4897	1225	6664	9549	9567	2292	9030	4752
1125	1453	664	159	1230	1619	1328	370	1079	727
10872	16671	8740	1682	15373	18049	14995	4230	3665	12476
18979	30982	15252	4525	18824	30031	25095	3006	5752	7947
1328	2042	1005	349	1095	2141	2043	181	43	1233
5144	9452	3934	1219	4469	10760	8146	703	1868	1988
1142	2312	1151	426	1447	4283	2626	196	359	450
817	1325	678	134	559	1386	1323	79	34	450
1575	2180	1101	334	1417	2649	1812	242	193	373
1151	2123	929	271	1033	2122	1598	280	79	638
2311	4834	2938	823	2465	4827	2501	223	1129	227
16492	15447	5551	1692	18266	16728	16749	17359	9186	15010
40985	56401	26403	6710	47034	63853	56546	18812	29225	39361
53163	90015	43469	12865	57325	93866	73695	10709	25367	24248

普通高等学校

Number of Undergraduate Students by Type of

	毕业生数 Graduates			招生数 Students Admitted	
	计 Total	本科 Normal Courses	专科 Short-cycle Courses	计 Total	本科 Normal Courses
总计 **Total**	838638	347194	491444	965812	505323
国家任务 Students Enrolled according to State Plan	544112	320196	223916	758395	485806
委托培养 Students Enrolled by Contract	182858	13776	169082	107617	7421
自费生 Tuition-paying Students	110229	12586	97643	97656	11035
教师本专科 In-service Teacher Training Courses	1439	636	803	2144	1061
总计中 of the Total					
国家教委所属学校 Inst. under SEDC	73122	54554	18568	77173	65225
中央其他部委所属学校 Inst. under Other Central Ministries & Agencies	264442	140877	123565	317808	212607
地方所属学校 Inst. under Local Aut	501074	151763	349311	570831	227491

普通高等学校

Supplementary Data for Special Categories

	学生总数中 Of Total Enrolment		
	第二学士学位 Second Bachelor's Degrees	走读生 Students Who Not Live in Campus	收费生 Tuition Partly Paying Students
毕(结)业生数 Graduates	2328	23959	32219
招生数 Students Admitted	2393	27938	447013
在校学生数 Enrolment	5291	83828	721501
毕(结)业班学生数 Graduates for Next Year	2180	25186	42409

本专科学生数

Courses in Regular Higher Educational Institutions

单位:人

专科 Short-cycle Courses	在校学生数 Enrolment 计 Total	在校学生数 Enrolment 本科 Normal Courses	在校学生数 Enrolment 专科 Short-cycle Courses	毕业班学生数 Graduates for Next year 计 Total	毕业班学生数 Graduates for Next year 本科 Normal Courses	毕业班学生数 Graduates for Next year 专科 Short-cycle Courses
460489	3021079	1794630	1226449	843065	387123	455942
272589	2280498	1623547	656951	545052	334325	210727
100196	397222	72260	324962	169177	23823	145354
86621	338839	96578	242261	127189	28271	98918
1083	4520	2245	2275	1647	704	943
11948	280541	246728	33813	74644	58158	16486
105201	1040661	752002	288659	273036	162036	111000
343340	1699877	795900	903977	495385	166929	328456

学生数补充资料

of Undergraduate Students

单位:人

预科班 Pre-university Courses	进修班 Refresher Courses	外国留学生 Foreign Students	短训班 Short-term Courses	专业证书班 Classes for certificate-oriented trainees	大学后继续教育 Post-collegiate continuing education
8151	13066	7954	137480	62943	13954
9985	13198	9752	104512	57210	20713
10702	14414	17748	102111	136913	19355
8482	7723	5219	65420	70196	7027

普通高等学校

Number of Students by Field of Study in

	毕业生数 Graduates			招生 Students	
	计 Total	本科 Normal Courses	专科 Short-cycle Courses	计 Total	本科 Normal Courses
总计 Total	838638	347194	491444	965812	505323
哲学 Philosophy	1960	1164	796	1589	983
经济学 Economics	127018	35726	91292	153915	74458
法学 Law	25852	10501	15351	36687	19124
教育学 Education	40620	14482	26138	45232	18285
文学 Literature	120051	32296	87755	138205	51262
历史学 History	16423	6241	10182	15866	6984
理学 Science	97260	39319	57941	106236	49824
工学 Engineering	315005	160435	154570	366816	223058
农学 Agriculture	33032	17443	15589	32690	20166
医学 Medicine	61417	29587	31830	68576	41179
总计中:师范 Of the Total: Teacher Training	154952	43625	111327	169919	55280

分科学生数

Rrgular Higher Educational Institutions

单位:人

数 Admitted	在校学生数 Enrolment			毕业班学生数 Graduates for Next Year		
专科 Short－cycle Courses	计 Total	本科 Normal Courses	专科 Short－cycle Courses	计 Total	本科 Normal Courses	专科 Short－cycle Courses
460489	3021079	1794630	1226449	843065	387123	455942
606	5111	3343	1768	1368	730	638
79457	461027	248947	212080	133874	50017	83857
17563	104683	61797	42886	28300	12530	15770
26947	121770	61103	60667	39979	14513	25466
86943	383960	168824	215136	118243	36612	81631
8882	47524	25034	22490	14871	5864	9007
56412	315357	175166	140191	91830	39931	51899
143758	1212554	802817	409737	323236	179105	144131
12524	106428	71544	34884	30221	16608	13613
27397	262665	176055	86610	61143	31213	29930
114639	468464	193980	274484	148442	44791	103651

普通高等学校函授部、

Number of Students Enrolled in Correspondence Divisions、Evening Schools and Short－

	函授部、夜大学 Correspondence Divisions and Evening Schools							
	毕业生数 Graduates			招生数 Students Admitted			在校 Enrolment	
	计 Total	本科 Normal Courses	专科 Short－cycle Courses	计 Total	本科 Normal Courses	专科 Short－cycle Courses	计 Total	本科 Normal Courses
总计 Total	279632	61066	218566	390877	67741	323136	1213117	221279
哲学 Philosophy	134	0	134	43	0	43	181	0
经济学 Economics	104409	10596	93813	136772	15171	121601	422689	47798
法学 Law	16329	5651	10678	21178	5572	15606	61757	16023
教育学 Education	17645	7841	9804	19650	7262	12388	62612	24024
文学 Literature	46358	13598	32760	59737	13180	46557	178765	42308
历史学 History	5234	2212	3022	3646	1618	2028	13353	5980
理学 Science	15504	8175	7329	16305	8026	8279	49195	24023
工学 Engineering	55964	10346	45618	95827	14266	81561	301060	52177
农学 Agriculture	5244	765	4479	8204	290	7914	25323	1260
医学 Medicine	12811	1882	10929	29515	2356	27159	98182	7686
总计中:师范 Of the Total: Teacher Training	49976	22541	27435	54350	20775	33575	169239	68265

普通高等学校教

Supplementary Data for Teachers，

	教职工总数中 Of the Total Number of Staff and Workers				
	函授部、夜大学教职工 Teachers, Staff & Workers in Correspondence Divisions，& Evening Schools		思想政治教育教师 Political Teachers	兼任教师 Part－time Teachers	编制外招聘教师数 Number of teachers recruited beyond authorized strength or size of Staff
	计 Total	其中:专任教师 of which: Full－time Teachers			
人数 Number	17995	7070	25231	16183	4270

夜大学、成人脱产班分科学生数

cycle Courses for Cadres Attached to Regular Institutions of Higher Education

单位:人

学生数 专科 Short－cycle Courses	成人脱产班 Short－cycle Courses for Cadres 毕业生数 Graduates 计 Total	本科 Normal Courses	专科 Short－cycle Courses	招生数 Students Admitted 计 Total	本科 Normal Courses	专科 Short－cycle Courses	在校学生数 Mnrolment 计 Total	本科 Normal Courses	专科 Short－cycle Courses
991838	64425	917	63508	90360	1040	89320	215903	2976	212927
181	106	0	106	90	0	90	140	0	140
374891	27612	36	27576	33585	43	33542	72298	43	72255
45734	2936	0	2936	3679	20	3659	7045	68	6977
38588	700	117	583	905	120	785	1748	197	1551
136457	7597	258	7339	8977	133	8844	19151	486	18665
7373	301	0	301	203	0	203	466	0	466
25172	1330	0	1330	1644	10	1634	3748	47	3701
248883	16017	288	15729	29368	500	28868	79723	1414	78309
24063	1067	0	1067	947	0	947	2084	0	2084
90496	6759	218	6541	10962	214	10748	29500	721	28779
100974	2877	141	2736	2721	39	2682	6551	286	6265

职工数补充资料

Staff & Workers in Regular HEIs

单位:人

另有其他人员 Employees not elsewhere clossified 聘期一年以上的外国专家、教授 Foreign experts with a term of one year and over	附属中学教职工 Staff & Workers in Attached Sec. Schools	附属小学教职工 Staff & Workers in Attached Primary Schools	现有离退休人员 Number of People on Pension	服务公司等集体所有制人员 Employees of Collective owned Units (Labour Service Co., etc.)	停薪留职人员 Personnel with pay temporarily suspended
1643	18480	7793	273386	36160	7177

普通高等学校分科专任教师数

Number of Full－time Teachers by Field of Study in Regular Higher Educational Institutions

单位:人

	合 计 Total	教 授 Prof.	副教授 Asso.Prof.	讲 师 Lecturers	助 教 Assistants	教 员 Instructors	合计中公共课教师 Faculty Members Teaching Basic Courses
总 计 **Total**	402469	33276	110640	161863	75423	21267	77073
其中：女 Of which: Female	137540	4756	28015	61002	34238	9529	26734
哲 学 Philosophy	13159	970	3607	5710	2336	536	7616
经济学 Economics	29708	1878	6800	12813	6392	1825	2983
法 学 Law	9633	658	1966	4412	2042	555	1790
教育学 Education	29617	1028	6064	13198	7379	1948	15094
文 学 Literature	65882	3712	15640	26516	15380	4634	20323
历史学 History	8196	772	2179	3568	1320	357	1419
理 学 Science	78791	6682	25451	31483	11647	3528	20203
工 学 Engineering	114387	10730	34630	44418	18909	5700	5581
农 学 Agriculture	15704	1694	4579	5951	2781	699	264
医 学 Medicine	37392	5152	9724	13794	7237	1485	1800

专任教师中本学年内不担任教学工作的人数

Number of Full-time Teachers Carrying No Teaching Load

单位：人

	合计 Total	教授 Prof.	副教授 Asso. Prof.	讲师 Lecturers	助教 Assistants	教员 Instructors
总计 Total	32371	1682	5642	15312	8493	1242
脱产进修 On Leave for Upgrading	17038	250	2329	8767	5244	448
科学研究 Scientific Research	6349	1172	2032	2304	703	138
外借人员 Working for other Institutions or Org.	864	55	231	396	155	27
因病休养 Convalescents	1059	74	276	440	236	33
其他 Others	7061	131	774	3405	2155	596

非教学人员中有教师职称的人数

Breakdown of Non-Teaching Staff with Academic Ranks

单位：人

	合计 Total	教授 Prof.	副教授 Asso. Prof.	讲师 Lecturers	助教 Assistants
总计 Total	50164	5261	12483	21163	11257
行政人员中 Adm. Personnel	24824	1638	5765	10921	6500
科研机构人员中 Personnel in Research Org.	16168	3292	5042	5811	2023
教辅人员中 Supporting Staff	4546	182	840	2011	1513
校办厂、场职工中 Employees in School-run Factories & Farms	868	39	184	489	156
附设机构人员中 Personnel in Subsidiary Units	3758	110	652	1931	1065

普通高等学校专

Breakdown of Full－time Teachers by Academic

	合　计 Total	研　究　生　毕　业 Completion of Postgraduate Courses		
		博　士 Doctor's Degrees	硕　士 Master's Degrees	未授博士、硕士学位的 Without advanced higher degrees
总　计　Total	402469	12532	85775	8316
其中:女教师 of which: Female Teachers	137540	1398	23759	2110
教授 Prof.	33276	2762	3670	2068
副教授 Asso.Prof.	110640	5471	19580	2138
讲师 Lecturers	161863	3531	46851	3262
助教　Assistants	75423	385	11679	668
教员　Instructors	21267	383	3995	180

普通高等学校专

Breakdown of Full－time Teachers by Age

	合　计 Total	30岁以下 30 years & under	31～ 35岁 31 ～ 35years
总　计 Total	402469	107823	100180
其中:女教师 of which: Female Teachers	137540	48700	35830
教授 Prof.	33276	16	636
副教授 Asso.Prof.	110640	523	10166
讲师 Lecturers	161863	25868	78608
助教　Assistants	75423	62180	9624
教员　Instructors	21267	19236	1146

普通高等学校学

Changes in

	上学年初报表在校学生数 Total enrolment at beginning of previous academic year	增　加　学　生　数 Factors of Increase					
		计 **Total**	招生数 No.of Students Admitted	复　学 Students Resuming Studies	其他学校转　入 Transfers from Other Inst.	其　他 Others	计 **Total**
本　专　科　学　生 Undergraduate Students	2906922	981200	965812	4390	2357	8641	867043

任教师学历情况

Qualifications in Regular Higher Educational Institutions

单位:人

高等学校本科毕业 Completion of Normal Undergraduate Courses			高等学校专科毕业及本专科肄业二年以上 Completion of Short－cycle Courses or at least two years of undergraduate courses	高等学校本专科肄业未满两年及以下 Attendance in undergraduate Courses less than 2 years
学士 With Bachelor's Degrees	研究生肄业 Having Some Postgraduate Training	未授学士学位的 Without Bachelor's Degrees		
196357	584	74594	22293	2018
80661	134	21276	7612	590
8971	81	14833	787	104
34387	228	41237	7020	579
81621	235	15237	10162	964
56651	35	2640	3097	268
14727	5	647	1227	103

任教师年龄情况

in Regular Higher Educational Institutions

单位:人

36～40岁 36～40 years	41～45岁 41～45 years	46～50岁 46～50 years	51～55岁 51～55years	56～60岁 56～60 years	61岁以上 61years & over
46259	31604	24641	34891	46843	10228
14630	10070	6889	11057	8728	1636
1204	1154	1585	5345	14799	8537
15457	15590	14945	24021	28528	1410
26779	13823	7784	5383	3432	186
2394	835	237	78	23	52
425	202	90	64	61	43

生数变动情况

Undergraduate Enrolment

单位:人

减少学生数 Factors of Decrease								本学年初报表在校学生数 Total enrolment at beginning of current academic year
毕业生 Graduates	结业生 Completers of Courses without formal awards	休学 Suspended	退学 Quitting	开除 Expelled	死亡 Dead	转到其他学校 Transfers to Other Inst.	其他 Others	
838638	5002	4661	7473	746	478	1131	8914	3021079

普通高等学

Condition of School Buildings in Regular

	合计 Total	教学及辅助用房 Teaching & Administritive					
		计 Subtotal	教室 Classroom	图书馆 Library	实验实习场附属用房 Lab. and Supplementary building	体育馆 Gymnasium	会堂 hall
校舍建筑总面积 Total Floor Space	135987386	44133853	15333032	6300757	19904509	1458470	1137085
其中:外单位借用面积 of which: Under lease by other units	1158749	58765	23136	7702	27027	400	500
危房面积 Floor space of dilapidated buildings	3769949	838718	312072	57640	398008	29429	41569
当年新增面积 New floor space added in current year	5601075	1633660	620952	215702	623045	123305	50656
正在施工面积 Floor space under construction	7544487	2670161	980731	402359	1093318	130549	63204
借租用校舍面积 Leased Floorspace	460190	135192	88157	5767	21721	13916	3263

普通高等学校专

Changes of Full－time Teachers in Regular

	上学年初报表专任教师数 Total number of full－time teachers at beginning of previous academic year	增加专 Factors				
		合计 Total	当年分配毕业生 New recruits from current year graduates			
			计 Total	其中:博士、硕士毕业 Of which: completing doc. & mas. deg. prog.	其中:本科毕业 Of which: completing 1st degree courses	计 Total
专任教师 Full－time Teachers	399683	32164	19820	7092	12333	6859

校校舍情况

Higher Educational Institutions

单位: m²

行政办公用房 Adm. Buildings	生活用房 Residential Building 计 Subtotal	学生宿舍 Students' Dormitories	学生食堂 Students' Dining Halls	教工单身宿舍 Apartments for Single	教工及家属住宅 Residences for Teachers & Workers	教工食堂 Halls for Staff & Workers	福利及附属用房 Welfare anxiliary Buildings
6771700	85081833	20933813	4208043	2605531	43664559	714519	12955368
65904	1034080	29617	1131	15894	791948	4889	190601
207080	2724151	478900	102412	169232	1440932	23988	508687
193869	3773546	774756	144834	54300	2362634	20093	416929
274945	4599381	656730	177798	38068	3265584	28355	432846
30410	282995	185573	18893	5355	56946	575	42003

任教师变动情况

Higher Educational Institutions

单位: 人

任教师数 of Increase			减少专任教师数 Factors of Decrease				本学年初报表专任教师数 Total number of full-time teachers at beginning of current academic year
外单位教师调入 Teachers recruited form other units	校内、外非教师调入 Non-teaching personnel changed into teachers		合计 total	上学年离退休人员 Retired from their posts during previcus academic year	调离教师岗位人员 Transferred from teaching to non-teaching posts	其他 Others	
其中: 普通高校调入 Of which: from reg. HEIs	计 Total	其中: 本校职工转为教师 Of which: with change of status in their own institutions					
3607	5485	3456	29378	14016	6252	9110	402469

(二) 研 究 生

B. GRADUATE EDUCATION

全国研究生

Basic Statistics of Graduate

	合计 Total			攻读博士学位 Candidates for Doctor's	
	毕业生数 Graduates	招生数 Entrants	在学研究生数 Enrolment	毕业生数 Graduates	招生数 Entrants
总计 Total	39652	59398	162322	5430	12562
其中:女 of which: Female	10954	18420	47117	817	2354
委托培养 Students enrolled by contract	4679	8870	22734	230	1603
哲学 Philosophy	581	758	2085	87	211
经济学 Economics	3666	6387	16501	259	795
法学 Law	1864	3366	8077	144	370
教育学 Education	736	1046	2894	57	155
其中:体育学 of which: Science of Physical Culture & Sports	117	223	555	3	20
文学 Literature	2228	3429	8851	148	401
其中:艺术学 of which: Science of Art	208	327	755	15	33
历史学 History	745	1038	2939	116	247
理学 Sciences	6646	9520	26366	1400	2795
工学 Engineering	17621	25829	72381	2164	5615
其中:力学 of which: Mechanics	551	737	2218	128	254
农学 Agriculture	1418	2120	5843	264	506
其中:林学 of which: Forestry	147	228	595	20	45
医学 Medicine	4144	5891	16360	791	1462

基本情况

Education in China

单位: 人

研究生 Degrees	攻读硕士学位研究生 Candidates for Master's Degrees			研究生班研究生 Students Enrolled in Postgraduate Courses not Awarding Degrees		
在学研究生数 Enrolment	毕业生数 Graduates	招生数 Entrants	在学研究生数 Enrolment	毕业生数 Graduates	招生数 Entrants	在学研究生数 Enrolment
35203	34026	46632	126832	196	204	287
5982	10079	16011	41049	58	55	86
3934	4410	7072	18542	39	195	258
502	484	523	1535	10	24	48
1999	3407	5519	14429	0	73	73
921	1710	2996	7156	10	0	0
390	663	876	2486	16	15	18
48	114	203	507	0	0	0
959	2010	2971	7806	70	57	86
69	163	294	686	30	0	0
670	629	772	2234	0	19	35
7855	5222	6709	18484	24	16	27
16622	15391	20214	55759	66	0	0
773	423	483	1445	0	0	0
1459	1154	1614	4384	0	0	0
129	127	183	466	0	0	0
3813	3353	4429	12547	0	0	0

高等学校研究生

Basic Statistics of Graduate Education in

	合 计 Total			攻读博士学位 Candidates for Doctor's	
	毕业生数 Graduates	招生数 Entrants	在学研究生数 Enrolment	毕业生数 Graduates	招生数 Entrants
总 计 Total	36743	54792	149857	4610	10693
其中:女 of which: Female	10295	17329	44370	703	2015
委托培养 Students enrolled by contract	4584	8623	22116	180	1402
哲 学 Philosophy	554	727	2013	73	195
经济学 Economics	3488	6115	15756	210	687
法 学 Law	1767	3257	7773	120	328
教育学 Education	727	1020	2836	53	143
其中:体育学 of which: Science of Physical Culture & Sports	117	223	555	3	20
文 学 Literature	2187	3393	8753	135	390
其中:艺术学 of which: Science of Art	196	322	741	9	33
历史学 History	716	1022	2889	102	238
理 学 Sciences	5377	7350	20392	918	1759
工 学 Engineering	16594	24208	68140	1993	5082
其中:力学 of which: Mechanics	522	664	2037	120	216
农 学 Agriculture	1327	2014	5540	237	457
其中:林学 of which: Forestry	141	222	576	20	45
医 学 Medicine	4003	5672	15740	769	1409

基本情况

Regular Higher Educational Institutions

单位: 人

研究生 Degrees	攻读硕士学位研究生 Candidates for Master's Degrees			研究生班研究生 Students Enrolled in Postgraduate Courses not Awarding Degrees		
在学研究生数 Enrolment	毕业生数 Graduates	招生数 Entrants	在学研究生数 Enrolment	毕业生数 Graduates	招生数 Entrants	在学研究生数 Enrolment
30190	31937	43895	119380	196	204	287
5184	9534	15259	39100	58	55	86
3444	4365	7026	18414	39	195	258
470	471	508	1495	10	24	48
1693	3278	5355	13990	0	73	73
806	1637	2929	6967	10	0	0
359	658	862	2459	16	15	18
48	114	203	507	0	0	
940	1982	2946	7727	70	57	86
69	157	289	672	30	0	0
647	614	765	2207	0	19	35
4957	4435	5575	15408	24	16	27
15303	14535	19126	52837	66	0	0
681	402	448	1356	0	0	
1338	1090	1557	4202	0	0	
129	121	177	447	0	0	
3664	3234	4263	12076	0	0	

科研机构研究生

Basic Statistics of Graduate Education

	合计 Total			攻读博士学位 Candidates for Doctor's	
	毕业生数 Graduates	招生数 Entrants	在学研究生数 Enrolment	毕业生数 Graduates	招生数 Entrants
总计 Total	2909	4606	12465	820	1869
其中:女 of which: Female	659	1091	2747	114	339
委托培养 Students enrolled by contract	95	247	618	50	201
哲学 Philosophy	27	31	72	14	16
经济学 Economics	178	272	745	49	108
法学 Law	97	109	304	24	42
教育学 Education	9	26	58	4	12
其中:体育学 of which: Science of Physical Culture & Sports	0	0	0	0	0
文学 Literature	41	36	98	13	11
其中:艺术学 of which: Science of Art	12	5	14	6	0
历史学 History	29	16	50	14	9
理学 Sciences	1269	2170	5974	482	1036
工学 Engineering	1027	1621	4241	171	533
其中:力学 of which: Mechanics	29	73	181	8	38
农学 Agriculture	91	106	303	27	49
其中:林学 of which: Forestry	6	6	19	0	0
医学 Medicine	141	219	620	22	53

基本情况

in Research Organizations

单位: 人

研究生 Degrees	攻读硕士学位研究生 Candidates for Master's Degrees			研究生班研究生 Students Enrolled in Postgraduate Courses not Awarding Degrees		
在学研究生数 Enrolment	毕业生数 Graduates	招生数 Entrants	在学研究生数 Enrolment	毕业生数 Graduates	招生数 Entrants	在学研究生数 Enrolment
5013	2089	2737	7452	0	0	0
798	545	752	1949	0	0	0
490	45	46	128	0	0	0
32	13	15	40	0	0	
306	129	164	439	0	0	
115	73	67	189	0	0	
31	5	14	27	0	0	
0	0	0	0	0	0	
19	28	25	79	0	0	
0	6	5	14	0	0	
23	15	7	27	0	0	
2898	787	1134	3076	0	0	
1319	856	1088	2922	0	0	
92	21	35	89	0	0	
121	64	57	182	0	0	
0	6	6	19	0	0	
149	119	166	471	0	0	

全国研究生指导教师情况

Basic Data on Supervisors of Postgraduate Programmes in China

单位：人

	合计 Total	30岁及以下 30 years and under	31－35	36－40	41－45	46－50	51－55	56－60	61岁及以上 61 years and over
总　计 Total	67578	413	4657	5802	5571	7053	13106	20394	10582
其中：女 Of which: Female	9901	25	319	635	753	1074	2445	3303	1347
一、分职称 By academic rank									
教授 Professors	29932	29	538	1022	1107	1736	5031	11683	8786
副教授 Asso. Professors	29875	343	3596	4249	3910	4576	6363	6145	693
其他高级职称 with other adv. titles	7771	41	523	531	554	741	1712	2566	1103
二、分指导关系 By supervisory function									
博士导师 Supervisors of doctoral programmes	3729	0	33	48	85	103	422	999	2039
硕士导师 Supervisors of master's degree prog.	57115	412	4484	5484	5210	6542	11783	17112	6088
博士、硕士导师 Supervisors of doc. & mas. degree programmes	6734	1	140	270	276	408	901	2283	2455

普通高等学校研究生指导教师情况

Basic Data on Supervisors of Postgraduate Programmes in Regular Higher Educational Institutions

单位：人

	合计 Total	30岁及以下 30 years and under	31－35	36－40	41－45	46－50	51－55	56－60	61岁及以上 61 years and over
总　计 Total	59614	373	4159	5337	5108	6429	11261	17684	9263
其中：女 Of which: Female	8960	23	297	601	697	993	2162	2994	1193
一、分职称 By academic rank									
教授 Professors	27021	25	477	962	1030	1613	4474	10456	7984
副教授 Asso. Professors	28401	324	3398	4079	3726	4333	6002	5874	665
其他高级职称 with other adv. titles	4192	24	284	296	352	483	785	1354	614
二、分指导关系 By supervisory function									
博士导师 Supervisors of doctoral programmes	2460	0	20	36	60	76	259	609	1400
硕士导师 Supervisors of master's degree prog.	51166	372	4023	5050	4799	5991	10243	15115	5573
博士、硕士导师 Supervisors of doc. & mas. degree programmes	5988	1	116	251	249	362	759	1960	2290

科研机构研究生指导教师情况

Basic Data on Supervisors of Postgraduate Programmes in Research Organizations

单位：人

	合计 Total	30岁及以下 30 years and under	31－35	36－40	41－45	46－50	51－55	56－60	61岁及以上 61 years and over
总 计 Total	7964	40	498	465	463	624	1845	2710	1319
其中：女 Of which: Female	941	2	22	34	56	81	283	309	154
一、分职称 By academic rank									
教授 Professors	2911	4	61	60	77	123	557	1227	802
副教授 Asso. Professors	1474	19	198	170	184	243	361	271	28
其他高级职称 with other adv. titles	3579	17	239	235	202	258	927	1212	489
二、分指导关系 By supervisory function									
博士导师 Supervisors of doctoral programmes	1269	0	13	12	25	27	163	390	639
硕士导师 Supervisors of master's degree prog.	5949	40	461	434	411	551	1540	1997	515
博士、硕士导师 Supervisors of doc. & mas. degree programmes	746	0	24	19	27	46	142	323	165

三、中 等 教 育

Ⅲ. SECONDARY EDUCATION

(一) 中 等 专 业 学 校

A. SPECIALIZED SECONDARY SCHOOLS

中等专业学校

Basic Statistics of Specialized Secondary

	学校数(所) Schools	毕业生数 Graduates	招生数 Entrants			在校学生数 Enrolment			
			计 Total	招高中毕业生数 Graduates From Senior Sec. School	招初中毕业生数 Graduates From Junior Sec. School		合计 Total	计 Subtotal	计 Subtotal
总计 Total	4099	1018676	1523393	186553	1336840	4227851	542848	505248	267354
中等技术学校 Sec. Technical Schools	3206	737856	1207692	151796	1055896	3347769	429777	396371	204292
工业学校 Industry	1023	287680	509737	50283	459454	1450996	177084	158357	80366
农业学校 Agriculture	367	90312	149190	11248	137942	421085	51841	47988	24281
林业学校 Forestry	53	11459	20310	1423	18887	56876	9149	8505	4070
医药学校 Health	550	112608	141868	5168	136700	432216	68807	61612	31725
财经学校 Finance&Economics	591	152845	227339	46582	180757	604432	66719	64925	33862
政法学校 Politics&Law	147	31131	42224	30844	11380	88414	15426	15206	6813
体育学校 PhysicalCulture	169	15278	22763	92	22671	62067	13868	13473	7382
艺术学校 Art	162	14721	27684	548	27136	81581	15536	15252	9631
其他学校 Othesr	144	21822	66577	5608	60969	150102	11347	11053	6162
中等师范学校 TeacherTraining Schools	893	280820	315701	34757	280944	880082	113071	108877	63062
其中：Of which:									
幼儿师范学校 Pre－Primary Teacher Training Schools	65	15949	19341	368	18973	56278	7922	7356	4235

分类别情况

Schools by Field of Study

单位:人

教职工数 Teachers, Staff & Workers									兼任教师 Part-time Teachers
校本部教职工 Employees in the School Proper							校办厂、场职工 Employees in School-run Factories & Farms	附设机构人员 Employees in Subsidiary Units	
专任教师 Full-time Teachers				教辅人员 Supporting Staff	行政人员 Adm. Personnel	工勤人员 Workers			
高级讲师 Senior Lecturers	讲师 Lecturers	助理讲师 Assistant Lecturers	教员 Instructors						
40193	110267	102129	14822	48029	102253	87612	24483	13117	9098
31915	87456	74819	10159	39582	83033	69464	21557	11849	8728
13168	34892	28545	3761	17086	32324	28581	14550	4177	2194
3493	9208	9998	1582	5210	8527	9970	3138	715	478
692	1727	1513	138	840	1601	1994	471	173	28
5952	14390	10604	779	7391	11864	10632	1742	5453	1326
4574	14688	12985	1615	4956	15267	10840	1165	629	965
770	2726	2823	494	1275	5077	2041	74	146	55
996	3450	2495	441	748	3117	2226	29	366	133
1472	4114	3224	821	1158	2697	1766	170	114	590
798	2261	2632	528	918	2559	1414	218	76	2959
8278	22811	27310	4663	8447	19220	18148	2926	1268	370
623	1576	1764	272	547	1549	1025	151	415	25

中等专业学校分科学生数

Number of Students by Field of Study in Specialized Secondary Schools

单位：人

	毕业生数 Graduates	招生数 Entrants			在校学生数 Enrolment	毕业班学生数 Graduates for Next Year
		计 Total	招高中毕业生数 Graduates from Senior Sec. School	招初中毕业生数 Graduates From Junior Sec. School		
总计 Total	1018676	1523393	186553	1336840	4227851	1154707
工科 Industry	242784	466995	43239	423756	1316798	295267
农科 Agriculture	45888	56679	4280	52399	160207	42659
林科 Forestry	9773	12439	451	11988	38060	10124
医药卫生科 Health	111449	139394	4533	134861	423815	120455
财经 Finance & Economics	158141	233218	39157	194061	657361	191582
管理 Administration	95575	165608	23372	142236	432433	115475
政法 Politics & Law	31393	46942	32316	14626	96197	35016
艺术 Art	21440	52204	2510	49694	137852	29325
体育 Physical Culture	14349	21311	77	21234	58286	15282
师范 Teachier Training	287884	328603	36618	291985	906842	299522
其中：Of which:						
幼儿师范专业 For Pre-Primary Teacher	23519	30039	106	29933	81031	24388
特教师范专业 For Special Education	2027	2200	239	1961	7118	2075

中等专业学校专任教师年龄情况

Breakdown of Full－time Teachers by Age in Specialized Secondary Schools

单位:人

	合 计 Total		30岁以下	31－35	36－40	41－45	46－50	51－55	56－60	61岁以上
	计 Total	其中:女 Of Which: Female	30 years and under							61 years and over
总 计 Total	267354	113669	97223	64936	29680	24167	17630	18394	14892	432
高级讲师 Senior Lecturers	40189	11795	56	725	2961	5266	6739	12074	11980	388
讲 师 Lecturers	110255	46626	11221	41963	21698	16784	9944	5858	2747	40
助理讲师 Assistant Lecturers	102095	48291	72368	21599	4814	1956	864	371	121	2
教 员 Instructors	14815	6957	13578	649	207	161	83	91	44	2
中等技术学校 Technical Schools	204292	88532	70532	49496	23887	19544	14025	14935	11493	380
高级讲师 Senior Lecturers	31911	9810	51	635	2413	4312	5357	9667	9127	349
讲 师 Lecturers	87444	38169	8907	32398	17559	13588	7865	4881	2219	27
助理讲师 Assistant Lecturers	74785	35932	52381	15978	3746	1520	735	315	108	2
教 员 Instructors	10152	4621	9193	485	169	124	68	72	39	2
中等师范学校 Teacher Training Schools	63062	25137	26691	15440	5793	4623	3605	3459	3399	52
高级讲师 Senior Lecturers	8278	1985	5	90	548	954	1382	2407	2853	39
讲 师 Lecturers	22811	8457	2314	9565	4139	3196	2079	977	528	13
助理讲师 Assistant Lecturers	27310	12359	19987	5621	1068	436	129	56	13	0
教 员 Instructors	4663	2336	4385	164	38	37	15	19	5	0

中等专业学校分课

Number of Full－time Teachers of Specialized

	合计 Total	普通课 General Educational Subjects	专 Special			
			工 科 Industry	农 科 Agriculture	林 科 Forestry	医药卫生科 Health
总 计 Total	267354	97642	35367	8152	1871	17557
中等技术学校 Sec. Technical Schools	204292	67088	35177	8134	1863	17542
中等师范学校 Teacher Training Schools	63062	30554	190	18	8	15

中等专业学校分中央部

Basic Statistics of Specialized

	学校数（所）Schools	毕业生数 Graduates	招生数 Entrants			在校学生数 Enrolment	毕业班学生数 Graduates for Next Year	合计 Total		
			计 Total	招高中毕业生数 Graduates From Senior Sec. School	招初中毕业生数 Graduates From Junior Sec. School				计 Subtotal	计 Subtotal
总 计 Total	4099	1018676	1523393	186553	1336840	4227851	1154707	542848	505248	267354
中央部委所属学校 Run by Contral Ministries & Agencies	387	109888	158193	28862	129331	458916	121862	75902	67051	31267
地方所属学校 Run by Local Authorities	3712	908788	1365200	157691	1207509	3768935	1032845	466946	438197	236087

中等专业学校女学

Number of Female Students, Teachers, Staff &

	女学生数 Female Students						合计 Total		
	毕业生数 Graduates	招生数 Entrants			在校学生数 Enrolmen	毕业班学生数 Graduates for Next Year			
		计 Total	招高中毕业生数 Graduates From Senior Sec. School	招初中毕业生数 Graduates From Junior Sec. School				计 Subtotal	计 Subtotal
总 计 Total	491116	788459	71941	716518	2170360	557185	226288	210645	113669
中等技术学校 Sec. Technical Schools	327550	590765	54609	536156	1617610	384240	181745	168316	88532
中等师范学校 Teacher Training Schools	163566	197694	17332	180362	552750	172945	44543	42329	25137

程专任教师数

Secondary Schools by Subject Taught

单位:人

财经科 Finance & Economics	管理科 Administration	政法科 Politics & Law	艺术科 Art	体育科 Physical Culture	师范科 Teacher Training	技术基础课 Basic Technical Subjects	实习指导课 Practice Course
18561	5882	6152	13284	10081	27327	21580	3898
18541	5791	5983	8961	8026	2586	20852	3748
20	91	169	4323	2055	24741	728	150

门、地方学校基本情况

Secondary Schools by Control

单位:人

教职工数 Teachers, Staff & Workers											
校本部教职工 Employees in the School Proper							校办厂、场职工 Employees in School-run Factories & Farms	附设机构人员 Employees in Subsidiary Units	兼任教师(不在教工数中) Part-time Teachers
专任教师 Full-time Teachers				教辅人员 Supporting Staff	行政人员 Adm. Personnel	工勤人员 Workers			
高级讲师 Senior Lecturers	讲师 Lecturers	助理讲师 Assistant Lecturers	教员 Instructors						
40193	110267	102129	14822	48029	102253	87612	24483	13117	9098
5935	14063	10147	1122	7897	14488	13399	6176	2675	981
34258	96204	91982	13700	40132	87765	74213	18307	10442	8117

生和女教职工数

Workers in Specialized Secondary Schools

单位:人

女教职工数 Female Teachers, Staff & Workers									
校本部女教职工 Female Employees in the School Proper							校办厂、场职工 Employees in School-run Factories & Farms	附设机构人员 Employees in Subsidiary Units	兼任教师(不在教工数中) Part-time Teachers
专任女教师 Female Full-time Teachers				教辅人员 Supporting Staff	行政人员 Adm. Personnel	工勤人员 Workers			
高级讲师 Senior Lecturers	讲师 Lecturers	助理讲师 Assistant Lecturers	教员 Instructors						
11797	46622	48303	6959	27736	37210	32030	8245	7398	2858
9812	38165	35944	4623	22684	31444	25656	6941	6488	2775
1985	8457	12359	2336	5052	5766	6374	1304	910	83

中等专业学校专

Changes of Full-time Teachers

	上学年初报表在校学生数 Number of Total full-time teachers at beginning of previous academic year	增加专任教 Factors of						
		合计 Total	当年分配毕业生 New recruits from current year graduates					其他校 Teachers from
			计 total	研究生 Completing postgraduate courses	本科生 Completing 1st degree courses	专科生 Completing short-cycle courses	中专生 Completing SSS courses	计 total
总计 Total	256269	25083	11815	108	8131	2912	664	8668
中等技术学校 Sec. Technical Schools	194733	19899	8725	82	6211	2027	405	7245
中等师范学校 Teacher Training Schools	61536	5184	3090	26	1920	885	259	1423

中等专业学校学

Changes in Enrolment of

	上学年初报表在校学生数 Total enrolment at beginning of previous academic year	增加学生数 Factors of Increase					
		计 Total	本学年初招生数 No. of Students Admitted	复学 Students Resuming Studies	其他学校转入 Transfers from Other Schools	其他 Others	计 Total
总计 Total	3704658	1592511	1523393	1369	9646	58103	1069318
中等技术学校 Sec. Technical Schools	2857138	1269712	1207692	1144	8210	52666	779081
中等师范学校 Teacher Training Schools	847520	322799	315701	225	1436	5437	290237

中等专业学

Condition of School Buildings in

	合计 Total				
	计 Total	教学辅助用房 Teaching & assistant building	行政办公用房 Administritive	生活福利用房 Residential and Welfare	计 Total
校舍建筑面积 Floor Space	89452292	31872239	6119494	51460559	71450362
其中:被外单位借占面积 of which: Under long-term lease or occupation by other units	603384	91298	30575	481511	563442
危房面积 Floor space of dilapidated buildings	1402058	264576	65653	1071829	1141071
当年新增面积 New floor space added in current year	4217654	1589152	201357	2427145	3330543
正在施工面积 Floor space under construction	3517166	1622441	166562	1728163	2619907
借、租用校舍面积 Leased floor space	501648	202347	67941	231360	480166

任教师变动情况
in Specialized Sec. Schools

单位:人

师数 Increase				减少专任教师 Factors of Decrease				本学年初报表专任教师数 Total number of full-time teachers at beginning of current academic year
教师调入 recruited other units	非教师调入 Non-teaching personnel changed into teachers			合计 Total	上学年内离退休人数 Retired from their posts during previous academic year	调离教师岗位人员 Transferred from teaching to non-teaching posts	其他 Others	
其中：中等专业学校调入 Of which: from other SSSs	计 Total	其中：本校职工转为教师 Of which: change of status in their own institutions						
3072	4600	3235		13998	5186	4639	4173	267354
2598	3929	2670		10340	3926	3404	3010	204292
474	671	565		3658	1260	1235	1163	63062

生数变动情况
Specialized Sec. Schools

单位:人

减少学生数 Factors of Decrease								本学年初报表在校学生数 Total enrolment at beginning of current academic year
上学年毕业生数 Graduates	上学年结业生数 Completers of Courses without formal award	休学 Suspended	退学 Quitting	开除 Expelled	死亡 Dead	转到其他学校 Transfers to Other Schools	其他 Others	
1018676	2316	1694	6893	878	496	5761	32604	4227851
737856	1972	1499	6349	748	380	4521	25756	3347769
280820	344	195	544	130	116	1240	6848	880082

校校舍情况
Specialized Secondary Schools

单位: m^2

中等技术学校 Secondary Technical Schools			中等师范学校 Teacher Training Schools			
教学辅助用房 Teaching & assistant building	行政办公用房 Administritive	生活福利用房 Residential and Welfare	计 Total	教学辅助用房 Teaching & assistant building	行政办公用房 Administritive	生活福利用房 Residential and Welfare
25345716	4866367	41238279	18001930	6526523	1253127	10222280
86459	27537	449446	39942	4839	3038	32065
214636	52159	874276	260987	49940	13494	197553
1209962	154450	1966131	887111	379190	46907	461014
1147247	136797	1335863	897259	475194	29765	392300
197909	66666	215591	21482	4438	1275	15769

中等专业学校专任教师学历情况

Breakdown of Full－time Teachers by Educational Attainment in Specialized Sec.Schools

单位：人

	合计 Total	高等学校本科毕业及以上 Completion of Normal Courses in IHEs	高等学校专科毕业及本专科肄业两年以上 Completion of Short－cycle Courses or at least 2 years of Undergraduate Courses	高等学校本专科肄业未满两年 Less than 2 years attendance at IHEs	中专、高中毕业及以下 Completion of Specialized or General Sec.Ed. & Lower
总计 Total	267354	173085	72421	2260	19588
中等技术学校 Sec.Technical Schools	204292	130108	55540	1754	16890
中等师范学校 Teacher Training Schools	63062	42977	16881	506	2698

中等专业学校学生数补充资料

Supplementary Data for Total Enrolment of Specialized Secondary Schools

单位：人

	成人中专学生数 Students in Adult Spec. Sec. Schools				另有其他学生数 Additional categories of students		
	干部中专班 SSS Classes for Cadres	职工中专班 SSS Classes for Workers	农村中专班 SSS Classes for Peasants	函授 Correspondence	进修班 Refresher Courses	培训班 Training Courses	其他 Others
毕业生数 Graduates	11161	72644	8683	75551	6478	101237	32002
招生数 Entrants	13839	99734	19183	87929	9583	64872	48287
在校生数 Enrolment	33238	236562	44796	205020	16996	39094	114567

中等专业学校其他情况

Supplementary Data on Specialized Secondary Schools

	学校占地面积（平方米） Area of school site (m^2)	学校藏书（万册） Library collections (in 10000 volumes)	固定资产总额（万元） Fixed assets (in 10000 yuan)	科研仪器设备值（万元） Equipments & Instruments for Teaching and Research (in 10000 yuan)	生产实习设备值（万元） Equipments for Production and Practive (in 10000 yuan)
总计 Total	267074017	20929.64	3410364.06	543866	202904
中等技术学校 Sec.Technical Schools	214391029	16563.13	2758845.22	445964	176145
中等师范学校 Teacher Training Schools	52682988	4366.51	651518.84	97902	26759

(二) 普 通 中 学

B. GENERAL SECONDARY SCHOOLS

普通中学校数、班数

Number of General Secondary Schools and Classes

	学校数(所) Schools				班数(个) Classes	
	计 Total	初级中学 Junior Sec. Schools	高级中学 Senior Sec. Schools	完全中学 Complete Sec. Schools	初中 Junior Sec. Schools	高中 Senior Sec. Schools
总计 Total	79967	66092	3436	10439	939240	149455
教育部门和集体办 Run by Ed. Dept. & Communities	71329	60175	2922	8232	874955	132694
其他部门办 Run by Non-ed. Dept.	7171	4933	282	1956	57929	14566
民办 Run by private and other social sources	1467	984	232	251	6356	2195
城市 Urban	13429	8390	1047	3992	174180	55119
教育部门和集体办 Run by Ed. Dept. & Communities	8652	5263	709	2680	134311	44076
其他部门办 Run by Non-ed. Dept.	3998	2678	187	1133	36299	9512
民办 Run by private and other social sources	779	449	151	179	3570	1531
县镇 County Seats & Towns	19506	13604	1510	4392	239457	70632
教育部门和集体办 Run by Ed. Dept. & Communities	17706	12436	1374	3896	228389	67261
其他部门办 Run by Non-ed. Dept.	1398	902	60	436	9444	2783
民办 Run by private and other social sources	402	266	76	60	1624	588
农村 Rural	47032	44098	879	2055	525603	23704
教育部门和集体办 Run by Ed. Dept. & Communities	44971	42476	839	1656	512255	21357
其他部门办 Run by Non-ed. Dept.	1775	1353	35	387	12186	2271
民办 Run by private and other social sources	286	269	5	12	1162	76
总计中 Of the total						
四年制初中 4-year junior sec. Schools	2870	2870	0	0	48492	0
小学附设初中班 Junior Sec. Classes attached to primary schools	0	0	0	0	30118	0

	毕业生数 Graduates		招生数 Students Admitted			
					初 Junior	
	初中 Junior Sec. Schools	高中 Senior Sec. Schools	初中 Junior Sec. Schools	高中 Senior Sec. Schools	计 Total	一年级 Grade 1
总计 Total	12790377	2049283	17607019	2822297	49704292	17723361
教育部门和集体办 Run by Ed. Dept. & Communities	12076496	1869635	16734174	2573075	47072551	16843684
其他部门办 Run by Non-ed. Dept.	679296	167035	743953	206802	2339459	749997
民办 Run by private and other social sources	34585	12613	128892	42420	292282	129680
城市 Urban	2271643	744862	2848036	1001502	8752437	2862286
教育部门和集体办 Run by Ed. Dept. & Communities	1836486	627372	2309420	834377	7081984	2320359
其他部门办 Run by Non-ed. Dept.	422512	109181	469518	138992	1516170	472476
民办 Run by private and other social sources	12645	8309	69098	28133	154283	69451
县镇 County Seats & Towns	3360071	988176	4421252	1372064	12763342	4452094
教育部门和集体办 Run by Ed. Dept. & Communities	3236103	953329	4273346	1322312	12326855	4302799
其他部门办 Run by Non-ed. Dept.	111843	30651	113676	36736	356168	114821
民办 Run by private and other social sources	12125	4196	34230	13016	80319	34474
农村 Rural	7158663	316245	10337731	448731	28188513	10408981
教育部门和集体办 Run by Ed. Dept. & Communities	7003907	288934	10151408	416386	27663712	10220526
其他部门办 Run by Non-ed. Dept.	144941	27203	160759	31074	467121	162700
民办 Run by private and other social sources	9815	108	25564	1271	57680	25755
总计中 Of the total						
四年制初中 4-year junior sec. Schools	305981	0	734934	0	2494047	741741
小学附设初中班 Junior Sec. Classes attached to primary schools	313490	0	481093	0	1281291	494537
女学生 Female Students	5812728	803147	8106602	1144616	22887615	8154016

学 生 数

General Secondary Schools

单位:人

在校学生数 Enrolment						
中 Sec.Schools			高中 Senior Sec. Schools			
二年级 Grade 2	三年级 Grade 3	四年级 Grade 4	计 Total	一年级 Grade 1	二年级 Grade 2	三年级 Grade 3
16815730	14728083	437118	7692469	2833367	2609281	2249821
15925201	13911517	392149	7020174	2583348	2383315	2053511
789907	754723	44832	580038	207112	194818	178108
100622	61843	137	92257	42907	31148	18202
3019528	2754441	116182	2761922	1004448	935157	822317
2449632	2233886	78107	2311002	836981	783404	690617
514828	490868	37998	390231	139118	131540	119573
55068	29687	77	60689	28349	20213	12127
4372538	3892897	45813	3746138	1378723	1276379	1091036
4224682	3757448	41926	3613850	1328631	1231328	1053891
120824	116696	3827	103329	36830	35044	31455
27032	18753	60	28959	13262	10007	5690
9423664	8080745	275123	1184409	450196	397745	336468
9250887	7920183	272116	1095322	417736	368583	309003
154255	147159	3007	86478	31164	28234	27080
18522	13403	0	2609	1296	928	385
705847	609341	437118	0	0	0	0
434459	345388	6907	0	0	0	0
7724620	6801967	207012	3108853	1153287	1053672	901894

教职
Teachers,

	合计 Total	专任教师 Full-time Teachers		
		计 Total	初中 Junior Sec. Schools	高中 Senior Sec. Schools
总计 Total	4424448	3464759	2892688	572071
教育部门办 Run by Ed. Dept.	3811506	3037756	2530156	507600
其他部门办 Run by Non-ed.Dept	381652	275249	215432	59817
集体办 Communities	205277	135407	134793	614
民办 Run by private and other social sources	26013	16347	12307	4040
城市 Urban	1133755	815514	605936	209578
教育部门办 Run by Ed. Dept.	854056	625224	457340	167884
其他部门办 Run by Non-ed.Dept	242470	177768	138927	38841
集体办 Communities	21390	3087	3065	22
民办 Run by private and other social sources	15839	9435	6604	2831
县镇 County Seats & Towns	1322912	1015590	747342	268248
教育部门办 Run by Ed. Dept.	1219829	946745	691512	255233
其他部门办 Run by Non-ed.Dept	65163	47261	35506	11755
集体办 Communities	32026	17610	17319	291
民办 Run by private and other social sources	5894	3974	3005	969
农村 Rural	1967781	1633655	1539410	94245
教育部门办 Run by Ed. Dept.	1737621	1465787	1381304	84483
其他部门办 Run by Non-ed.Dept	74019	50220	40999	9221
集体办 Communities	151861	114710	114409	301
民办 Run by private and other social sources	4280	2938	2698	240
总计中：女教职工 Of the total Female Teachers, Staff & Workers	1567331	1280320	1107288	173032

教 职 工 数
in General Secondary Schools

单位:人

工数 Staff & Workers: 行政人员 Adm. Personnel	工勤人员 Workers	校办工厂、农场职工 Employees in School-run Factories & Farms: 计 Total	其中:由厂、场收入支付工资的职工 Employees maintained by income of school-run businesses	代课教师 Substitute Teachers	临时工 Temporary Workers	兼任教师 Part-time Teachers
493523	396392	69774	39423	146967	112259	17688
430529	303767	39454	13726	94093	78625	9365
53623	47418	5362	2469	3916	2229	1382
5288	39855	24727	23012	45364	28287	543
4083	5352	231	216	3594	3118	6398
181008	95316	41917	27406	11084	20053	8813
141266	66130	21436	9612	6900	14955	3265
36617	24367	3718	1305	1827	1541	850
262	1443	16598	16333	571	1634	34
2863	3376	165	156	1786	1923	4664
148253	141243	17826	6733	34617	39091	5065
138084	121414	13586	3299	24014	29205	3164
8321	8933	648	392	564	252	325
1043	9836	3537	2987	9187	8896	140
805	1060	55	55	852	738	1436
164262	159833	10031	5284	101266	53115	3810
151179	116223	4432	815	63179	34465	2936
8685	14118	996	772	1525	436	207
3983	28576	4592	3692	35606	17757	369
415	916	11	5	956	457	298
120573	138038	28400	19219	64855	44329	4138

普通中学分课程专

Number of Full-time General Secondary School Teachers

	合计 Total	初中 Junior Sec. Schools			
		计 Total	大学本科毕业及以上 Completion of Normal Courses in IHEs	大学专科毕业 Completion of Short-cycle Courses in IHEs	中专毕业 Complete Specialized Sec. Education
总计 Total	3464759	2892688	288415	1896488	545787
政治 Politics	259250	216651	25188	141598	37901
语文 Language & Literature	691767	600675	60776	412365	105460
数学 Math	658163	566287	55313	377026	108904
物理 Physics	287992	223250	24943	155567	33377
化学 Chemistry	204096	142840	17176	100309	19551
生物 Biology	134941	114299	17147	66442	22766
地理 Geography	132165	111500	13618	64173	24380
历史 History	162845	128192	16609	77734	24622
英语 English	474494	397886	23491	297999	54651
俄语 Russian	4033	2888	357	1779	377
日语 Japanese	1672	1173	254	681	132
体育 Physical Culture	168630	136234	13800	74311	35957
生理卫生 Physiology & Hygiene	15948	15552	839	7423	5308
音乐 Music	57654	54490	2236	27743	20203
美术 Fine Arts	53522	50519	2184	28606	15551
计算机课 Computer Literacy	9579	5529	1419	3383	568
职业劳动 Vocational Practice	30489	27619	1841	12328	8656
其他课 Others	23539	19725	1941	10028	5283
不任课 No Teaching Load	93980	77379	9283	36993	22140

任教师学历情况

by Subject Taught & Educational Attainment

单位:人

	高中 Senior Sec. Schools				
高中毕业及以下的 Complete Sec. Education & Lower	计 Total	大学本科毕业及以上 Completion of Normal Courses in IHEs	大学专科毕业 Completion of Short-cycle Courses in IHEs	中专毕业 Complete Specialized Sec. Education	高中毕业及以下的 Complete Sec. Education & Lower
161998	572071	331541	221433	14154	4943
11964	42599	26137	15169	985	308
22074	91092	57128	31855	1600	509
25044	91876	61850	28623	938	465
9363	64742	41236	22395	702	409
5804	61256	38345	21806	746	359
7944	20642	12724	7331	458	129
9329	20665	11871	8060	549	185
9227	34653	21247	12777	471	158
21745	76608	33521	41239	1362	486
375	1145	666	431	32	16
106	499	263	190	36	10
12166	32396	12789	15870	3019	718
1982	396	122	198	62	14
4308	3164	614	2044	437	69
4178	3003	569	2084	296	54
159	4050	2225	1673	114	38
4794	2870	924	1338	429	179
2473	3814	1229	1786	510	289
8963	16601	8081	6564	1408	548

普通中学专任教师专业

Full－Time Teachers in General Secondary

	合计 Total	25岁及以下 25 years and under	26－30	31－35
合计 Total	3464759	747833	872166	598568
初中：小计 Junior Sec. Schools Subtotal	2892688	669615	728327	473301
其中：女 Of which: Female	1107288	306371	307695	176681
高级 Senior	67743	11	79	448
一级 1st grade	638902	1088	21515	87509
二级 2nd grade	1286305	95641	485139	324131
三级 3rd grade	416027	191694	149239	44567
未评级 Rank undecided	483711	381181	72355	16646
高中：小计 Senior Sec. Schools Subtotal	572071	78218	143839	125267
其中：女 Of which: Female	173032	32494	50791	37168
高级 Senior	92134	15	96	1233
一级 1st grade	195549	481	17078	66749
二级 2nd grade	209851	22980	110694	54958
三级 3rd grade	23663	11868	9325	1745
未评级 Rank undecided	50874	42874	6646	582

技术职务、年龄结构情况

Schools Broken Down by Rank and Age

单位：人
Unit: person

36－40	41－45	46－50	51－55	56－60	61岁及以上 61 years and over	总计中：女 Of the total female
343066	290224	269777	220026	119832	3267	1280320
289591	250179	222276	172007	85362	2030	1107288
98480	87189	77937	47787	4947	201	0
1604	5058	14228	26177	19283	855	26704
97187	125003	139232	112051	54492	825	231688
169001	109121	62840	30289	9979	164	476497
16631	7764	3648	1811	652	21	159840
5168	3233	2328	1679	956	165	212559
53475	40045	47501	48019	34470	1237	173032
14702	10845	12750	12317	1864	101	0
3649	7342	18289	32858	27612	1040	20873
36322	27552	26688	14115	6417	147	55749
12914	4818	2307	851	318	11	68522
401	166	84	55	16	3	8001
189	167	133	140	107	36	19887

普通中学校舍情况

Condition of School Buildings in General Secondary Schools

	总计 Total	城市 Urban	县镇 County Seats & Towns	农村 Rural
教学及辅助用房(平方米) Teaching & assistant buildings	166681344	45162230	48281191	73237923
行政办工用房(平方米) Administritive	42083436	12960085	12459081	16664270
生活用房(平方米) Residential and Welfare	154787580	34225291	51913108	68649181
校舍建筑面积(平方米) Floor Space	363552360	92347606	112653380	158551374
其中: Of which:				
当年新增面积(平方米) New floor space added in current year	26294276	4776894	8107690	13409692
危险房屋面积(平方米) Floor space of dilapidated buildings	4972504	751610	1402269	2818625

普通初中班额情况

Size of Junior Secondary Classes

	班数(个) No. of Classes	班额(班) Size of Classes 25人及以下 25 and under	26－35	36－45	46－55	56－65	66人及以上 66 and over
总计 Total	939240	17304	56760	184486	343308	219271	118111
城市 Urban	174180	4404	12770	39527	64072	36825	16582
县镇 County Seats & Towns	239457	3162	11137	44178	91644	57994	31342
农村 Rural	525603	9738	32853	100781	187592	124452	70187

(三) 职 业 中 学

C. VOCATIONAL SCHOOLS

职业中学校数、

Number of Schools, Classes, Graduates

	学校数(所) Schools			
	计 Total	初　中 Junior Sec. Schools	高　中 Senior Sec. Schools	初、高中合设 Junior & Senior Sec. Schools
总计　Total	10049	1534	7974	541
教育部门和集体办 Run by Ed. Dept. & Communities	7547	1498	5544	505
其他部门办 Run by Non-ed. Dept.	1934	13	1900	21
民办 Run by private and other social sources	568	23	530	15
城市　Urban	3546	43	3390	113
教育部门和集体办 Run by Ed. Dept. & Communities	1853	34	1729	90
其他部门办 Run by Non-ed. Dept.	1299	5	1281	13
民办 Run by private and other social sources	394	4	380	10
县镇　County Seats & Towns	3283	208	2858	217
教育部门和集体办 Run by Ed. Dept. & Communities	2651	195	2248	208
其他部门办 Run by Non-ed. Dept.	495	7	482	6
民办 Run by private and other social sources	137	6	128	3
农村　Rural	3220	1283	1726	211
教育部门和集体办 Run by Ed. Dept. & Communities	3043	1269	1567	207
其他部门办 Run by Non-ed. Dept.	140	1	137	2
民办 Run by private and other social sources	37	13	22	2
总计中　Of the total				
教育部门其他部门联办 Run by Ed. Dept. & Non-ed. Dept.	247	6	230	11
其他学校附设 Attached to other schools	0	0	0	0
女学生　Female Students	0	0	0	0

班数、毕业生数和招生数

& Students Admitted in Vocational Schools

班数(个) Classes		毕业生数(人) Graduates		招生数(人) Students Admitted	
初中 Junior	高中 Senior	初中 Junior	高中 Senior	初中 Junior	高中 Senior
15044	93021	187615	1207886	306776	1582349
14802	73937	184991	948944	302125	1254357
135	16116	1530	227022	2208	272435
107	2968	1094	31920	2443	55557
498	44861	4898	569508	8270	701976
362	31128	4156	386955	6416	477036
104	11597	619	158806	1305	187413
32	2136	123	23747	549	37527
2633	32479	32821	423762	52504	590081
2587	28237	31534	362271	51104	503366
22	3565	678	54566	724	71701
24	677	609	6925	676	15014
11913	15681	149896	214616	246002	290292
11853	14572	149301	199718	244605	273955
9	954	233	13650	179	13321
51	155	362	1248	1218	3016
90	4363	1390	54068	1454	65886
940	7278	11808	100294	14625	123700
0	0	75716	568413	132873	736737

职业中学在校学

Enrolment of Vocational

	在校学生数 Enrolment					
		初中 Junior				
	合计 Total	计 Total	一年级 Grade 1	二年级 Grade 2	三年级 Grade 3	计 Total
总计 Total	4732726	775194	307478	246848	220868	3957532
教育部门和集体办 Run by Ed. Dept. & Communities	3888737	765612	302822	244678	218112	3123125
其他部门办 Run by Non-ed. Dept.	714526	4244	2208	854	1182	710282
民办 Run by private and other social sources	129463	5338	2448	1316	1574	124125
城市 Urban	1896564	18767	8303	5649	4815	1877797
教育部门和集体办 Run by Ed. Dept. & Communities	1309800	15179	6445	4771	3963	1294621
其他部门办 Run by Non-ed. Dept.	499600	2698	1305	686	707	496902
民办 Run by private and other social sources	87164	890	553	192	145	86274
县镇 County Seats & Towns	1537016	135699	52573	44556	38570	1401317
教育部门和集体办 Run by Ed. Dept. & Communities	1325882	132809	51173	44147	37489	1193073
其他部门办 Run by Non-ed. Dept.	178529	1158	724	128	306	177371
民办 Run by private and other social sources	32605	1732	676	281	775	30873
农村 Rural	1299146	620728	246602	196643	177483	678418
教育部门和集体办 Run by Ed. Dept. & Communities	1253055	617624	245204	195760	176660	635431
其他部门办 Run by Non-ed. Dept.	36397	388	179	40	169	36009
民办 Run by private and other social sources	9694	2716	1219	843	654	6978
总计中 Of the total						
教育部门其他部门联办 Run by Ed. Dept. & Non-ed. Dept.	188700	3690	1587	841	1262	185010
其他学校附设 Attached to other schools	381662	45400	16051	15707	13642	336262
女学生 Female Students	2293911	343616	135715	109127	98774	1950295

生数和毕业班学生数

Schools and Graduates for Next Year

单位:人

高中 Senior						毕业班学生数 Graduates for Next Year	
二年制 2-year		三年制 3-year			四年制 4-year	初中 Junior	高中 Senior
一年级 Grade 1	二年级 Grade 2	一年级 Grade 1	二年级 Grade 2	三年级 Grade 3			
392643	348184	1169257	1070798	896706	79944	217600	1271654
320381	285954	921353	837345	699549	58543	214609	1004006
54297	46477	212401	203704	176214	17189	1347	230617
17965	15753	35503	29749	20943	4212	1644	37031
112225	108334	573492	552705	469868	61173	5694	592816
72534	71903	394134	382048	325793	48209	4772	408955
29828	26833	152572	149273	127241	11155	707	157324
9863	9598	26786	21384	16834	1809	215	26537
186902	164198	401101	354455	283398	11263	39517	455132
159703	142701	342267	301322	240363	6717	38271	386929
20420	16394	50855	45529	39627	4546	471	59702
6779	5103	7979	7604	3408	0	775	8501
93516	75652	194664	163638	143440	7508	172389	223706
88144	71350	184952	153975	133393	3617	171566	208122
4049	3250	8974	8902	9346	1488	169	13591
1323	1052	738	761	701	2403	654	1993
13478	13284	51995	50635	41232	14386	1593	57777
27540	29206	97759	95457	79074	7226	16330	110930
172078	161406	572662	544765	455732	43652	96687	630645

职业中学高中

Number of Senior Level Students in

	合计 Total	工科 Industry	农科 Agriculture	林科 Forestry	医药卫生科 Health
毕业生数 Graduates	1207886	416031	111691	23424	92518
招生数 Students Admitted	1582349	553182	140015	30765	106960
在校学生数 Enrolment	3957532	1361329	316682	72586	306574
毕业班学生数 Graduates for Next Year	1271654	432046	107710	25754	97711

职业中学

Number of Teachers, Staff

教职 Teachers, Staff

	合计 Total	专任教师 Full-time Teachers 计 Total	初中 Junior	高中 Senior	行政人员 Adm. Personnel	工勤人员 Workers
总计 Total	451676	307634	39151	268483	70998	54716
教育部门办 Run by Ed. Dept.	370106	261358	35405	225953	56901	41071
其他部门办 Run by Non-ed. Dept.	61337	37261	199	37062	11670	9198
集体办 Run by Communities	12584	4872	3371	1501	374	3080
民办 Run by private & other Social Sources	7649	4143	176	3967	2053	1367
城市 Urban	187534	119924	1301	118623	37404	20035
教育部门办 Run by Ed. Dept.	137521	91360	1117	90243	27212	13708
其他部门办 Run by Non-ed. Dept.	41147	25587	93	25494	8470	5227
集体办 Run by Communities	3597	264	20	244	110	217
民办 Run by private & other Social Sources	5269	2713	71	2642	1612	883
县镇 County Seats & Towns	155425	106854	7216	99638	21742	21878
教育部门办 Run by Ed. Dept.	136141	96209	6825	89384	18913	17447
其他部门办 Run by Non-ed. Dept.	14620	8770	80	8690	2341	2877
集体办 Run by Communities	2734	742	271	471	105	1153
民办 Run by private & other Social Sources	1930	1133	40	1093	383	401
农村 Rural	108717	80856	30634	50222	11852	12803
教育部门办 Run by Ed. Dept.	96444	73789	27463	46326	10776	9916
其他部门办 Run by Non-ed. Dept.	5570	2904	26	2878	859	1094
集体办 Run by Communities	6253	3866	3080	786	159	1710
民办 Run by private & other Social Sources	450	297	65	232	58	83
总计中 Of the total 女教职工 Fema;e Teachers, Staff & Workers	166531	118516	10805	107711	20656	19831

阶段分科学生数
Vocational Schools by Field of Study

单位:人

财经科 Finance & Economics	管理科 Administration	政法 Politics & Law	艺术 Art	体育 Physical Culture	师范 Teacher Training
263410	150683	16949	55625	10415	67140
307174	209291	35493	83222	20381	95866
850005	503105	75434	197484	43161	231172
283105	155515	23738	61172	13317	71586

教职工数
& Workers in Vocational Schools

单位:人

工数 & Workers				
校办工厂、农场职工 Employees in School-run Factories & Farms		代课教师 Substitute Teachers	临时工 Temporary Workers	兼任教师 Part-time Teachers
计 Total	其中:由厂、场收入支付工资的职工 Employees maintained by income of school-run businesses			
18328	10712	14419	17861	29582
10776	5041	9171	12930	11650
3208	1633	2600	1924	11817
4258	4015	1611	2231	851
86	23	1037	776	5264
10171	6340	5427	5889	18212
5241	2594	2425	3685	4718
1863	753	2084	1315	9310
3006	2989	119	312	203
61	4	799	577	3981
4951	2351	4975	7742	8243
3572	1449	4021	6143	4424
632	286	415	555	2256
734	609	388	881	402
13	7	151	163	1161
3206	2021	4017	4230	3127
1963	998	2725	3102	2508
713	594	101	54	251
518	417	1104	1038	246
12	12	87	36	122
7528	5124	4574	5764	7172

职业中学专

Number of Full－time Vocational

	合计 Total	初中 Junior Sec .Schools			
		计 Total	大学本科毕业及以上 Completion of Normal Courses in IHEs	大学专科毕业 Completion of Short－cycle Courses in IHEs	中专毕业 Complete Specialized Sec. Education
总计 Total	307634	39151	1814	21833	12676
文化课 Cultural Subjects	166614	33678	1582	19331	10499
专业课 Special Subjects	43471	436	32	209	161
工科 Industry	14636	2096	82	1003	807
农科 Agriculture	3239	423	13	203	177
林科 Forestry	7111	90	3	46	34
医药卫生科 Health	20684	114	21	39	48
财经科 Finance & Economics	9989	57	1	21	28
管理科 Administration	2398	184	8	107	57
政法 Politics & Law	10311	311	9	140	128
艺术 Arts	6884	694	21	282	311
体育 Physical Culture	8227	294	8	157	111
师范 Teacher Training	7069	170	1	53	82
实习指导课 Practice Course	7001	604	33	242	233
不任课 No Teaching Load					

任教师学历情况
School Teachers by Educational Attainment

单位：人

高中毕业及以下 Complete General Sec. Education & Lower	高中 Senior Sec. Schools 计 Total	大学本科毕业及以上 Completion of Normal Courses in IHEs	大学专科毕业 Completion of Short-cycle Courses in IHEs	中专毕业 Complete Specialized Sec. Education	高中毕业及以下 Complete General Sec. Education & Lower
2828	268483	83780	149398	27190	8115
2266	132936	46781	73541	9766	2848
34	43035	13912	24519	3527	1077
204	12540	3278	7307	1644	311
30	2816	795	1525	417	79
7	7021	1914	3170	1785	152
6	20570	5564	12494	2082	430
7	9932	3036	5704	885	307
12	2214	714	1276	152	72
34	10000	1559	6041	1886	514
80	6190	1553	3325	1001	311
18	7933	1984	4269	1381	299
34	6899	1084	3197	1499	1119
96	6397	1606	3030	1165	596

职业中学专任教师专业

Full－Time Teachers in Vocational

	合　计 Total	25岁及以下 25 years and under	26－30	31－35
合　计 Total	307634	65374	80660	52863
初中：小计 Junior Sec. Schools Subtotal	39151	9808	10081	6751
其中：女 Of which: Female	10805	3846	3251	1763
高　级 Senior	326	1	4	1
一　级 1st grade	5481	44	130	561
二　级 2nd grade	16780	861	5344	4437
三　级 3rd grade	8164	2931	3044	1237
未评级 Rank undecided	8400	5971	1559	515
高中：小计 Senior Sec. Schools Subtotal	268483	55566	70579	46112
其中：女 Of which: Female	107711	27552	30980	17878
高　级 Senior	19082	11	40	181
一　级 1st grade	75459	301	4390	15961
二　级 2nd grade	108122	12025	51153	26186
三　级 3rd grade	25466	12479	9026	2479
未评级 Rank undecided	40354	30750	5970	1305

技术职务、年龄结构情况

Schools Broken Down by Rank and Age

单位：人
Unit: person

36－40	41－45	46－50	51－55	56－60	61岁及以上 61 years and over	总计中：女 Of the total female
27606	23378	23393	20623	12743	994	118516
3848	3225	2394	1930	1085	29	10805
832	562	305	217	29	0	0
13	17	46	95	145	4	34
706	982	1107	1215	724	12	875
2536	1816	1074	530	176	6	4350
453	310	115	49	23	2	2458
140	100	52	41	17	5	3088
23758	20153	20999	18693	11658	965	107711
8618	7751	7932	6054	822	124	0
461	1264	3412	7130	5987	596	5341
12843	13035	14027	9693	4952	257	28182
9050	4898	2882	1410	470	48	44633
710	390	211	106	59	6	10829
694	566	467	354	190	58	18726

职业中学校舍情况

Condition of School Buildings in Vocational Schools

	总计 Total	城市 Urban	县镇 County Seats & Towns	农村 Rural
教学及辅助用房(平方米) Teaching & Assistant Buildings	19476906	8648403	6487395	4341108
行政办公用房(平方米) Administritive	5446100	2463025	1801942	1181133
生活福利用房(平方米) Residential and Welfare	20247195	7019367	7986047	5241781
校舍建筑面积(平方米) Floor Space	45170201	18130795	16275384	10764022
其中: Of which:				
当年新面积 (平方米) New floor space added in current year	2950847	1035298	1257543	658006
危险房屋面积 (平方米) Floor space of dilapidated buildings	508344	751610	178410	204363

四、 初等教育(小学)

Ⅳ. PRIMARY EDUCATION (PRIMARY SCHOOLS)

小学校数、班

Number of Schools, Classes &

	学校数(所) Schools	教学点数(个) External teaching sites	班　数(个) Classes	毕业生数(人) Graduates	招生数(人) Students Admitted
总　计　Total	645983	209851	4071270	19340813	25246553
教育部门和集体办 Run by Ed. Dept. & Communities	630536	201312	3904360	18530767	24116192
其他部门办 Run by Non－ed. Dept.	13994	4859	150143	788849	1008114
民办 Run by private & other social scouces	1453	3680	16767	21197	122247
城　市　Urban	31610	6237	390731	2726018	3147701
教育部门和集体办 Run by Ed. Dept. & Communities	25454	4454	307422	2223295	2510927
其他部门办 Run by Non－ed. Dept.	5768	1717	79586	494035	604608
民办 Run by private & other social scouces	388	66	3723	8688	32166
县　镇　County Seats & Towns	79121	12551	593058	3458567	4407028
教育部门和集体办 Run by Ed.Dept. & Communities	76610	12021	568607	3341590	4250233
其他部门办 Run by Non－ed.Dept.	2352	412	23254	114418	146183
民办 Run by private & other social scouces	159	118	1197	2559	10612
农　村　Rural	535252	191063	3087481	13156228	17691824
教育部门和集体办 Run by Ed. Dept. & Communities	528472	184837	3028331	12965882	17355032
其他部门办 Run by Non－ed. Dept.	5874	2730	47303	180396	257323
民办 Run by private & other social scouces	906	3496	11847	9950	79469
总　计　中　Of the total					
六年制　6－year Schools	398963	128138	2660482	11699555	15357193
女学生　Female Students	0	0	0	9078453	12087200

数和学生数

Students in Primary Schools

在校学生数（人） Enrolment						
合计 Total	一年级 Grade 1	二年级 Grade 2	三年级 Grade 3	四年级 Grade 4	五年级 Grade 5	六年级 Grade 6
136150042	26733307	26379506	25938403	23881441	21251840	11965545
130288354	25572218	25249720	24848749	22893308	20394768	11329591
5398468	1025164	1013757	1003584	928083	818970	608910
463220	135925	116029	86070	60050	38102	27044
17684113	3180892	3253796	3296287	3087622	2768202	2097314
14277011	2537378	2609731	2661620	2503148	2256295	1708839
3278870	609718	615993	613215	565766	498359	375819
128232	33796	28072	21452	18708	13548	12656
23596818	4547028	4490311	4488408	4176458	3746913	2147700
22763516	4388052	4333914	4333813	4033979	3621544	2052214
794708	148357	147641	147270	136775	121415	93250
38594	10619	8756	7325	5704	3954	2236
94869111	19005387	18635399	18153708	16617361	14736725	7720531
93247827	18646788	18306075	17853316	16356181	14516929	7568538
1324890	267089	250123	243099	225542	199196	139841
296394	91510	79201	57293	35638	20600	12152
89619372	16492528	16376205	16245025	15136548	13403521	11965545
64670134	12747181	12582003	12356098	11335389	10024301	5625162

小学教

Number of Teachers, Staff &

	教职 Teachers, Staff			
	合计 Total	专任教师 Full-time Teachers	行政人员 adm. Personnel	工勤人员 Workers
总计 Total	6385782	5735790	457719	168449
教育部门办 Run by Ed. Dept.	4498266	3983522	397702	103563
其他部门办 Run by Non-ed. Dept.	393327	327980	34621	29159
集体办 Run by Communities	1464806	1402148	23536	30367
民办 Run by private and other social sources	29383	22140	1860	5360
城市 Urban	1026933	871149	101842	43044
教育部门办 Run by Ed. Dept.	745783	639104	78353	23148
其他部门办 Run by Non-ed. Dept.	226619	190156	20974	14311
集体办 Run by Communities	42265	35146	1119	1472
民办 Run by private and other social sources	12266	6743	1396	4113
县镇 County Seats & Towns	1189274	1054546	88114	40114
教育部门办 Run by Ed. Dept.	992254	875705	80723	30599
其他部门办 Run by Non-ed. Dept.	61720	51331	5400	4786
集体办 Run by Communities	131423	124552	1738	4063
民办 Run by private and other social sources	3877	2958	253	666
农村 Rural	4169575	3810095	267763	85291
教育部门办 Run by Ed. Dept.	2760229	2468713	238626	49816
其他部门办 Run by Non-ed. Dept.	104988	86493	8247	10062
集体办 Run by Communities	1291118	1242450	20679	24832
民办 Run by private and other social sources	13240	12439	211	581
总计中：女教职工 Of the tatol Female Teachers, Staff & Workers	2902344	2718842	102599	71390

职　工　数

Workers in Primary Schools

单位: 人

工　数 & Workers		代课教师 Subtitute Teachers	临时工 Temporary Workers
校办工厂、农场职工 Employees in School-run Factories & Farms			
计 Total	其中:由厂、场收入支付工资的职工 Of which: Employees maintained by income of school-run businesses		
23824	9787	771601	96217
13479	2348	393350	53050
1567	579	10356	2246
8755	6855	361935	39191
23	5	5960	1730
10898	6152	27936	14677
5178	1382	18728	11131
1178	424	3478	1388
4528	4341	5358	1211
14	5	372	947
6500	1236	78551	14322
5227	445	38190	7707
203	62	1247	229
1070	729	38698	6067
0	0	416	319
6426	2399	665114	67218
3074	521	336432	34212
186	93	5631	629
3157	1785	317879	31913
9	0	5172	464
9513	5586	440194	47947

小学专任教师专业

Full－Time Primary School Teachers

	合 计 Total	25岁及以下 25 years and under	26－30	31－35	36－40
合 计 Total	5735790	1026453	829401	837971	846089
其中：女 Of which: Female	2718842	608744	456167	414889	378840
中教高级 Senior secondary	4315	8	92	194	246
小教高级 Senior primary	1128404	864	9037	48736	134213
小教一级 1st grade primary	2637278	123364	414562	516408	550114
小教二级 2nd grade primary	1077681	398472	241784	175279	110362
小教三级 3rd grade primary	160860	43819	40670	29405	19013
未评级 Rank undecided	727252	459926	123256	67949	32141

技术职务、年龄结构情况

Broken Down by Rank and Age

单位：人

Unit: person

41－45	46－50	51－55	56－60	61岁及以上 61 years and over	总计中：女 Of the total female
835363	652738	533183	171288	3304	2718842
358677	280148	207152	13953	272	0
440	776	1505	990	64	2049
244100	283847	301756	104425	1426	542897
480820	303689	192116	55154	1051	1194725
75584	44705	24976	6276	243	524921
14321	7778	4541	1252	61	68500
20098	11943	8289	3191	459	385750

学龄儿童入学率

Net Enrolment Rate of School－age Children

单位：人

	学龄儿童总数 Total School-age Children	已入学的学龄儿童数 School-age Children Enrolled	学龄儿童入学率 Net Enrolment Rate（%）
总　计 Total	128765252	127232868	98.81
城　市 Urban	16911391	16810377	99.40
县　镇 County Seats & Towns	22230707	22102649	99.42
农　村 Rural	89623154	88319842	98.55
总计中：女儿童 Of the total Girls	61557046	60713090	98.63

小学专任教师学历情况

Breakdown of Full－time Primary School Teachers by Educational Attainment

单位：人

	计 Total	大学本科毕业及以上 Completion of Normal Courses in IHEs	大学专科毕业 Completion of Short－cycle Courses in IHEs	中专毕业 Complete Specialized Sec. Education in IHEs	高中毕业 Complete General Sec. Education	高中毕业以下的 Complete Sec. Education & Lower
人数 Number	5735790.00	18350.00	412943.00	4052779.00	730318.00	521400.00
%	100.00	0.32	7.20	70.66	12.73	9.09

小学校舍情况

Condition of School Buildings in Primary Schools

	总计 Total	城市 Urban	县镇 County Seats & Towns	农村 Rural
教学及辅助用房(平方米) Teaching & Assistant Buildings	355609799	46203163	60421893	248984743
行政办公及房(平方米) Administritive	54008111	9194344	9728285	35085482
生活福利用房 Residential and Welfare	114568223	15472685	21626685	77468853
校舍建筑面积(平方米) Floor Space	524186133	70870192	91776863	361539078
其中: Of which:				
当年新增面积(平方米) New floor space added in current year	25823352	3592737	5376920	16853695
危险房屋面积(平方米) Floor space of dilapidated buildings	7745611	751610	887986	6471698

小学班额情况

Size of Primary Classes

	班数(个) No. of Classes	班额(班) Size of Classes					
		10人及以下 10 and under	11−20	21−30	31−40	41−50	50人及以上 50 and over
总计 Total	4071270	162140	594603	957492	1046477	752449	558109
城市 Urban	390731	3470	14597	37334	79554	115472	140304
县镇 County Seats & Towns	593058	10503	47373	101101	147347	138151	148583
农村 Rural	3087481	148167	532633	819057	819576	498826	269222

五、特殊教育

V . SPECIAL EDUCATION

特殊教育学

Basic Statistics of

	学校数(所) Schools	班数(个) Classes		毕业生数 Graduates		
		小学 Primary Sch.	初中 Junior Sec. Sch.	计 Total	小学 Primary Sch.	初中 Junior Sec. Sch.
总计 **Total**	1428	14080	823	23795	20978	2817
盲聋哑学校合计 Total Number of Schools for the Blind & the Deaf-mute	980	6362	536	8051	6374	1677
盲聋哑学校 Schools for the Blind & the Deaf-mute	145	1178	130	1623	1293	330
盲生部 Blind	0	159	33	129	76	53
聋哑生部 Deaf-mute	0	1019	97	1494	1217	277
聋哑学校 Schools for the Deaf-mute	808	4546	316	5151	4064	1087
盲校 Schools for the Blind	27	150	83	440	232	208
普通学校附设及随班就读 Attached to Regular Schools	0	488	7	837	785	52
盲生 Blind	0	91	1	177	168	9
聋哑生 Deaf-mute	0	397	6	660	617	43
合计中:女生、女教职工数 Of the Total: Female Students, Teachers, Staff & Workers	0	0	0	2838	2211	627
弱智儿童校、(班)合计 Total No. of Schools for Retarded Children	448	7718	287	15744	14604	1140
弱智儿童辅读校(班) Schools for Reguarded Children	448	2982	77	2589	2304	285
普通学校附设及随班就读 Attached to Regular Schools	0	4736	210	13155	12300	855
合计中:女生、女教职工数 Of the Total: Female Students Teachers, Staff & Workers	0	0	0	5727	5309	418

校基本情况

Special Education Schools

单位：人

招生数 Students Admitted			在校学生数 Enrolment			教职工数 Teachers, Staff & Workers	
计 Total	小学 Primary Sch.	初中 Junior Sec. Sch.	计 Total	小学 Primary Sch.	初中 Junior Sec. Sch.	计 Total	其中：专任教师 Of which: Full-time Teachers
48160	43402	4758	321063	304842	16221	39695	27016
17794	15633	2161	90149	82948	7201	28462	19060
3309	2885	424	16325	14772	1553	5276	3682
415	360	55	1600	1288	312	594	453
2894	2525	369	14725	13484	1241	4682	3229
11038	9818	1220	55172	51205	3967	20923	14028
695	394	301	2557	1620	937	1340	801
2752	2536	216	16095	15351	744	923	549
561	500	61	3378	3169	209	323	180
2191	2036	155	12717	12182	535	600	369
6089	5286	803	30911	28350	2561	16325	12535
30366	27769	2597	230914	221894	9020	11233	7956
5830	5560	270	35828	34692	1136	6989	5814
24536	22209	2327	195086	187202	7884	4244	2142
11253	10317	936	85284	82187	3097	8353	6099

六、幼儿教育

Ⅵ. PRE-PRIMARY EDUCATION

幼儿教育基本情况

Basic Statistics of Pre－primary Education

	园数(所) Kindergartens	班数(个) Classes	在园幼儿数(人) Children Enrolled	教职工数(人) Teachers, Staff & Workers 计 Total	其中: Of which: 园长 Kindergarten Heads	教师 Teachers	保健员 Health Nurses
总计 Total	187324	809394	26663270	1173807	72957	888596	59495
按办别分: By Category of Maintenance:							
教育部门办 Run by Ed.Dept.	25217	249831	9147565	289097	15908	232082	13380
其他部门办 Run by Non－ed.Dept.	21905	97191	3101568	341167	24145	182533	32405
集体办 Run by Communities	115736	416078	13110235	470949	21539	422811	8864
民办 Run by private & other social sources	24466	46294	1303902	72594	11365	51170	4846
按城乡分: By Location							
城市 Urban	36037	153617	5208586	462921	36150	263222	36243
县镇 County Seats & Towns	40859	158478	5684220	264422	18165	212556	15938
农村 Rural	110428	497299	15770464	446464	18642	412818	7314
总计中: 女幼儿、女教职工 Of the Total: Girls & Female Teachers' Staff & Workers	0	0	12413017	1094113	68261	833952	54375

园长、专任教师学历情况

Breakdown of Kindergarten Heads and Teachers by Educational Attainment

单位:人

	合计 Total	师范院校本专科毕业 A	中师毕业 B	职业高中幼教专业毕业 C	非师范专业毕业 D 高中毕业及以上 E	初中毕业及以下 F	合计中: 取得"专业合格证书"的 G
总计 Total	961553	37633	348467	131527	242046	201880	130352
园长 Kindergarten Heads	72957	8620	33950	7640	15030	7717	7010
教师 Teachers	888596	29013	314517	123887	227016	194163	123342

A. Graduates of teachers colleges.

B. Graduates of sec. teachers training schools.

C. Graduates of pre－school education programmes in vocational schools.

D. Graduates from non－teacher training institutions.

E. Graduates of senior secondary schools and those with higher qualifications.

F. Graduates of junior secondary schools and those with lower qualifications.

G. Of the total: Those awarded " teaching certificates ".

七、成人教育

Ⅶ. ADULT EDUCATION

成人高等学校

Baisc Statistics of Adult Higher

	学校数(所) Institutions		本专科学生 Normal & Short-cycle						
	计 Total	其中中央所属院校 Of which: Inst Under Central Ministries & Agencies	毕业生数 Graduates	招生数 Entrants	在校生数 Enrolment	合计 Total	计 Total	计 Total	教授 Professors
总计 Total	1138	268	427541	464085	1226555	214149	203813	98711	1665
其中:女 Of which: Female	0	0	192020	216539	560481	87918	83628	38859	262
广播电视大学 Radio/TV Universities	46	1	187891	197121	526583	47725	46195	21849	144
职工高等学校 Workers' Colleges	680	200	93275	114721	326165	83081	78399	39238	557
农民高等学校 Peasants' Colleges	4	0	389	451	999	263	258	149	0
管理干部学院 Institutes for Administration	164	58	61802	67198	153791	37539	35348	14526	494
教育学院 Educational Colleges	240	7	80649	80045	205396	44181	42385	22285	443
独立函授学院 Independent Correspondence Colleges	4	2	3535	4549	13621	1360	1228	664	27

基本情况

Educational Institutions

单位:人

教职工数 Teachers Staff & Workers										兼任教师 Part-time Teachers
校本部教职工数 Employees in the School Proper							科研机构人员 Personnel in Affiliated Research Org.	校办工厂、农场人员 Personnel in School-run Factories, Farms	附设机构人员 Personnel in Other Subsidiary Units	
专任教师数 Full-time Teachers				教辅人员 Supporting Staff	行政人员 Adm. Personnel	工勤人员 Workers				
副教授 Asso. Prof.	讲师 Lecturers	助教 Assistants	教员 Instructors							
22090	47499	21976	5481	24059	50206	30837	1524	4983	3829	30226
5701	19913	10520	2463	12620	20284	11865	539	1961	1790	7678
3623	10007	6447	1628	6075	12895	5376	158	667	705	15892
8602	19569	8379	2131	8940	17774	12447	586	2168	1928	10673
13	63	57	16	11	58	40	0	5	0	15
3625	7120	2705	582	4282	9937	6603	294	1340	557	1815
6054	10417	4289	1082	4580	9255	6265	461	777	558	1465
173	323	99	42	171	287	106	25	26	81	366

成人高等学校分
Number of Students by Type of Schools

	毕业生数 Graduates		
	计 Total	本科 Normal Courses	专科 Short-cycle Courses
总计 Total	771598	83101	688497
其中:全脱产 Of which: Full-time	164587	5234	159353
广播电视大学 Radio/TV Universities	187891	0	187891
其中:全脱产 Of which: Full-time	29695	0	29695
普通专科班(A) Regular Short-cycle Courses	69539	0	69539
职工高等学校 Workers' Colleges	93275	551	92724
其中:全脱产 Of which: Full-time	51434	197	51237
农民高等学校 Peasants' Colleges	389	0	389
其中:全脱产 Of which: Full-time	389	0	389
管理干部学院 Institutes for Administration	61802	1325	60477
其中:全脱产 Of which: Full-time	48006	678	47328
教育学院 Educational Colleges	80649	19133	61516
其中:全脱产 Of which: Full-time	35032	4359	30673
独立函授学院 Independent Correspondence Colleges	3535	109	3426
其中:全脱产 Of which: Full-time	31	0	31
普通高等学校举办 Run by Regular IHEs			
函授部 Divisions of Correspondence	208794	51602	157192
夜大学 Evening Schools	70838	9464	61374
成人脱产班 Short-cycle Courses for Adult	64425	917	63508

(A) Of which Regalar Short-cycle Courses.

本专科学生数

in all Adult Higher Education Institutions

单位:人

招生数 Entrants			在校学生数 Enrolment		
计 Total	本科 Normal Courses	专科 Short-cycle Courses	计 Total	本科 Normal Courses	专科 Short-cycle Courses
945322	87503	857819	2655575	272712	2382863
174660	6338	168322	386587	13446	373141
197121	773	196348	526583	773	525810
33736	246	33490	75484	246	75238
79997	0	79997	186620	0	186620
114721	884	113837	326165	2644	323521
56082	395	55687	135704	829	134875
451	0	451	999	0	999
451	0	451	972	0	972
67198	2511	64687	153791	5396	148395
51759	1826	49933	104749	3341	101408
80045	14515	65530	205396	39347	166049
32592	3871	28721	69620	9030	60590
4549	39	4510	13621	297	13324
40	0	40	58	0	58
281931	53610	228321	882665	178157	704508
108946	14131	94815	330452	43122	287330
90360	1040	89320	215903	2976	212927

成人高等学校

Number of Students by Field of Study in

	毕业生数 Graduates		
	计 Total	本科 Normal Courses	专科 Short－cycle Courses
总计 Total	427541	21118	406423
哲学 Philosophy	188	0	188
经济学 Economics	196119	922	195197
法学 Law	33764	881	32883
教育学 Education	14380	3879	10501
文学 Literature	74965	8616	66349
历史学 History	4575	276	4299
理学 Science	22302	5827	16475
工学 Engineering	69583	599	68984
农学 Agriculture	1243	13	1230
医学 Medicine	10422	105	10317
总计中：师范类 Of the ToTal: Teacher Training	56500	16873	39627

注：本表不包括普通高等学校举办的函授部、夜大学和成人脱产班的学生数。

Note: Numbers of Students in Correspondenes Divisions, Evening Schools & Short－cycle courses of Adult run by Regular Institutions of Education are not included.

成人高等学校

Number of Other Students in Adult

	学历教育学生总数中 Of total formal students		证书教育 Certificate－oriented education	
	双招班	第二学历 Students for second diploma	单科班 Single Subject Courses	专业证书班 Classes for certificate－oriented trainees
毕(结)业生数 Graduates	3329	13605	36416	102854
招生数 Entrants	5381	34328	69806	115602
在校生数 Enrolment	13809	72203	102587	141215
毕(结)业班学生数 Graduates for Next year	4582	22654	26249	87332

分科学生数

Adult Higher Educational Institutions

单位:人

招生数 Students Admitted			在校学生数 Enrolment		
计 Total	本科 Normal Courses	专科 Short－cycle Courses	计 Total	本科 Normal Courses	专科 Short－cycle Courses
464085	18722	445363	1226555	48457	1178098
274	0	274	547	0	547
191062	1677	189385	509519	3751	505768
41694	1299	40395	112177	2723	109454
18728	3955	14773	52596	11671	40925
81389	6215	75174	194420	15793	178627
3132	433	2699	8289	1318	6971
19763	3858	15905	45787	9859	35928
86549	1006	85543	246150	2787	243363
1591	0	1591	4506	0	4506
19903	279	19624	52564	555	52009
51627	12093	39534	134428	33105	101323

其他学生数

Higher Educational Institutions

单位:人

岗位培训 Job－specific training		大学后继续教育 Post－collegiate continuing education	基础学院	成人中专班 Spec. Sec. classes for adult	其他 Others
资格培训 Qualifications－oriented training	适应培训 Adaptation training				
475508	711612	80324	6847	94341	63674
331445	669066	47355	3217	127240	100120
161111	135221	42346	20738	325042	215113
72647	70142	31287	9723	99926	57002

成人高等学校专

Breakdown of Full－time Teachers by Academic Qualifications

	合计 Total		研究生毕业 Completion of Postgraduate Courses			
	计 Total	其中：女 Of which Female	计 Total	博士 Doctor's Degrees	硕士 Master's Degrees	未授博士、硕士学位的 Without advanced degrees
总计 Total	98711	38859	4977	145	3993	839
其中：女 Of which Female	38859	0	1515	22	1284	209
教授 Professors	1665	262	177	23	90	64
副教授 Asso. Professors	22090	5701	1107	54	852	201
讲师 Lecturers	47499	19913	3051	58	2498	495
助教 Assistants	21976	10520	470	9	400	61
教员 Instructors	5481	2463	172	1	153	18

成人高等学校在校学生、教

Supplementary Information on Students and Staff

	在校学生总数中 Of Total Enrolment					教职工总 Of Teachers, Staff	
	共产党员 Member of C.P.C.	共青团员 Member of C.Y.L.	民主党派 Member of Dem. Parties	华侨 Overseas Chinese	少数民族 Minorities	共产党员 Member of C.P.C.	共青团员 Member of C.Y.L.
总计 Total	54909	597499	4032	518	51428	87805	22672
广播电视大学 Radio/TV Universities	18990	279217	3942	327	23414	18246	6585
职工高等学校 Workers' Colleges	18503	164950	42	177	11115	31441	8272
农民高等学校 Peasants' Colleges	22	298	0	0	45	112	60
管理干部学院 Institutes for Administration	8368	72550	2	11	6176	18298	3365
教育学院 Educational Colleges	7805	74557	46	2	10376	19105	4234
独立函授学院 Independent Correspondence Colleges	1221	5927	0	1	302	603	156

任教师学历情况

in Adult Higher Educational Institutions

单位:人

高等学校本科毕业 Completion of Normal Undergraduate Courses				高等学校专科毕业及本专科肄业二年以上 Completion of Shore-cycle Courses or at least two years of undergraduate ed.	高等学校本专科肄业未满两年及以下 Attendance in undergraduate Courses less than 2 years
计 Total	学士 With Bachelor's Degrees	研究生肄业 Having Some Postgraduate Training	未获学士学位的 Without Bachelor's Degrees		
76098	50802	308	24988	15926	1710
30375	22193	90	8092	6361	608
1378	542	6	830	88	22
18892	7817	91	10984	1869	222
36018	25894	163	9961	7720	710
16132	13523	43	2566	4816	558
3678	3026	5	647	1433	198

职工的政治及其他情况

& Workers of Adult Higher Educational Institutions

单位:人

数中 & Workers			专任教师中 Of Full-time Teachers				
民主党派 Member of Dem. Parties	华侨 Overseas Chinese	少数民族 Minorities	共产党员 Member of C.P.C.	共青团员 Member of C.Y.L.	民主党派 Member of Dem. Parties	华侨 Overseas Chinese	少数民族 Minorities
5197	320	9135	36664	12447	3855	188	4437
758	35	1806	7361	3607	483	19	872
1506	97	2461	13696	4583	1183	58	1122
0	0	75	51	28	0	0	42
622	71	1560	6266	1643	399	35	623
2287	115	3187	8963	2491	1776	75	1759
24	2	46	327	95	14	1	19

成人高等学校

Breakdown of Full-time Teachers by

	合 计 Total	30岁及以下 30 years and under	31-35	36-40
总 计 Total	98711	23524	23504	12476
其中：女 Of which: female	38859	11956	10895	5155
教 授 Professors	1665	0	4	18
副教授 Asso. Professors	22090	19	497	1603
讲 师 Lecturers	47499	4454	17537	9388
助 教 Assistants	21976	14694	4994	1245
教 员 Instructors	5481	4357	472	222

成人高等学校学

Changes in Enrolment of

	上学年初报表在校学生数 Total enrolment at beginning of previous academic year	增加学生数 Factors of Increase					
		计 Total	本学年初招生数 No.of Students Admitted	复 学 Students Resuming Studies	其他学校转入 Transfers from Other Inst.	其他 Others	计 Total
总 计 Total	1232388	502458	464085	2615	6903	28855	508291
广播电视大学 Radio/TV Universities	542137	218184	197121	1219	2655	17189	233738
职工高等学校 Workers' Colleges	314820	121053	114721	797	959	4576	109708
农民高等学校 Peasants' Colleges	966	451	451	0	0	0	418
管理干部学院 Institutes for Administration	147101	73448	67198	225	1593	4432	66758
教育学院 Educational Colleges	213890	84729	80045	361	1671	2652	93223
独立函授学院 Independent Correspondence	13474	4593	4549	13	25	6	4446

专任教师年龄情况

Age in Adult Higher Educational Institutions

单位：人

Unit: person

41－45	46－50	51－55	56－60	61岁及以上 61 years and over
9010	8967	11024	9340	866
3480	3007	3189	1074	103
30	71	363	864	315
2077	3453	7202	6791	448
6156	5040	3265	1569	90
592	306	101	41	3
155	97	93	75	10

生数变动情况

Adult Higher Educational Institutions

单位:人

减少学生数 Factors of Decrease								本学年初报表在校学生数
上学年毕业生数 Graduates	上学年结业生数 Completers of Courses without formal award	休学 Suspended	退学 Quitting	开除 Expelled	死亡 Dead	转到其他学校 Transfers to Other Inst.	其他 Others	Total enrolment at beginning of current academic year
429777	13345	3874	16486	275	89	3373	41072	1226555
187891	11459	1657	8207	39	26	2097	22362	526583
93271	1119	1421	4853	76	31	767	8170	326165
389	13	0	0	0	0	0	16	999
61802	179	249	974	129	12	78	3335	153791
82889	416	503	1950	26	16	269	7154	205396
3535	159	44	502	5	4	162	35	13621

成人高等学校固定

Condition of Fixed Assets and

	固定资产值（万元） Fixed Assets (in 10000 yuan)	
	合 计 Total	其中:教仪设备 Of which: Teaching Equipment 计 Total
总 计 Total	1531410.00	303231.10
广播电视大学 Radio/TV Universities	377816.30	80244.56
职工高等学校 Workers' Colleges	533298.90	123032.10
农民高等学校 Peasants' Colleges	1010.48	109.28
管理干部学院 Institutes for Administration	387020.20	49217.27
教育学院 Educational Colleges	225812.00	48515.41
独立函授学院 Independent Correspondence Colleges	6452.31	2112.41

成人高等学校

Condition of School Buildings in Adult

	校舍建筑总面积 Total Floor Space	校舍建 Of total
		被外单位借占用面积 Floor space hired by other schools or units
总 计 Total	30260517	123169
一、教学及辅助用房 Teaching & assistant buildings	11024095	36783
教室 Classroom	5425681	23849
图书馆 Library	1319115	790
实验实习及辅助 Lab. and supplementary buildings	2462904	5826
体育馆 Gymnasium	1248965	0
会堂 Hall	493265	830
二、行政办公用房 Administritive	2723590	29197
三、生活用房 Residential buildings	16512832	57189
学生宿舍 Students' dormitories	4953757	10326
学生食堂 Students' dining halls	1206998	546
教工单身宿舍 Apartments for Single	476069	0
生活福利及其它 Residential, welfare and others	6633334	16328
教工食堂 Dining halls for teachers, staff and workers	204731	350
生活福利及其他附属用 Residential, welfare and anxiliary buildings	2870063	25759

资产情况及其他

Teaching Resources in Adult Higher Educational Institutions

资产值 & Instruments 电教设备 Audio－visual media	图书、音像资料情况 audio－visual ed. resources			学校占地面积（平方米） Area of School sites (m^2)
		录音带（盒） Recording cassettes	录像带（盘） Video tape cassette	
130383.50	10061.79	3349766	2355574	64782614
47389.99	1807.75	1722448	1430509	15917467
45752.55	3939.68	1198826	509258	23236001
63.28	9.80	280	75	170757
18014.39	1705.12	104125	63638	13815457
18659.11	2557.42	317447	340342	11475576
504.20	42.02	6640	11752	167356

校舍情况

Higher Educational Institutions

单位：平方米 Unit: m^2

筑 总 面 积 中 Foolr Space		正在施工面积 Under Construction	借租用校舍面积 Buildings rent or leased
危房面积 Dilapidated Buildings	当年新增面积 Newly added in current year		
225713	1375917	1141196	431376
36918	570040	451349	269217
14722	258164	214395	139445
4846	52905	73476	7226
6227	159968	112864	104906
4773	71088	5170	6976
4866	24924	23585	6741
29780	76402	118808	33174
159015	729475	571039	128985
25084	237178	157221	82626
11948	43954	29685	16174
9260	8300	17860	2369
73551	316066	291280	9523
255	7199	13099	1403
32462	114065	50777	14759

成人中等专业学校

Bsaisc Statistics of Adult Specialized

	学校数(所) Schools	分校(所) Branches	工作站(个) Working Stations	毕业生数 Graduates	招生数 Entrants		
					计 Total	招高中毕业生起点 Graduates From Senior Sec. School	招初中毕业生起点 Graduates From Junior Sec. School
合计 Total	5070	1614	3435	852445	1050960	333686	717274
其中：女 Of which: Female				435684	507426	161813	345613
一、按部门分 By Control							
中央部门学校 Run by Central Ministries & Agencies	208	57	184	36651	67913	36394	31519
地方学校 Run by Local Authorities	4862	1557	3251	815794	983047	297292	685755
二、按类别分 By Field of Study							
广播电视中专 Radio/TV Specialized Sec. Schools	173	855	1409	161477	249379	65625	183754
职工中专 Specialized Sec. Schools for Staff & Workers	1978	316	496	276857	333624	78557	255067
干部中专 Specialized Sec. Schools for Cadres	231	44	92	45916	61846	16359	45487
农民中专 Specialized Sec. Schools for peasants	519	73	30	71744	94480	17762	76718
函授中专 Correspondence Specialized Sec. Schools	81	290	937	61368	81161	40935	40226
教师进修学校 In-service Teacher Training Schools	2088	36	471	235083	230470	114448	116022

注：本表未包括普通中等专业学校举办的成人中专学生、

Note: Adult Student enroled in specialized Secondary Schools are not included.

分类别情况

Secondary Schools by Field of Study

单位:人

在校学生数 Enralment	毕业班学生数 Graduates for Next Year	教职工数 Teachers, Staff & Workers 合计 Total	专任教师 Full-time Teachers	教辅人员 Supporting Staff	行政人员 Adm. Personnel	工勤人员 Workers	兼任教师数 Part-time Teachers
2577317	882699	224920	121339	24347	45663	33571	58583
1264386	431171	85568	45915	11382	14692	13579	15835
140511	35337	10864	5118	1154	2672	1920	3699
2436806	847362	214057	116221	23193	42991	31651	54884
612370	172556	16527	8091	3149	3790	1497	20687
855604	287409	83592	43333	7724	18443	14092	20362
142513	47272	11955	5972	1036	3116	1831	1878
227402	82769	20793	12507	1621	3172	3493	2614
209650	80525	12236	5041	3196	3340	659	9647
529778	212168	79817	46395	7621	13802	11999	3395

成 人 中、小
Basic Statistics of Adult Primary

	学校数(所) Schools	教学班(点)(个) External Teaching Sites (Classes)	毕业生数 Graduates		招
			计 Total	其中: 女生 Of which Female	计 Total
一、成人中学 General Sec. Schools for Adults	5383	14296	457913	191955	516020
1. 职工中学 General Sec. Schools for Staff & Workers	1650	4927	146642	75663	179055
高 中 Senior	1374	4283	118594	61389	152917
初 中 Junior	276	644	28048	14274	26138
2. 农民中学 General Sec. Schools for Peasants	3733	9369	311271	116292	336965
高 中 Senior	796	1788	36328	17174	55324
初 中 Junior	2937	7581	274943	99118	281641
二、成人初等学校 Adult Primary Schools	163139	361478	6638642	4033259	5946895
1. 职工初等学校 Worker Primary Schools	1546	3091	119468	66248	128242
2. 农民初等学校 Peasant Primary Schools	161593	358387	6519174	3967011	5818653
小学班 Primary Classes	48450	89420	2451341	1393419	2431581
扫盲班 Literacy Classes	113143	268967	4067833	2573592	3387072

成人中等专业
Condition of Schools Building in Adult

	自 有 Buildings owned by					
	校舍建筑面积 Floor Space	教学用房 Building for Inst. Purposes				
		计 Total	教室 Classrooms		实验室 Laboratories	图书馆 Libraries
			计 Total	其中:电化教室 Of which: equipped with audio-visual media		
总 计 Total	25402052	7855537	6015580	687339	1143183	696774
广播电视中等专业学校 Radio/TV Specialized Sec. Schools	1674982	610160	486569	119199	78040	45551
职工中等专业学校 Specialized Sec. Schools for Staff & Workers	10989137	3500064	2623904	201091	586365	289795
干部中等专业学校 Specialized Sec. Schools for Cadres	2025026	549329	432880	32635	45768	70681
农民中等专业学校 Specialized Sec. Schools for Peasants	2702173	785570	582708	68413	138501	64361
函授中等专业学校 Correspondence Specialized Sec. Schools	886978	464695	386069	73077	49909	28717
教师进修学校 In-service Teacher Training Schools	7123756	1945719	1503450	192924	244600	197669

学基本情况
and Secondary Schools

单位：人

生数 Entrants	在校学生数 Enrolment		教职工数 Teachers, Staff & Workers		兼任教师数 Part－time Teachers
其中：女生 Of which: Female	计 Total	其中：女生 Of which: Female	计 Total	其中专任教师 Of which: Full－time Teachers	
237319	600145	286731	38675	21084	38446
90091	230606	116488	22685	12944	15116
78178	203106	103442	20764	11662	13729
11913	27500	13046	1921	1282	1387
147228	369539	170243	15990	8140	23330
25668	75141	35245	8236	4185	10495
121560	294398	134998	7754	3955	12835
3506658	6731343	3978545	198353	59499	466610
69755	144480	79000	4240	2092	3943
3436903	6586863	3899545	194113	57407	462667
1362726	2488943	1385303	55229	18258	106434
2074177	4097920	2514242	138884	39149	356233

学校校舍情况
Adult Specialized Secondary Schools

单位：平方米 Unit: m²

校舍 the adult SSSs						租用校舍 Buildings rent or leased	兼用校舍 Buildings for multiple purposes
办公用房 Administritive	非教学用房 Building Not for Inst. Purposes			其他用房 Others	其中：新增校舍 Of which New floor space added		
	计 Total	其中 Of which					
		教职工宿舍 Residences for Staff & Workers	学生宿舍 Students' Dormitories				
2774227	10316625	5103477	4607286	4455663	1223839	608460	1848642
190629	686544	357795	290235	187649	74022	101552	370143
1056925	4293344	1859102	2179349	2138804	447736	278482	977680
192910	930834	433684	461035	351953	119661	46666	165947
229098	1160142	581117	521217	527363	260364	100236	102669
98765	240368	108615	126795	83150	16954	33551	147191
1005900	3005393	1763164	1028655	1166744	305102	47973	85012

成人技术培训学

Basic Statistics of Adult

	学校数（所） Schools	教学班（点）（个） External Teaching Sites (Classes)	毕业生数 Graduates			
			计 Total	其中：Of which: 长班 A	短班 B	计 Total
成人技术培训学校 Technical Training Schools for Adults	442768	931513	83370243	8638323	74731920	71015474
其中：教育部门办 Of which: Run by Ed. Dept.	375117	721092	66675959	4839262	61836697	55259153
其他部门办 Run by Non－ed. Dept.	67651	210421	16694284	3799061	12895223	15756321
一、职工技术培训学校 Technical Training Schools for Staff & Workers	12755	108626	6886583	2837817	4048766	7348743
其中：教育部门办 Of which: Run by Ed. Dept.	3610	18356	1237258	295172	942086	1304356
其他部门办 Run by Non－ed. Dept.	9145	90270	5649325	2542645	3106680	6044407
二、农民技术培训学校 Technical Training Schools for Peasants	430013	822887	76483660	5800506	70683154	63666731
其中：教育部门办 Of which: Run by Ed. Dept.	371507	702736	65438701	4544090	60894611	53954797
其他部门办 Run by Non－ed. Dept.	58506	120151	11044959	1256416	9788543	9711914
其中：1. 县办农技 Of which: County－run Agro－technical Schools	4893	12132	1202787	142607	1060180	906630
2. 乡办农技 Township－run Agro－technical Schools	42406	203947	28173717	3285276	24888441	23248778
3. 村办农技 Village－run Agro－technical Schools	382714	606808	47107156	2372623	44734533	39511323

A. Lengthy courses (total teaching time no less than 150 h.)

B. Short courses (total teaching time less than 150 h.)

校基本情况

Technical Training Schools

单位：人

招生数 Entrants 其中：Of which: 长班 A	短班 B	在校学生数 Enrolment 计 Total	其中：Of which 长班 A	短班 B	教职工数 Teachers, Staff & Workers 计 Total	其中专任教师 Of which: Full-time Teachers	兼任教师数 Part-time Teachers
8323092	62692382	56488694	5298132	51190562	425662	169364	967344
4334571	50924582	46018385	3814589	42203796	322479	121243	773786
3988521	11767800	10470309	1483543	8986766	103183	48121	193558
3175928	4172815	4050983	1168717	2882266	76888	42838	92364
319398	984958	962583	237921	724662	23385	12344	22742
2856530	3187877	3088400	930796	2157604	53503	30494	69622
5147164	58519567	52437711	4129415	48308296	348774	126526	874980
4015173	49939624	45055802	3576668	41479134	299094	108899	751044
1131991	8579923	7381909	552747	6829162	49680	17627	123936
163977	742653	875673	168384	707289	12563	8205	13695
2880763	20368015	19435118	2289348	17145770	108180	54966	221263
2102424	37408899	32126920	1671683	30455237	228031	63355	640022

成人中等专业学校教职工数

Number of Teachers, Staff & Workers in Adult Specialized Secondary Schools

单位：人

Unit: person

	校本部教职工数 Employees in the School Proper					兼任教师数 Part-time Teachers
	合计 Total	专任教师 Full-time Teachers	教辅人员 Supporting Staff	行政人员 Adm. Personnel	工勤人员 Workers	
总计 Total	224920	121339	24347	45663	33571	58583
其中：女教职工 Of which: Female	85568	45915	11382	14692	13579	15835
一、教师小计 Those with teaching rank	118882	93616	8076	15628	1562	34083
高级讲师 Senior Lecturers	20583	15207	877	4468	31	7678
讲师 Lecturers	56241	44391	3591	7739	520	18631
助理讲师 Assistant Lecturers	42058	34018	3608	3421	1011	7774
二、其他小计 Those with other professional ranks	53037	20212	9769	18017	5039	21376
副高级职称 Senior-level ones	5798	2548	854	2059	337	3809
中级职称 Middle-level ones	21668	8820	3460	7924	1464	11432
初级职称 Junior-level ones	25571	8844	5455	8034	3238	6135
三、无职称人数 Without professional titles	53001	7511	6502	12018	26970	3124

八、各级各类学校分布情况

Ⅷ. GEOGRAPHICAL DISTRIBUTION OF SCHOOLS BY TYPE AND LEVEL

普通高等学校

Basic Statistics of Regular Higher

地区 Region	学校数(所) Institutions	本专科学生数 Undergraduate Students			教职 Teachers, Staff			
		毕业生数 Graduates	招生数 Students Admitted	在校学生数 Enrolment	合计 Total	校本部 Teachers, Staff & Workers		
						计 Subtotal	专任 Full-time	
							计 Subtotal	教授 Professors
总计 Total	1032	838638	965812	3021079	1035808	846531	402469	33276
北京 Beijing	65	46471	55349	190033	102304	78099	36387	5510
天津 Tianjin	20	18429	22664	71354	26203	20816	9811	1062
河北 Hebei	45	41837	42796	126645	40036	33425	15514	827
山西 Shanxi	25	19943	21249	68842	21808	19158	8920	524
内蒙古 Inner Mongolia	19	10763	12180	38191	15356	13767	6683	394
辽宁 Liaoning	61	51068	55048	182684	57727	48858	23079	1839
吉林 Jilin	40	29110	33531	105026	40052	32873	15497	1253
黑龙江 Heilongjiang	38	33439	36448	116379	43204	34741	16403	1562
上海 Shanghai	41	39043	43841	147926	63988	48157	21018	2141
江苏 Jiangsu	66	61181	74274	220575	70761	56738	27372	2394
浙江 Zhejiang	36	25393	30541	96480	28107	23612	11530	850
安徽 Anhui	35	26240	29794	89414	27525	22994	11499	891
福建 Fujian	30	22316	24711	73401	20363	17213	8373	494
江西 Jiangxi	31	24433	27302	84592	24336	19303	9656	666
山东 Shandong	48	47835	56544	169184	51490	42319	20079	1641
河南 Henan	50	39133	44920	127948	40313	33449	16391	927
湖北 Hubei	55	48741	56837	189909	66295	52583	25735	2086
湖南 Hunan	46	36416	42139	135759	39456	32406	15683	1038
广东 Guangdong	41	42644	55680	164017	42262	35149	16855	1346
广西 Guangxi	27	17526	21305	63528	17613	15012	7448	440
海南 Hainan	5	3459	3953	12452	3529	2623	1379	94
四川 Sichuan	64	59714	68685	208435	69318	57238	26199	1950
贵州 Guizhou	22	10035	11962	35747	12795	11667	5600	285
云南 Yunnan	26	14546	17222	54043	17296	15496	7518	378
西藏 Tibet	4	1242	909	3412	1838	1720	833	14
陕西 Shaanxi	43	36927	42607	134868	50981	42143	19730	1740
甘肃 Gansu	17	13314	15567	47578	15674	13147	6282	388
青海 Qinghai	7	2033	2460	7780	2973	2824	1398	41
宁夏 Ningxia	7	3277	3090	10484	3926	3475	1762	95
新疆 Xinjiang	18	12130	12204	44393	18279	15526	7835	406

基本情况(总计)

Educational Institutions (Regional Aggregates)

单位:人

工数 & Workers									
教职工 in College or Uni. Proper							科研机构人员 Personnel in Affiliated Research Org.	校办工厂、农场职工 Employees in School-run Factories, Farms	附设机构人员 Personnel in Other Subsidiary Units
教师 Teachers				教辅人员 Supporting Staff	行政人员 Adm. Personnel	工勤人员 Workers			
副教授 Asso. Professors	讲师 Lecturers	助教 Assistants	教员 Instructors						
110640	161863	75423	21267	122625	174447	146990	46880	63778	78619
10957	12835	5525	1560	12742	14778	14192	6619	5564	12022
3117	3983	1217	432	3066	4320	3619	1690	1954	1743
3867	6287	3421	1112	4523	7055	6333	793	2781	3037
1957	3957	1947	535	2241	4168	3829	442	940	1268
1774	3033	1182	300	2163	2832	2089	289	871	429
6542	9344	4334	1020	6878	10915	7986	2020	3016	3833
4189	5799	3496	760	4749	6605	6022	1906	2675	2598
4682	6345	3099	715	4942	6999	6397	2115	3691	2657
6179	8650	3273	775	8394	9316	9429	4995	4753	6083
7648	10851	4905	1574	8315	11714	9337	3912	4950	5161
3017	4948	2052	663	3285	4648	4149	1328	1563	1604
3223	4769	1931	685	3151	4568	3776	1435	1068	2028
2215	3211	2042	411	2446	3974	2420	734	1119	1297
2584	3628	2145	633	2449	4077	3121	314	3268	1451
5634	8074	3781	949	6065	9636	6539	1938	3137	4096
4351	7367	2987	759	4281	7066	5711	684	4082	2098
7344	9573	4838	1894	8291	10620	7937	3426	4314	5972
4538	6115	3000	992	4315	6418	5990	1343	2550	3157
4873	6926	3318	392	5393	7858	5043	1985	1545	3583
1951	2983	1606	468	2098	3147	2319	348	1281	972
347	557	329	52	301	536	407	56	39	811
7602	10298	4797	1552	8243	12185	10611	4253	2506	5321
1294	2418	1201	402	1422	2601	2044	213	325	590
1897	3550	1195	498	2300	3469	2209	678	222	900
82	390	225	122	166	407	314	16	30	72
5044	8458	3656	832	6093	7749	8571	2427	2441	3970
1387	2659	1487	361	1850	2382	2633	711	1077	739
184	606	401	166	314	651	461	30	3	116
418	739	377	133	403	669	641	77	155	219
1743	3510	1656	520	1746	3084	2861	103	1858	792

短期职业大

Basic Statistics of Short－

地区 Region	学校数(所) Institutions	本专科学生数 Undergraduate Students			教职 Teachers, Staff			
					合计 Total	校本部 Teachers, Staff & Workers		
						计 Subtotal	专任 Full－time	
		毕业生数 Graduates	招生数 Students Admitted	在校学生数 Enrolment			计 Subtotal	教授 Professors
总计 Total	82	31766	38596	98831	22503	20924	11131	225
北京 Beijing	1	388	1100	1932	88	77	33	0
天津 Tianjin	1	441	500	1295	352	334	145	1
河北 Hebei	4	1663	1366	3567	888	861	406	2
山西 Shanxi	1	400	405	1210	227	213	131	0
内蒙古 Inner Mongolia	3	170	268	462	253	238	145	4
辽宁 Liaoning	4	1521	1570	4530	1098	1081	580	4
吉林 Jilin	2	705	433	1293	455	446	233	1
黑龙江 Heilongjiang	4	939	1110	2676	953	913	457	29
上海 Shanghai	1	394	493	952	74	74	37	11
江苏 Jiangsu	10	4907	7246	17325	3131	2822	1531	18
浙江 Zhejiang	4	1813	2061	5712	1035	971	434	3
安徽 Anhui	4	1889	2060	5275	764	747	483	5
福建 Fujian	8	2619	2839	7614	1284	1246	689	7
江西 Jiangxi	1	0	200	530	124	108	75	2
山东 Shandong	1	1199	1334	3392	730	730	369	20
河南 Henan	8	3431	4245	10394	3444	2984	1591	40
湖北 Hubei	8	2764	3202	9439	2786	2655	1420	15
湖南 Hunan	3	1137	1456	3814	851	810	415	4
广东 Guangdong	3	1550	2058	5715	921	896	430	24
广西 Guangxi	2	618	650	1764	521	242	181	8
海南 Hainan	0	0	0	0	0	0	0	0
四川 Sichuan	4	1510	2099	5170	1198	1191	614	15
贵州 Guizhou	1	0	200	304	217	217	112	0
云南 Yunnan	1	386	360	767	287	279	147	2
西藏 Tibet	0	0	0	0	0	0	0	0
陕西 Shaanxi	1	101	221	497	43	34	17	0
甘肃 Gansu	1	412	480	972	127	127	59	0
青海 Qinghai	0	0	0	0	0	0	0	0
宁夏 Ningxia	0	0	0	0	0	0	0	0
新疆 Xinjiang	1	809	640	2230	652	628	397	10

学基本情况

cycle Vocational Colleges

单位：人

工　数 & Workers									
教　职　工 in College or Uni. Proper							科研机构人　员 Personnel in Affiliated Research Org.	校办工厂、农场职工 Employees in School－run Factories, Farms	附设机构人　员 Personnel in Other Subsidiary Units
教　师 Teachers				教辅人员 Supporting Staff	行政人员 Adm. Personnel	工勤人员 Workers			
副教授 Asso. Professors	讲　师 Lecturers	助　教 Assistants	教　员 Instructors						
2311	4834	2938	823	2465	4827	2501	223	1129	227
1	13	4	15	8	29	7	0	0	11
40	74	16	14	61	82	46	0	13	5
50	169	167	18	133	174	148	18	3	6
13	53	45	20	22	35	25	0	14	0
27	79	29	6	26	53	14	0	15	0
107	297	162	10	118	293	90	5	9	3
48	84	91	9	58	114	41	5	4	0
137	240	35	16	119	246	91	2	35	3
20	2	4	0	0	20	17	0	0	0
276	686	403	148	317	577	397	23	270	16
66	204	139	22	123	191	223	36	26	2
88	234	124	32	67	149	48	5	6	6
109	268	248	57	138	302	117	14	13	11
10	38	16	9	8	16	9	0	16	0
104	156	65	24	122	151	88	0	0	0
335	747	391	78	378	684	331	50	372	38
313	520	370	202	318	626	291	9	44	78
65	192	117	37	77	192	126	3	9	29
138	177	80	11	98	268	100	25	0	0
61	71	40	1	9	28	24	0	279	0
0	0	0	0	0	0	0	0	0	0
180	245	125	49	120	303	154	0	0	7
17	54	38	3	19	81	5	0	0	0
17	86	32	10	32	73	27	5	0	3
0	0	0	0	0	0	0	0	0	0
1	9	7	0	4	7	6	0	0	9
12	16	23	8	8	39	21	0	0	0
0	0	0	0	0	0	0	0	0	0
0	0	0	0	0	0	0	0	0	0
76	120	167	24	82	94	55	23	1	0

综合大学

Basic Statistics of

地区 Region		学校数(所) Institutions	本专科学生数 Undergraduate Students 毕业生数 Graduates	招生数 Students Admitted	在校学生数 Enrolment	教职 Teachers, Staff 合计 Total	校本部 Teachers, Staff & Workers 计 Subtotal	专任 Full-time 计 Subtotal	教授 Professors
总计	**Total**	79	122755	139406	450557	157164	128233	61147	6409
北京	Beijing	3	6475	7233	24255	14110	11081	4760	1015
天津	Tianjin	1	2135	2099	8100	4821	3475	1688	267
河北	Hebei	1	1534	1999	6410	2095	1781	833	54
山西	Shanxi	4	3754	3931	12451	4032	3682	1634	107
内蒙古	Inner Mongolia	1	1253	1344	4347	1496	1328	615	71
辽宁	Liaoning	4	6510	7133	22267	5622	5372	2644	242
吉林	Jilin	3	4605	5579	18215	8346	6769	3022	221
黑龙江	Heilongjiang	4	6067	6718	20941	7226	6019	2884	184
上海	Shanghai	2	5881	6883	25921	11420	8406	3804	424
江苏	Jiangsu	5	10593	13389	38317	12026	9834	4464	497
浙江	Zhejiang	2	2889	3989	12890	3650	3149	1685	164
安徽	Anhui	1	1961	2210	6760	2047	1815	825	102
福建	Fujian	3	4395	5050	15992	4585	3595	1779	145
江西	Jiangxi	5	4781	5014	15342	4171	3744	1949	165
山东	Shandong	3	7695	8179	27204	8187	6880	3239	344
河南	Henan	2	4756	5915	18932	5809	5145	2732	289
湖北	Hubei	3	5466	5733	20958	8074	5824	2997	358
湖南	Hunan	3	2834	3275	11266	3214	2754	1373	114
广东	Guangdong	11	14374	18086	55345	14880	11614	5537	538
广西	Guangxi	1	2521	2494	8682	2686	2162	1060	85
海南	Hainan	2	1431	1539	5092	1224	1094	548	27
四川	Sichuan	4	7058	7581	23921	8841	7134	3569	368
贵州	Guizhou	1	1138	1144	3278	1267	1131	479	47
云南	Yunnan	1	1571	1836	6528	2085	1806	891	95
西藏	Tibet	1	420	374	1339	597	556	307	2
陕西	Shaanxi	3	3750	3676	11494	3996	3602	1723	151
甘肃	Gansu	1	1851	2020	6845	3010	2405	1099	132
青海	Qinghai	1	397	479	1521	531	492	256	5
宁夏	Ningxia	1	1035	979	3195	1157	1036	471	30
新疆	Xinjiang	2	3625	3525	12749	5959	4548	2280	166

单位：人

工 数
& Workers

教职工 in College or Uni. Proper							科研机构人员 Personnel in Affiliated Research Org.	校办工厂、农场职工 Employees in School-run Factories, Farms	附设机构人员 Personnel in Other Subsidiary Units
教师 Teachers				教辅人员 Supporting Staff	行政人员 Adm. Personnel	工勤人员 Workers			
副教授 Asso. Professors	讲师 Lecturers	助教 Assistants	教员 Instructors						
18416	23885	9271	3166	18584	26141	22361	10022	7473	11436
1584	1613	415	133	2086	1971	2264	1050	864	1115
584	541	142	154	452	670	665	514	259	573
257	294	144	84	285	309	354	108	75	131
350	739	290	148	254	1116	678	102	27	221
192	220	86	46	255	313	145	97	27	44
745	1121	388	148	686	1368	674	87	26	137
724	1099	689	289	1009	1316	1422	767	260	550
782	1239	582	97	728	1311	1096	308	627	272
1175	1687	399	119	1466	1365	1771	1253	602	1159
1430	1664	644	229	1514	2009	1847	909	636	647
494	692	269	66	406	680	378	166	222	113
280	309	87	47	192	400	398	74	57	101
558	634	291	151	416	955	445	339	175	476
579	672	376	157	511	700	584	86	52	289
1095	1327	372	101	965	1626	1050	364	263	680
783	1220	328	112	630	843	940	92	346	226
925	1032	613	69	871	963	993	716	463	1071
416	495	243	105	402	577	402	51	148	261
1661	2282	900	156	1722	2620	1735	852	576	1838
339	405	178	53	282	446	374	106	206	212
140	249	86	46	125	233	188	27	39	64
1434	1209	443	115	1051	1381	1133	1049	173	485
121	219	75	17	172	223	257	26	30	80
320	394	39	43	368	349	198	202	48	29
22	164	89	30	55	118	76	1	0	40
438	699	410	25	546	601	732	238	20	136
255	462	164	86	493	365	448	366	82	157
22	122	57	50	52	104	80	0	0	39
109	186	74	72	92	279	194	34	50	37
602	896	398	218	498	930	840	38	1120	253

高 等 理 工 院

Basic Statistics of Institutions

地 区 Region	学校数(所) Institutions	本专科学生数 Undergraduate Students: 毕业生数 Graduates	招生数 Students Admitted	在校学生数 Enrolment	教职 Teachers, Staff: 合计 Total	校本部 Teachers, Staff & Workers: 计 Subtotal	专任 Full-time: 计 Subtotal	教授 Professors
总 计 Total	280	284071	334606	1104849	399746	305694	141744	12360
北 京 Beijing	21	20455	23804	84933	38532	28531	12908	1697
天 津 Tianjin	6	7943	10308	32736	11637	8580	4116	445
河 北 Hebei	16	13859	14455	47221	15265	12592	5781	306
山 西 Shanxi	5	6640	7225	23409	8009	6395	3087	216
内蒙古 Inner Mongolia	2	1831	2262	7691	3156	2434	1032	54
辽 宁 Liaoning	21	22353	25845	87703	28784	22355	10222	904
吉 林 Jilin	14	11167	12829	41129	15091	11889	5368	424
黑龙江 Heilongjiang	10	13146	15033	48598	18190	13953	6452	735
上 海 Shanghai	16	19522	21219	72526	31712	22742	9743	921
江 苏 Jiangsu	25	25839	31733	100076	35069	26413	13023	1140
浙 江 Zhejiang	7	7153	8338	29197	9519	7236	3480	321
安 徽 Anhui	8	7834	8999	30035	11480	8408	4194	413
福 建 Fujian	5	4587	5853	19049	5437	4415	2078	122
江 西 Jiangxi	6	4699	5824	17681	5290	3988	1869	109
山 东 Shandong	13	14471	16929	52368	18480	13698	6593	588
河 南 Henan	14	10217	12986	39531	13771	9647	4462	195
湖 北 Hubei	16	21553	24783	85237	31969	24577	11920	1120
湖 南 Hunan	17	13721	16514	53645	16699	13082	6453	440
广 东 Guangdong	5	7875	8014	29332	8274	6702	3348	261
广 西 Guangxi	4	2321	4063	12081	2788	2365	1128	39
海 南 Hainan	0	0	0	0	0	0	0	0
四 川 Sichuan	21	20323	24581	79292	30089	23752	9852	745
贵 州 Guizhou	1	1001	1340	5096	1676	1231	621	48
云 南 Yunnan	3	3327	3757	12322	3953	3416	1628	73
西 藏 Tibet	0	0	0	0	0	0	0	0
陕 西 Shaanxi	17	18215	22842	76214	28809	22134	9951	927
甘 肃 Gansu	3	2241	3057	10611	3205	2587	1191	68
青 海 Qinghai	0	0	0	0	0	0	0	0
宁 夏 Ningxia	1	249	298	1071	354	342	189	4
新 疆 Xinjiang	3	1529	1715	6065	2508	2230	1055	45

校基本情况

of Science & Technology

单位：人

工数 & Workers									
教职工 in College or Uni. Proper							科研机构人员 Personnel in Affiliated Research Org.	校办工厂、农场职工 Employees in School－run Factories, Farms	附设机构人员 Personnel in Other Subsidiary Units
教师 Teachers				教辅人员 Supporting Staff	行政人员 Adm. Personnel	工勤人员 Workers			
副教授 Asso. Professors	讲师 Lecturers	助教 Assistants	教员 Instructors						
41542	56025	24863	6954	49465	60890	53595	25056	33074	35922
4298	4352	1811	750	4976	5542	5105	4191	2632	3178
1408	1656	468	139	1406	1604	1454	852	1405	800
1517	2403	1207	348	1796	2737	2278	266	1320	1087
686	1316	731	138	1049	982	1277	299	678	637
265	431	199	83	401	574	427	70	578	74
3297	3808	1761	452	3554	4701	3878	1422	2389	2618
1547	2130	1082	185	1943	2476	2102	642	1149	1411
1971	2304	1203	239	2187	2840	2474	1200	1500	1537
2911	3942	1700	269	4487	4106	4406	2747	2593	3630
3624	5372	2255	632	3940	5288	4162	2481	2760	3415
1041	1446	411	261	1090	1398	1268	803	725	755
1365	1696	583	137	1508	1493	1213	1145	770	1157
586	894	429	47	626	1005	706	203	540	279
546	735	419	60	550	807	762	115	787	400
1805	2529	1391	280	2039	2950	2116	910	2107	1765
1166	2002	876	223	1462	1957	1766	426	2556	1142
3514	4451	1910	925	4073	5066	3518	1892	2457	3043
1851	2652	1183	327	1733	2607	2289	827	1070	1720
999	1441	607	40	1163	1389	802	375	438	759
235	492	263	99	339	536	362	51	247	125
0	0	0	0	0	0	0	0	0	0
2881	3728	1855	643	3977	4958	4965	1899	1457	2981
192	256	93	32	57	196	357	64	141	240
489	762	181	123	600	743	445	176	101	260
0	0	0	0	0	0	0	0	0	0
2791	4077	1705	451	3723	4054	4406	1858	2086	2731
301	506	265	51	492	333	571	119	328	171
0	0	0	0	0	0	0	0	0	0
45	86	48	6	24	76	53	3	2	7
211	558	227	14	270	472	433	20	258	0

高 等 农 业 院

Basic Statistics of

地区 Region	学校数(所) Institutions	本专科学生数 Undergraduate Students			教职 Teachers, Staff			
						校本部 Teachers, Staff & Workers		
							专任 Full-time	
		毕业生数 Graduates	招生数 Students Admitted	在校学生数 Enrolment	合计 Total	计 Subtotal	计 Subtotal	教授 Professors
总计 Total	53	46421	51390	157106	64632	48558	22778	1839
北京 Beijing	2	2328	2437	8430	3801	3182	1430	162
天津 Tianjin	1	472	480	1150	373	351	163	13
河北 Hebei	3	3292	3094	9714	3553	2604	1267	82
山西 Shanxi	1	954	1020	3202	1462	1319	530	51
内蒙古 Inner Mongolia	2	1352	1356	4377	2064	1734	850	57
辽宁 Liaoning	3	2266	2295	7422	2664	2375	1082	77
吉林 Jilin	2	1047	1160	3744	2451	1718	806	54
黑龙江 Heilongjiang	2	2120	2008	6525	3713	2622	1160	152
上海 Shanghai	2	1150	1454	3954	1419	1030	472	41
江苏 Jiangsu	1	1280	1842	5230	2523	1899	902	102
浙江 Zhejiang	2	981	1364	4340	1936	1508	843	95
安徽 Anhui	1	1177	1290	4012	1439	1239	594	63
福建 Fujian	1	994	895	3118	1438	1070	501	36
江西 Jiangxi	2	1752	1780	5633	3555	1231	595	32
山东 Shandong	2	1990	2659	8205	2850	2248	1048	97
河南 Henan	4	2940	2814	8159	2811	2226	1048	75
湖北 Hubei	2	1952	2285	7409	3018	2287	1070	82
湖南 Hunan	1	1809	1912	6109	2468	1360	673	51
广东 Guangdong	3	3650	4283	12457	3525	2814	1257	64
广西 Guangxi	1	1508	2080	6000	1714	1368	679	40
海南 Hainan	1	819	1040	2858	1110	414	305	21
四川 Sichuan	5	4383	5295	14313	4480	3453	1685	108
贵州 Guizhou	1	749	760	2400	1110	931	409	26
云南 Yunnan	1	979	1014	3111	1219	1088	496	23
西藏 Tibet	1	249	157	665	510	455	225	2
陕西 Shaanxi	1	1280	1435	4207	2193	1915	766	97
甘肃 Gansu	1	905	987	2943	1320	1015	467	38
青海 Qinghai	1	146	280	594	290	285	128	6
宁夏 Ningxia	1	465	410	1532	762	571	332	20
新疆 Xinjiang	2	1432	1504	5293	2861	2246	995	72

校基本情况

Institutions of Agriculture

单位: 人

工数 & Workers 教职工 in College or Uni. Proper 教师 Teachers 副教授 Asso. Professors	讲师 Lecturers	助教 Assistants	教员 Instructors	教辅人员 Supporting Staff	行政人员 Adm. Personnel	工勤人员 Workers	科研机构人员 Personnel in Affiliated Research Org.	校办工厂、农场职工 Employees in School-run Factories, Farms	附设机构人员 Personnel in Other Subsidiary Units
6238	8579	4897	1225	6664	9549	9567	2292	9030	4752
480	514	239	35	491	677	584	90	251	278
48	79	19	4	32	85	71	0	15	7
333	480	261	111	337	520	480	116	566	267
127	257	79	16	50	279	460	0	71	72
270	369	130	24	193	331	360	84	173	73
278	387	323	17	312	451	530	59	55	175
172	276	250	54	252	293	367	107	545	81
277	382	305	44	364	428	670	106	848	137
149	164	112	6	156	213	189	87	192	110
278	281	199	42	276	398	323	83	465	76
210	328	180	30	162	281	222	102	97	229
184	220	60	67	154	297	194	25	81	94
149	179	106	31	183	245	141	96	143	129
144	189	184	46	182	311	143	40	2000	284
248	442	195	66	368	471	361	74	232	296
353	440	140	40	328	483	367	72	371	142
268	409	233	78	368	390	459	185	411	135
212	219	105	86	208	277	202	76	758	274
358	539	273	23	462	646	449	132	300	279
206	259	131	43	223	277	189	60	209	77
59	97	124	4	45	58	6	3	0	693
459	558	431	129	392	631	745	388	388	251
115	185	69	14	110	187	225	28	77	74
110	206	139	18	200	209	183	64	30	37
20	87	58	58	52	84	94	14	19	22
231	243	161	34	214	260	675	95	101	82
135	184	81	29	78	174	296	65	158	82
23	50	38	11	41	67	49	0	3	2
80	131	74	27	79	64	96	31	101	59
262	425	198	38	352	462	437	10	370	235

高 等 林 业 院

Basic Statistics of

地　区 Region	学校数(所) Institutions	本专科学生数 Undergraduate Students 毕业生数 Graduates	招生数 Students Admitted	在校学生数 Enrolment	教职 Teachers, Staff 合计 Total	校本部 Teachers, Staff & Workers 计 Subtotal	专任 Full-time 计 Subtotal	教授 Professors
总　计 Total	10	6248	7758	24510	10185	8009	3832	431
北　京 Beijing	1	611	1001	2859	1324	881	419	75
天　津 Tianjin	0	0	0	0	0	0	0	0
河　北 Hebei	0	0	0	0	0	0	0	0
山　西 Shanxi	0	0	0	0	0	0	0	0
内蒙古 Inner Mongolia	1	461	468	1381	708	642	315	17
辽　宁 Liaoning	0	0	0	0	0	0	0	0
吉　林 Jilin	1	599	649	2211	845	541	219	23
黑龙江 Heilongjiang	1	1126	1503	5035	2235	1663	792	145
上　海 Shanghai	0	0	0	0	0	0	0	0
江　苏 Jiangsu	1	829	1000	3094	1583	1163	562	70
浙　江 Zhejiang	1	268	326	1122	433	400	184	6
安　徽 Anhui	0	0	0	0	0	0	0	0
福　建 Fujian	1	655	728	2349	684	583	264	16
江　西 Jiangxi	0	0	0	0	0	0	0	0
山　东 Shandong	0	0	0	0	0	0	0	0
河　南 Henan	0	0	0	0	0	0	0	0
湖　北 Hubei	0	0	0	0	0	0	0	0
湖　南 Hunan	1	787	843	2958	1092	1002	491	40
广　东 Guangdong	0	0	0	0	0	0	0	0
广　西 Guangxi	0	0	0	0	0	0	0	0
海　南 Hainan	0	0	0	0	0	0	0	0
四　川 Sichuan	0	0	0	0	0	0	0	0
贵　州 Guizhou	0	0	0	0	0	0	0	0
云　南 Yunnan	1	336	630	1696	638	561	290	18
西　藏 Tibet	0	0	0	0	0	0	0	0
陕　西 Shaanxi	1	576	610	1805	643	573	296	21
甘　肃 Gansu	0	0	0	0	0	0	0	0
青　海 Qinghai	0	0	0	0	0	0	0	0
宁　夏 Ningxia	0	0	0	0	0	0	0	0
新　疆 Xinjiang	0	0	0	0	0	0	0	0

校基本情况

Institutions of Forestry

单位：人

工数 & Workers									
教职工 in College or Uni. Proper							科研机构人员 Personnel in Affiliated Research Org.	校办工厂、农场职工 Employees in School－run Factories, Farms	附设机构人员 Personnel in Other Subsidiary Units
教师 Teachers				教辅人员 Supporting Staff	行政人员 Adm. Personnel	工勤人员 Workers			
副教授 Asso. Professors	讲师 Lecturers	助教 Assistants	教员 Instructors						
1125	1453	664	159	1230	1619	1328	370	1079	727
150	119	64	11	122	221	119	164	69	210
0	0	0	0	0	0	0	0	0	0
0	0	0	0	0	0	0	0	0	0
0	0	0	0	0	0	0	0	0	0
82	136	54	26	151	131	45	14	28	24
0	0	0	0	0	0	0	0	0	0
51	87	58	0	66	154	102	1	288	15
237	279	102	29	338	233	300	51	426	95
0	0	0	0	0	0	0	0	0	0
188	202	79	23	157	293	151	110	120	190
35	94	39	10	42	62	112	6	18	9
0	0	0	0	0	0	0	0	0	0
56	91	84	17	66	130	123	9	21	71
0	0	0	0	0	0	0	0	0	0
0	0	0	0	0	0	0	0	0	0
0	0	0	0	0	0	0	0	0	0
0	0	0	0	0	0	0	0	0	0
168	156	101	26	110	175	226	15	65	10
0	0	0	0	0	0	0	0	0	0
0	0	0	0	0	0	0	0	0	0
0	0	0	0	0	0	0	0	0	0
0	0	0	0	0	0	0	0	0	0
0	0	0	0	0	0	0	0	0	0
86	142	33	11	87	118	66	0	0	77
0	0	0	0	0	0	0	0	0	0
72	147	50	6	91	102	84	0	44	26
0	0	0	0	0	0	0	0	0	0
0	0	0	0	0	0	0	0	0	0
0	0	0	0	0	0	0	0	0	0
0	0	0	0	0	0	0	0	0	0

高 等 医 药 院

Basic Statistics of

地 区 Region	学校数(所) Institutions	本专科学生数 Undergraduate Students 毕业生数 Graduates	招生数 Students Admitted	在校学生数 Enrolment	教职 Teachers, Staff 合计 Total	校本部 Teachers, Staff & Workers 计 Subtotal	专任 Full-time 计 Subtotal	教授 Professors
总 计 Total	123	57526	64794	248467	112047	91676	43259	5294
北 京 Beijing	6	1956	2258	9024	15455	9305	5609	1279
天 津 Tianjin	2	1199	1073	4959	2481	1889	855	93
河 北 Hebei	5	4556	4201	15795	5484	4158	1861	154
山 西 Shanxi	4	1707	1958	7393	2665	2443	1115	78
内蒙古 Inner Mongolia	3	1520	1318	5154	2085	2060	926	93
辽 宁 Liaoning	6	3330	3027	13708	6133	5183	2220	231
吉 林 Jilin	4	1677	2188	8259	3796	3260	1796	255
黑龙江 Heilongjiang	5	2003	2397	8756	3776	3002	1318	162
上 海 Shanghai	4	1782	1981	8327	4992	3984	1565	227
江 苏 Jiangsu	8	4195	4955	18697	7122	6138	2689	325
浙 江 Zhejiang	4	1898	2048	8267	3047	2582	1209	118
安 徽 Anhui	4	2159	2240	8385	2873	2502	1141	162
福 建 Fujian	2	953	1210	4607	1624	1292	546	41
江 西 Jiangxi	6	2686	2784	10105	3337	2958	1436	175
山 东 Shandong	8	3652	4457	16350	6022	5042	2386	251
河 南 Henan	5	2269	2771	10906	4261	3728	1697	144
湖 北 Hubei	7	2756	3581	13443	6068	5208	2244	206
湖 南 Hunan	5	2234	2874	10549	4236	3679	1520	129
广 东 Guangdong	5	2614	3229	11793	4658	3933	1700	195
广 西 Guangxi	5	2105	2559	8749	2770	2507	1187	106
海 南 Hainan	1	279	304	1143	395	385	144	19
四 川 Sichuan	5	3944	4165	15622	6737	5458	2598	296
贵 州 Guizhou	4	1272	1691	6382	2499	2434	1236	92
云 南 Yunnan	3	1201	1399	5355	2282	2006	905	78
西 藏 Tibet	1	31	19	125	130	130	58	2
陕 西 Shaanxi	4	1307	1685	6527	3509	3033	1741	254
甘 肃 Gansu	2	980	1073	4047	1168	1109	500	30
青 海 Qinghai	1	215	230	948	394	394	183	6
宁 夏 Ningxia	1	296	289	1264	505	505	215	27
新 疆 Xinjiang	3	750	830	3828	1543	1369	659	66

校基本情况

Institutions of Medicine & Pharmacy

单位：人

工 数
& Workers

教职工 in College or Uni. Proper							科研机构人员 Personnel in Affiliated Research Org.	校办工厂、农场职工 Employees in School-run Factories, Farms	附设机构人员 Personnel in Other Subsidiary Units
教师 Teachers				教辅人员 Supporting Staff	行政人员 Adm. Personnel	工勤人员 Workers			
副教授 Asso. Professors	讲师 Lecturers	助教 Assistants	教员 Instructors						
10872	16671	8740	1682	15373	18049	14995	4230	3665	12476
1050	1753	1503	24	1647	1164	885	81	374	5695
270	329	147	16	406	391	237	247	83	262
463	762	385	97	641	797	859	105	191	1030
285	501	216	35	358	597	373	0	86	136
239	414	138	42	466	284	384	0	0	25
461	979	469	80	877	1185	901	295	440	215
517	533	463	28	321	521	622	241	94	201
340	513	280	23	492	586	606	386	142	246
366	598	344	30	798	930	691	373	309	326
745	896	518	205	1113	1278	1058	230	368	386
334	436	281	40	464	407	502	188	87	190
317	401	209	52	347	540	474	113	16	242
125	215	156	9	281	256	209	44	107	181
376	497	307	81	463	630	429	8	99	272
717	1039	294	85	743	1130	783	261	93	626
485	697	332	39	463	884	684	32	207	294
636	790	425	187	1180	1092	692	262	183	415
442	578	256	115	717	734	708	268	52	237
471	647	325	62	791	825	617	327	88	310
319	458	278	26	454	503	363	66	101	96
56	56	13	0	67	105	69	4	0	6
600	1157	403	142	905	1219	736	408	326	545
299	506	266	73	425	406	367	38	25	2
246	422	82	77	261	484	356	91	0	185
7	15	21	13	9	34	29	0	0	0
373	818	256	40	308	424	560	136	135	205
118	227	113	12	108	257	244	25	0	34
26	72	59	20	73	61	77	0	0	0
47	102	39	0	82	78	130	0	0	0
142	260	162	29	113	247	350	1	59	114

高等师范院

Basic Statistics of

地区 Region	学校数(所) Institutions	本专科学生数 Undergraduate Students			教职 Teachers, Staff			
						校本部 Teachers, Staff & Workers		
							专任 Full-time	
		毕业生数 Graduates	招生数 Students Admitted	在校学生数 Enrolment	合计 Total	计 Subtotal	计 Subtotal	教授 Professors
总计 **Total**	232	200304	222430	602863	164253	147548	73598	3860
北京 Beijing	3	3845	3999	12911	7414	5708	2547	361
天津 Tianjin	3	2892	3944	10013	2705	2553	1179	93
河北 Hebei	12	12919	13324	32557	8858	8121	4001	167
山西 Shanxi	7	4394	4380	13261	3614	3342	1527	37
内蒙古 Inner Mongolia	6	3380	4319	12045	4423	4218	2261	93
辽宁 Liaoning	13	9531	9295	27982	7492	6965	3764	179
吉林 Jilin	7	6533	7736	21551	6582	5828	2936	221
黑龙江 Heilongjiang	7	5249	4942	14177	4595	4269	2138	110
上海 Shanghai	4	5474	5554	16176	6618	5274	2498	295
江苏 Jiangsu	9	11103	10598	27939	6607	6059	3035	193
浙江 Zhejiang	10	7318	8729	23760	5604	5248	2586	90
安徽 Anhui	13	9122	10155	26529	6922	6362	3396	126
福建 Fujian	8	7488	7565	19005	4943	4647	2342	125
江西 Jiangxi	8	8640	8830	25772	5799	5440	2859	122
山东 Shandong	14	15542	18606	48563	11491	10285	4847	270
河南 Henan	13	13480	13555	31537	8288	7876	3955	156
湖北 Hubei	8	7909	8878	26684	7295	5738	2895	130
湖南 Hunan	11	10844	11486	35678	8185	7264	3619	203
广东 Guangdong	6	7943	14175	31913	5446	4955	2566	157
广西 Guangxi	8	5608	6433	17563	4909	4263	2200	122
海南 Hainan	1	930	1070	3359	800	730	382	27
四川 Sichuan	16	15841	17616	47713	11471	10285	5003	219
贵州 Guizhou	10	3982	4618	12389	3971	3783	1768	39
云南 Yunnan	11	4546	5602	15815	4132	3862	2007	55
西藏 Tibet	0	0	0	0	0	0	0	0
陕西 Shaanxi	8	6277	6812	17194	5857	5272	2441	125
甘肃 Gansu	6	4837	5418	14677	4711	3991	2024	84
青海 Qinghai	3	856	1021	3209	1188	1152	614	19
宁夏 Ningxia	2	631	624	1802	742	649	353	9
新疆 Xinjiang	5	3190	3146	11089	3591	3409	1855	33

校基本情况

Teachers Colleges

单位：人

工 数
& Workers

教职工 in College or Uni. Proper							科研机构人员 Personnel in Affiliated Research Org.	校办工厂、农场职工 Employees in School－run Factories, Farms	附设机构人员 Personnel in Other Subsidiary Units
教师 Teachers				教辅人员 Supporting Staff	行政人员 Adm. Personnel	工勤人员 Workers			
副教授 Asso. Professors	讲师 Lecturers	助教 Assistants	教员 Instructors						
18979	30982	15252	4525	18824	30031	25095	3006	5752	7947
866	1026	229	65	888	819	1454	572	915	219
343	534	171	38	382	530	462	25	86	41
931	1684	925	294	1136	1659	1325	133	198	406
308	701	345	136	317	789	709	32	64	176
570	1133	414	51	536	853	568	4	50	151
1002	1610	786	187	846	1400	955	103	91	333
833	1109	616	157	767	1157	968	128	313	313
595	885	401	147	427	899	805	5	66	255
834	975	302	92	899	853	1024	341	759	244
843	1234	567	198	794	1257	973	32	148	368
540	1215	557	184	681	1071	910	13	186	157
818	1463	695	294	688	1180	1098	60	129	371
611	865	656	85	695	965	645	26	120	150
730	1150	635	222	587	1120	874	37	168	154
1275	1888	1086	328	1530	2348	1560	293	315	598
1037	1792	761	209	823	1729	1369	8	230	174
829	1116	588	232	763	1261	819	252	688	617
1136	1333	704	243	812	1277	1556	92	227	602
751	1012	589	57	730	949	710	220	52	219
535	875	464	204	544	870	649	54	228	364
92	155	106	2	64	140	144	22	0	48
1280	2188	1016	300	1249	2297	1736	332	115	739
352	734	446	197	491	1003	521	20	39	129
397	934	487	134	501	784	570	58	41	171
0	0	0	0	0	0	0	0	0	0
549	1141	489	137	622	1075	1134	54	5	526
403	821	611	105	525	727	715	77	469	174
80	272	182	61	93	275	170	0	0	36
100	164	61	19	82	113	101	7	0	86
339	973	363	147	352	631	571	6	50	126

高等语文院

Basic Statistics of

地区 Region	学校数(所) Institutions	本专科学生数 Undergraduate Students 毕业生数 Graduates	招生数 Students Admitted	在校学生数 Enrolment	教职 Teachers, Staff 合计 Total	校本部 Teachers, Staff & Workers 计 Subtotal	专任 Full-time 计 Subtotal	教授 Professors
总计 Total	15	5984	8110	25793	11875	10418	5139	415
北京 Beijing	7	2070	3089	9366	5625	4922	2428	257
天津 Tianjin	1	325	512	1707	540	520	274	19
河北 Hebei	0	0	0	0	0	0	0	0
山西 Shanxi	0	0	0	0	0	0	0	0
内蒙古 Inner Mongolia	0	61	80	204	201	185	96	0
辽宁 Liaoning	1	526	539	1959	583	548	280	16
吉林 Jilin	0	0	0	0	0	0	0	0
黑龙江 Heilongjiang	0	0	0	0	0	0	0	0
上海 Shanghai	1	573	732	2537	1471	1146	577	54
江苏 Jiangsu	0	0	0	0	0	0	0	0
浙江 Zhejiang	1	260	256	589	150	147	71	2
安徽 Anhui	0	0	0	0	0	0	0	0
福建 Fujian	0	0	0	0	0	0	0	0
江西 Jiangxi	0	0	0	0	0	0	0	0
山东 Shandong	0	0	0	0	0	0	0	0
河南 Henan	0	0	0	0	0	0	0	0
湖北 Hubei	0	0	0	0	0	0	0	0
湖南 Hunan	0	0	0	0	0	0	0	0
广东 Guangdong	1	813	1501	4140	1360	1233	563	26
广西 Guangxi	1	188	221	606	102	102	65	1
海南 Hainan	0	0	0	0	0	0	0	0
四川 Sichuan	1	508	500	2247	800	694	316	12
贵州 Guizhou	0	0	0	0	0	0	0	0
云南 Yunnan	0	0	0	0	0	0	0	0
西藏 Tibet	0	0	0	0	0	0	0	0
陕西 Shaanxi	1	660	680	2438	1043	921	469	28
甘肃 Gansu	0	0	0	0	0	0	0	0
青海 Qinghai	0	0	0	0	0	0	0	0
宁夏 Ningxia	0	0	0	0	0	0	0	0
新疆 Xinjiang	0	0	0	0	0	0	0	0

校基本情况

Institutions of Languages & Literatures

单位：人

工 数
& Workers

教职工 in College or Uni. Proper							科研机构人员 Personnel in Affiliated Research Org.	校办工厂、农场职工 Employees in School－run Factories, Farms	附设机构人员 Personnel in Other Subsidiary Units
教师 Teachers				教辅人员 Supporting Staff	行政人员 Adm. Personnel	工勤人员 Workers			
副教授 Asso. Professors	讲师 Lecturers	助教 Assistants	教员 Instructors						
1328	2042	1005	349	1095	2141	2043	181	43	1233
720	919	364	168	531	897	1066	94	24	585
56	117	58	24	46	126	74	4	16	0
0	0	0	0	0	0	0	0	0	0
0	0	0	0	0	0	0	0	0	0
19	52	25	0	19	45	25	4	0	12
72	117	68	7	50	116	102	9	0	26
0	0	0	0	0	0	0	0	0	0
0	0	0	0	0	0	0	0	0	0
160	226	75	62	106	247	216	36	0	289
0	0	0	0	0	0	0	0	0	0
19	21	19	10	15	45	16	0	3	0
0	0	0	0	0	0	0	0	0	0
0	0	0	0	0	0	0	0	0	0
0	0	0	0	0	0	0	0	0	0
0	0	0	0	0	0	0	0	0	0
0	0	0	0	0	0	0	0	0	0
0	0	0	0	0	0	0	0	0	0
0	0	0	0	0	0	0	0	0	0
125	195	217	0	123	301	246	14	0	113
9	32	20	3	6	22	9	0	0	0
0	0	0	0	0	0	0	0	0	0
63	132	66	43	71	175	132	20	0	86
0	0	0	0	0	0	0	0	0	0
0	0	0	0	0	0	0	0	0	0
0	0	0	0	0	0	0	0	0	0
85	231	93	32	128	167	157	0	0	122
0	0	0	0	0	0	0	0	0	0
0	0	0	0	0	0	0	0	0	0
0	0	0	0	0	0	0	0	0	0
0	0	0	0	0	0	0	0	0	0

高等财经院

Basic Statistics of

地区 Region	学校数(所) Institutions	本专科学生数 Undergraduate Students 毕业生数 Graduates	招生数 Students Admitted	在校学生数 Enrolment	教职 Teachers, Staff 合计 Total	校本部 Teachers, Staff & Workers 计 Subtotal	专任 Full-time 计 Subtotal	教授 Professors
总计 Total	75	52476	61192	194206	48845	44286	20911	1162
北京 Beijing	6	3987	4780	17240	6052	5168	2439	238
天津 Tianjin	2	2402	2938	9122	2183	2061	888	65
河北 Hebei	2	3545	3770	9670	2134	1888	905	47
山西 Shanxi	3	2094	2330	7916	1799	1764	896	35
内蒙古 Inner Mongolia	1	612	639	2197	668	632	289	5
辽宁 Liaoning	4	3556	3500	11251	2729	2460	1102	103
吉林 Jilin	4	2142	2188	6471	1658	1614	723	29
黑龙江 Heilongjiang	4	2405	2202	8174	2197	1981	1040	27
上海 Shanghai	6	2750	3383	10905	3258	2843	1131	72
江苏 Jiangsu	4	1594	2461	7110	1675	1430	663	19
浙江 Zhejiang	3	2403	2910	9080	2095	1780	779	23
安徽 Anhui	4	2098	2840	8418	2000	1921	866	20
福建 Fujian	1	328	271	770	160	160	81	1
江西 Jiangxi	2	1625	2620	8776	1756	1530	756	60
山东 Shandong	3	2234	3040	9557	2245	2068	997	39
河南 Henan	3	1847	2273	7561	1668	1582	781	27
湖北 Hubei	4	2656	3022	10043	2656	2397	1078	79
湖南 Hunan	4	2654	3317	10457	2476	2226	1026	56
广东 Guangdong	2	1842	2046	6458	1196	1101	536	15
广西 Guangxi	2	980	1039	3093	537	520	266	5
海南 Hainan	0	0	0	0	0	0	0	0
四川 Sichuan	3	2758	3121	9340	1945	1780	973	79
贵州 Guizhou	2	833	1180	3352	960	920	442	15
云南 Yunnan	1	685	813	2914	727	631	306	12
西藏 Tibet	0	0	0	0	0	0	0	0
陕西 Shaanxi	3	3111	2889	8554	2501	2388	1234	63
甘肃 Gansu	1	662	900	3101	753	693	325	17
青海 Qinghai	0	0	0	0	0	0	0	0
宁夏 Ningxia	0	0	0	0	0	0	0	0
新疆 Xinjiang	1	673	720	2676	817	748	389	11

校基本情况

Institutions of Finance & Economics

单位:人

工数 & Workers 教职工 in College or Uni. Proper 教师 Teachers 副教授 Asso. Professors	讲师 Lecturers	助教 Assistants	教员 Instructors	教辅人员 Supporting Staff	行政人员 Adm. Personnel	工勤人员 Workers	科研机构人员 Personnel in Affiliated Research Org.	校办工厂、农场职工 Employees in School-run Factories, Farms	附设机构人员 Personnel in Other Subsidiary Units
5144	9452	3934	1219	4469	10760	8146	703	1868	1988
685	1014	326	176	531	1232	966	109	386	389
245	444	111	23	206	538	429	31	65	26
237	343	207	71	157	453	373	21	173	52
188	390	241	42	191	370	307	9	0	26
84	126	72	2	76	165	102	10	0	26
273	519	169	38	233	688	437	37	0	232
200	304	165	25	223	391	277	9	22	13
291	441	165	116	240	409	292	57	47	112
273	535	132	119	243	797	672	76	212	127
141	294	151	58	127	327	313	44	155	46
206	402	118	30	230	347	424	14	193	108
171	446	173	56	195	509	351	13	9	57
11	28	34	7	22	24	33	0	0	0
188	310	170	28	125	379	270	28	146	52
222	440	242	54	109	579	383	18	62	97
172	410	124	48	174	400	227	4	0	82
347	422	156	74	328	529	462	38	38	183
233	441	261	35	235	505	460	11	221	18
125	243	147	6	74	379	112	6	89	0
48	122	72	19	64	91	99	3	11	3
0	0	0	0	0	0	0	0	0	0
277	401	167	49	138	350	319	85	11	69
101	214	84	28	44	298	136	27	13	0
60	183	24	27	73	181	71	13	0	83
0	0	0	0	0	0	0	0	0	0
236	615	271	49	319	465	370	27	15	71
57	166	75	10	59	166	143	8	0	52
0	0	0	0	0	0	0	0	0	0
0	0	0	0	0	0	0	0	0	0
73	199	77	29	53	188	118	5	0	64

高等政法院

Basic Statistics of

地区 Region	学校数(所) Institutions	本专科学生数 Undergraduate Students			教职 Teachers, Staff			
		毕业生数 Graduates	招生数 Students Admitted	在校学生数 Enrolment	合计 Total	校本部 Teachers, Staff & Workers		
						计 Subtotal	专任 Full-time	
							计 Subtotal	教授 Professors
总计 Total	26	11473	14475	43821	14696	13691	5335	304
北京 Beijing	5	2547	2876	9585	3947	3758	1309	121
天津 Tianjin	0	0	0	0	0	0	0	0
河北 Hebei	1	264	354	1001	1545	1208	357	9
山西 Shanxi	0	0	0	0	0	0	0	0
内蒙古 Inner Mongolia	0	0	0	0	0	0	0	0
辽宁 Liaoning	2	653	932	2690	1033	1014	417	27
吉林 Jilin	1	197	225	648	264	258	92	2
黑龙江 Heilongjiang	0	0	80	80	0	0	0	0
上海 Shanghai	2	915	1382	3929	1460	1338	543	25
江苏 Jiangsu	1	503	607	1618	356	356	164	2
浙江 Zhejiang	1	347	400	1097	225	225	83	1
安徽 Anhui	0	0	0	0	0	0	0	0
福建 Fujian	1	297	300	897	208	205	93	1
江西 Jiangxi	1	250	250	753	304	304	117	1
山东 Shandong	1	287	520	1230	376	363	131	2
河南 Henan	1	193	361	928	261	261	125	1
湖北 Hubei	2	1273	1662	5801	1132	1053	511	28
湖南 Hunan	1	396	462	1283	235	229	113	1
广东 Guangdong	1	198	323	912	320	314	118	4
广西 Guangxi	0	0	0	0	0	0	0	0
海南 Hainan	0	0	0	0	0	0	0	0
四川 Sichuan	1	1261	1506	4224	1174	1046	404	38
贵州 Guizhou	0	0	0	0	0	0	0	0
云南 Yunnan	2	631	721	2081	581	555	231	1
西藏 Tibet	0	0	0	0	0	0	0	0
陕西 Shaanxi	1	827	914	3322	901	868	337	33
甘肃 Gansu	1	434	600	1742	374	336	190	7
青海 Qinghai	0	0	0	0	0	0	0	0
宁夏 Ningxia	0	0	0	0	0	0	0	0
新疆 Xinjiang	0	0	0	0	0	0	0	0

校基本情况

Institutions of Political Science & Law

单位:人

工 数 & Workers									
教职工 in College or Uni. Proper							科研机构人员 Personnel in Affiliated Research Org.	校办工厂、农场职工 Employees in School－run Factories, Farms	附设机构人员 Personnel in Other Subsidiary Units
教师 Teachers				教辅人员 Supporting Staff	行政人员 Adm. Personnel	工勤人员 Workers			
副教授 Asso. Professors	讲师 Lecturers	助教 Assistants	教员 Instructors						
1142	2312	1151	426	1447	4283	2626	196	359	450
390	545	183	70	560	1050	839	67	19	103
0	0	0	0	0	0	0	0	0	0
60	109	98	81	24	346	481	26	255	56
0	0	0	0	0	0	0	0	0	0
0	0	0	0	0	0	0	0	0	0
102	200	62	26	129	339	129	0	0	19
15	43	27	5	50	94	22	6	0	0
0	0	0	0	0	0	0	0	0	0
90	274	120	34	123	464	208	28	53	41
18	70	47	27	35	127	30	0	0	0
9	41	22	10	27	81	34	0	0	0
0	0	0	0	0	0	0	0	0	0
10	37	38	7	19	92	1	3	0	0
11	37	38	30	23	114	50	0	0	0
29	50	41	9	23	167	42	0	13	0
20	59	35	10	23	86	27	0	0	0
101	223	138	21	81	335	126	9	0	70
15	49	30	18	21	74	21	0	0	6
29	50	33	2	58	83	55	6	0	0
0	0	0	0	0	0	0	0	0	0
0	0	0	0	0	0	0	0	0	0
106	180	53	27	113	294	235	19	0	109
0	0	0	0	0	0	0	0	0	0
18	108	82	22	43	214	67	6	2	18
0	0	0	0	0	0	0	0	0	0
101	164	39	0	67	260	204	17	9	7
18	73	65	27	28	63	55	9	8	21
0	0	0	0	0	0	0	0	0	0
0	0	0	0	0	0	0	0	0	0
0	0	0	0	0	0	0	0	0	0

高等体育院

Basic Statistics of

地 区 Region	学校数(所) Institutions	本专科学生数 Undergraduate Students			教职 Teachers, Staff			
						校本部 Teachers, Staff & Workers		
							专任 Full-time	
		毕业生数 Graduates	招生数 Students Admitted	在校学生数 Enrolment	合计 Total	计 Subtotal	计 Subtotal	教授 Professors
总 计 Total	14	5312	6142	18103	6992	6429	3161	207
北 京 Beijing	1	501	528	2014	1016	914	409	28
天 津 Tianjin	1	385	420	1089	434	434	171	16
河 北 Hebei	1	205	233	710	214	212	103	6
山 西 Shanxi	0	0	0	0	0	0	0	0
内蒙古 Inner Mongolia	0	0	0	0	0	0	0	0
辽 宁 Liaoning	1	454	532	1679	668	627	298	15
吉 林 Jilin	1	214	220	647	179	168	80	5
黑龙江 Heilongjiang	1	384	455	1417	319	319	162	18
上 海 Shanghai	1	451	560	1885	785	641	379	32
江 苏 Jiangsu	1	131	264	605	228	228	111	6
浙 江 Zhejiang	0	0	0	0	0	0	0	0
安 徽 Anhui	0	0	0	0	0	0	0	0
福 建 Fujian	0	0	0	0	0	0	0	0
江 西 Jiangxi	0	0	0	0	0	0	0	0
山 东 Shandong	1	287	300	846	371	325	134	9
河 南 Henan	0	0	0	0	0	0	0	0
湖 北 Hubei	1	450	660	1788	838	707	401	14
湖 南 Hunan	0	0	0	0	0	0	0	0
广 东 Guangdong	1	657	650	1909	463	408	203	23
广 西 Guangxi	1	254	280	565	127	125	66	1
海 南 Hainan	0	0	0	0	0	0	0	0
四 川 Sichuan	1	510	540	1449	667	667	316	18
贵 州 Guizhou	0	0	0	0	0	0	0	0
云 南 Yunnan	0	0	0	0	0	0	0	0
西 藏 Tibet	0	0	0	0	0	0	0	0
陕 西 Shaanxi	1	429	500	1500	683	654	328	16
甘 肃 Gansu	0	0	0	0	0	0	0	0
青 海 Qinghai	0	0	0	0	0	0	0	0
宁 夏 Ningxia	0	0	0	0	0	0	0	0
新 疆 Xinjiang	0	0	0	0	0	0	0	0

校基本情况

Institutions of Physical Culture

单位:人

工　数 & Workers									
教　职　工 in College or Uni. Proper							科研机构人员 Personnel in Affiliated Research Org.	校办工厂、农场职工 Employees in School-run Factories, Farms	附设机构人员 Personnel in Other Subsidiary Units
教　师 Teachers				教辅人员 Supporting Staff	行政人员 Adm. Personnel	工勤人员 Workers			
副教授 Asso. Professors	讲　师 Lecturers	助　教 Assistants	教　员 Instrructors						
817	1325	678	134	559	1386	1323	79	34	450
128	146	94	13	211	84	210	25	0	77
51	83	16	5	20	150	93	0	0	0
19	43	27	8	14	60	35	0	0	2
0	0	0	0	0	0	0	0	0	0
0	0	0	0	0	0	0	0	0	0
69	142	54	18	14	157	158	0	0	41
29	32	14	0	11	37	40	0	0	11
52	62	26	4	47	47	63	0	0	0
101	155	51	40	33	124	105	24	14	106
23	56	17	9	14	68	35	0	0	0
0	0	0	0	0	0	0	0	0	0
0	0	0	0	0	0	0	0	0	0
0	0	0	0	0	0	0	0	0	0
0	0	0	0	0	0	0	0	0	0
49	53	21	2	33	99	59	5	18	23
0	0	0	0	0	0	0	0	0	0
79	142	166	0	11	82	213	16	0	115
0	0	0	0	0	0	0	0	0	0
59	88	26	7	47	118	40	8	2	45
16	36	10	3	4	31	24	1	0	1
0	0	0	0	0	0	0	0	0	0
66	143	81	8	57	177	117	0	0	0
0	0	0	0	0	0	0	0	0	0
0	0	0	0	0	0	0	0	0	0
0	0	0	0	0	0	0	0	0	0
76	144	75	17	43	152	131	0	0	29
0	0	0	0	0	0	0	0	0	0
0	0	0	0	0	0	0	0	0	0
0	0	0	0	0	0	0	0	0	0
0	0	0	0	0	0	0	0	0	0

高等艺术院

Basic Statistics of

地区 Region	学校数(所) Institutions	本专科学生数 Undergraduate Students			教职 Teachers, Staff			
		毕业生数 Graduates	招生数 Students Admitted	在校学生数 Enrolment	合计 Total	校本部 Teachers, Staff & Workers		
						计 Subtotal	专任 Full-time	
							计 Subtotal	教授 Professors
总计 Total	31	4875	6067	18457	12418	11610	5732	542
北京 Beijing	8	634	1117	3536	3389	3163	1299	187
天津 Tianjin	2	235	390	1183	677	619	332	50
河北 Hebei	0	0	0	0	0	0	0	0
山西 Shanxi	0	0	0	0	0	0	0	0
内蒙古 Inner Mongolia	0	123	126	333	302	296	154	0
辽宁 Liaoning	2	368	380	1493	921	878	470	41
吉林 Jilin	1	224	324	858	385	382	222	18
黑龙江 Heilongjiang	0	0	0	0	0	0	0	0
上海 Shanghai	2	151	200	814	779	679	269	39
江苏 Jiangsu	1	207	179	564	441	396	228	22
浙江 Zhejiang	1	63	120	426	413	366	176	27
安徽 Anhui	0	0	0	0	0	0	0	0
福建 Fujian	0	0	0	0	0	0	0	0
江西 Jiangxi	0	0	0	0	0	0	0	0
山东 Shandong	2	478	520	1469	738	680	335	21
河南 Henan	0	0	0	0	0	0	0	0
湖北 Hubei	2	306	462	1223	638	603	343	30
湖南 Hunan	0	0	0	0	0	0	0	0
广东 Guangdong	2	463	562	1513	752	740	386	33
广西 Guangxi	1	278	279	791	411	401	185	9
海南 Hainan	0	0	0	0	0	0	0	0
四川 Sichuan	2	514	531	1480	808	718	396	31
贵州 Guizhou	1	152	140	365	139	139	104	3
云南 Yunnan	1	163	270	830	474	453	201	3
西藏 Tibet	0	0	0	0	0	0	0	0
陕西 Shaanxi	2	394	343	1116	803	749	427	25
甘肃 Gansu	0	0	0	0	0	0	0	0
青海 Qinghai	0	0	0	0	0	0	0	0
宁夏 Ningxia	0	0	0	0	0	0	0	0
新疆 Xinjiang	1	122	124	463	348	348	205	3

校基本情况

Institutions of Art

单位:人

工数 & Workers									
教职工 in College or Uni. Proper							科研机构人员 Personnel in Affiliated Research Org.	校办工厂、农场职工 Employees in School-run Factories, Farms	附设机构人员 Personnel in Other Subsidiary Units
教师 Teachers				教辅人员 Supporting Staff	行政人员 Adm. Personnel	工勤人员 Workers			
副教授 Asso. Professors	讲师 Lecturers	助教 Assistants	教员 Instructors						
1575	2180	1101	334	1417	2649	1812	242	193	373
375	451	226	60	602	778	484	106	30	90
72	126	69	15	55	144	88	17	12	29
0	0	0	0	0	0	0	0	0	0
0	0	0	0	0	0	0	0	0	0
26	73	35	20	40	83	19	6	0	0
136	164	92	37	59	217	132	3	6	34
53	102	41	8	49	52	59	0	0	3
0	0	0	0	0	0	0	0	0	0
100	92	34	4	83	197	130	30	19	51
82	96	25	3	28	92	48	0	28	17
63	69	17	0	45	85	60	0	6	41
0	0	0	0	0	0	0	0	0	0
0	0	0	0	0	0	0	0	0	0
0	0	0	0	0	0	0	0	0	0
90	150	74	0	133	115	97	13	34	11
0	0	0	0	0	0	0	0	0	0
110	120	60	23	38	113	109	14	9	12
0	0	0	0	0	0	0	0	0	0
97	159	77	20	64	189	101	12	0	0
53	81	28	14	76	78	62	7	0	3
0	0	0	0	0	0	0	0	0	0
116	127	75	47	43	130	149	18	23	49
17	30	48	6	13	22	0	0	0	0
56	91	36	15	35	112	105	14	0	7
0	0	0	0	0	0	0	0	0	0
91	170	100	41	28	182	112	2	26	26
0	0	0	0	0	0	0	0	0	0
0	0	0	0	0	0	0	0	0	0
0	0	0	0	0	0	0	0	0	0
38	79	64	21	26	60	57	0	0	0

高等民族院

Basic Statistics of

地区 Region	学校数(所) Institutions	本专科学生数 Undergraduate Students			教职 Teachers, Staff			
					合计 Total	校本部 Teachers, Staff & Workers		
						计 Subtotal	专任 Full-time	
		毕业生数 Graduates	招生数 Students Admitted	在校学生数 Enrolment			计 Subtotal	教授 Professors
总计 Total	12	9427	10846	33516	10452	9455	4702	228
北京 Beijing	1	674	1127	3948	1551	1409	797	90
天津 Tianjin	0	0	0	0	0	0	0	0
河北 Hebei	0	0	0	0	0	0	0	0
山西 Shanxi	0	0	0	0	0	0	0	0
内蒙古 Inner Mongolia	0	0	0	0	0	0	0	0
辽宁 Liaoning	0	0	0	0	0	0	0	0
吉林 Jilin	0	0	0	0	0	0	0	0
黑龙江 Heilongjiang	0	0	0	0	0	0	0	0
上海 Shanghai	0	0	0	0	0	0	0	0
江苏 Jiangsu	0	0	0	0	0	0	0	0
浙江 Zhejiang	0	0	0	0	0	0	0	0
安徽 Anhui	0	0	0	0	0	0	0	0
福建 Fujian	0	0	0	0	0	0	0	0
江西 Jiangxi	0	0	0	0	0	0	0	0
山东 Shandong	0	0	0	0	0	0	0	0
河南 Henan	0	0	0	0	0	0	0	0
湖北 Hubei	2	1656	2569	7884	1821	1534	856	24
湖南 Hunan	0	0	0	0	0	0	0	0
广东 Guangdong	1	665	753	2530	467	439	211	6
广西 Guangxi	1	1145	1207	3634	1048	957	431	24
海南 Hainan	0	0	0	0	0	0	0	0
四川 Sichuan	1	1104	1150	3664	1108	1060	473	21
贵州 Guizhou	1	908	889	2181	956	881	429	15
云南 Yunnan	1	721	820	2624	918	839	416	18
西藏 Tibet	1	542	359	1283	601	579	243	8
陕西 Shaanxi	0	0	0	0	0	0	0	0
甘肃 Gansu	1	992	1032	2640	1006	884	427	12
青海 Qinghai	1	419	450	1508	570	501	217	5
宁夏 Ningxia	1	601	490	1620	406	372	202	5
新疆 Xinjiang	0	0	0	0	0	0	0	0

校基本情况

Institutions of Nationalities

单位:人

工　　数
& Workers

教职工 in College or Uni. Proper							科研机构人员 Personnel in Affiliated Research Org.	校办工厂、农场职工 Employees in School-run Factories, Farms	附设机构人员 Personnel in Other Subsidiary Units
教师 Teachers				教辅人员 Supporting Staff	行政人员 Adm. Personnel	工勤人员 Workers			
副教授 Asso. Professors	讲师 Lecturers	助教 Assistants	教员 Instructors						
1151	2123	929	271	1033	2122	1598	280	79	638
230	370	67	40	89	314	209	70	0	72
0	0	0	0	0	0	0	0	0	0
0	0	0	0	0	0	0	0	0	0
0	0	0	0	0	0	0	0	0	0
0	0	0	0	0	0	0	0	0	0
0	0	0	0	0	0	0	0	0	0
0	0	0	0	0	0	0	0	0	0
0	0	0	0	0	0	0	0	0	0
0	0	0	0	0	0	0	0	0	0
0	0	0	0	0	0	0	0	0	0
0	0	0	0	0	0	0	0	0	0
0	0	0	0	0	0	0	0	0	0
0	0	0	0	0	0	0	0	0	0
0	0	0	0	0	0	0	0	0	0
0	0	0	0	0	0	0	0	0	0
0	0	0	0	0	0	0	0	0	0
222	348	179	83	260	163	255	33	21	233
0	0	0	0	0	0	0	0	0	0
60	93	44	8	61	91	76	8	0	20
130	152	122	3	97	265	164	0	0	91
0	0	0	0	0	0	0	0	0	0
140	230	82	0	127	270	190	35	13	0
80	220	82	32	91	185	176	10	0	65
98	222	60	18	100	202	121	49	0	30
33	124	57	21	50	171	115	1	11	10
0	0	0	0	0	0	0	0	0	0
88	204	90	33	59	258	140	42	32	48
33	90	65	24	55	144	85	30	0	39
37	70	81	9	44	59	67	2	2	30
0	0	0	0	0	0	0	0	0	0

普通高等学校女学

Number of Female Students, Teachers, Staff &

地区 Region		本专科学生数 Undergraduate Students			教职 Teachers, Staff			
						校本部 Teachers, Staff & Workers		
							专任 Full-time	
		毕业生数 Graduates	招生数 Students Admitted	在校学生数 Enrolment	合计 Total	计 Subtotal	计 Subtotal	教授 Professors
总计	**Total**	293717	367001	1100474	405988	325981	137540	4756
北京	Beijing	16913	22232	72844	47909	36306	15605	1193
天津	Tianjin	7889	9627	29322	10518	8570	3614	171
河北	Hebei	18667	20427	57660	16086	12866	5944	110
山西	Shanxi	7590	9324	29014	8919	7831	3467	88
内蒙古	Inner Mongolia	4815	6030	18651	6107	5404	2525	46
辽宁	Liaoning	20707	23147	75462	23599	20295	9099	219
吉林	Jilin	10244	12751	38590	15449	12775	5950	198
黑龙江	Heilongjiang	13112	14840	46198	16912	13626	5956	163
上海	Shanghai	14451	18506	55917	25306	19340	6774	286
江苏	Jiangsu	19049	24102	71083	24845	19583	8089	297
浙江	Zhejiang	10230	12303	38481	10581	8849	3453	81
安徽	Anhui	6114	8435	23662	8821	7142	3072	97
福建	Fujian	7305	8241	23526	7396	6092	2607	42
江西	Jiangxi	6279	7987	24238	8798	6790	2829	69
山东	Shandong	17531	23159	65235	19013	14989	6569	249
河南	Henan	14029	16842	46766	14411	11530	5241	129
湖北	Hubei	14071	19424	59906	26062	19756	7755	260
湖南	Hunan	11218	14620	44522	15363	12155	4710	115
广东	Guangdong	13723	22286	59813	17919	14358	5611	153
广西	Guangxi	5512	7242	20799	7142	5994	2446	45
海南	Hainan	1170	1332	4012	1402	1026	438	12
四川	Sichuan	18824	23687	68867	25858	20842	8419	295
贵州	Guizhou	3412	4141	12492	5261	4779	2118	37
云南	Yunnan	5711	7221	21285	7112	6206	2770	63
西藏	Tibet	545	370	1326	662	614	268	0
陕西	Shaanxi	12833	14704	46098	18749	15181	6205	237
甘肃	Gansu	3919	5359	15204	5627	4494	1870	34
青海	Qinghai	949	1125	3485	1154	1078	570	9
宁夏	Ningxia	1255	1233	4660	1635	1416	662	19
新疆	Xinjiang	5650	6304	21356	7372	6094	2904	39

生和女教职工数

Workers in Regular Higher Educational Institutions

单位:人

工数 & Workers / 教职工 in College or Uni. Proper / 教师 Teachers: 副教授 Asso. Professors	讲师 Lecturers	助教 Assistants	教员 Instructors	教辅人员 Supporting Staff	行政人员 Adm. Personnel	工勤人员 Workers	科研机构人员 Personnel in Affiliated Research Org.	校办工厂、农场职工 Employees in School-run Factories, Farms	附设机构人员 Personnel in Other Subsidiary Units
28015	61002	34238	9529	61520	68158	58763	13353	21893	44761
4123	6417	3051	821	7271	7285	6145	1918	1577	8108
991	1668	573	211	1590	1825	1541	591	548	809
1062	2644	1642	486	2444	2316	2162	261	1007	1952
470	1622	1007	280	1242	1555	1567	127	315	646
475	1239	611	154	1071	980	828	80	311	312
1691	4340	2300	549	3784	4552	2860	511	925	1868
1161	2534	1705	352	2234	2461	2130	471	747	1456
1251	2668	1524	350	2481	2789	2400	546	1243	1497
1503	3140	1458	387	3841	4192	4533	1634	1909	2423
1672	3375	2096	649	3641	4314	3539	899	1854	2509
568	1576	915	313	1586	1781	2029	324	527	881
686	1326	713	250	1488	1407	1175	367	306	1006
374	1075	938	178	1151	1380	954	187	315	802
533	1121	905	201	1386	1277	1298	87	1002	919
1490	2836	1612	382	3069	3041	2310	586	1090	2348
1029	2410	1316	357	2053	2381	1855	133	1480	1268
1753	2996	1980	766	4150	4405	3446	1097	1669	3540
929	2048	1220	398	2340	2393	2712	356	927	1925
1182	2648	1453	175	2927	3351	2469	622	499	2440
437	1071	706	187	1073	1319	1156	92	414	642
88	196	119	23	174	207	207	11	4	361
1857	3803	1877	587	3628	4982	3813	1316	842	2858
293	984	615	189	670	1160	831	47	151	284
510	1411	522	264	1090	1316	1030	234	87	585
11	136	70	51	92	155	99	3	3	42
1039	2925	1594	410	2710	2895	3371	601	840	2127
283	832	587	134	863	796	965	184	479	470
39	247	176	99	184	205	119	10	0	66
102	293	177	71	225	259	270	25	83	111
413	1421	776	255	1062	1179	949	33	739	506

中等专业学

Basic Statistics of

地　区 Region	学校数(所) Schools	毕业生数 Graduates	招　生　数 Entrants			在校学生数 Enrolment		
			计 Total	招高中毕业生数 Graduates From Senior Sec. School	招初中毕业生数 Graduates From Junior Sec. School		合　计 Total	计 Subtotal
总　计　Total	4099	1018676	1523393	186553	1336840	4227851	542848	505248
北　京　Beijing	118	17233	30291	2303	27988	88248	15083	13951
天　津　Tianjin	78	13259	21168	794	20374	67033	10440	9552
河　北　Hebei	203	54390	75129	15280	59849	201981	27279	25746
山　西　Shanxi	129	33143	40849	9236	31613	117258	18467	17659
内蒙古　Inner Mongolia	106	19176	21718	4912	16806	59792	15988	14996
辽　宁　Liaoning	173	37503	41930	4703	37227	143911	25935	24105
吉　林　Jilin	120	26851	46106	6683	39423	132985	17622	16469
黑龙江　Heilongjiang	114	29018	39950	6375	33575	112316	18660	17155
上　海　Shanghai	99	21640	32042	4492	27550	99470	15329	13433
江　苏　Jiangsu	213	85623	153839	9488	144351	409877	28229	26059
浙　江　Zhejiang	161	34400	72951	8357	64594	177194	16273	15102
安　徽　Anhui	152	42653	47040	10108	36932	124795	17120	16077
福　建　Fujian	110	26053	35682	4286	31396	105868	12425	11811
江　西　Jiangxi	105	27170	46738	7976	38762	125342	14302	13082
山　东　Shandong	255	78496	105468	15553	89915	289827	38030	35694
河　南　Henan	184	63174	97237	11504	85733	248578	29402	27017
湖　北　Hubei	250	69947	127276	6384	120892	354583	34677	32014
湖　南　Hunan	157	44633	71324	2724	68600	212467	24454	22598
广　东　Guangdong	247	56777	89482	6985	82497	249646	24911	23994
广　西　Guangxi	126	30377	44732	3730	41002	126769	17744	15696
海　南　Hainan	30	5621	7941	1249	6692	21355	2995	2906
四　川　Sichuan	298	73539	103168	12010	91158	286058	38699	35217
贵　州　Guizhou	111	21458	35114	5368	29746	89080	12334	11999
云　南　Yunnan	144	29639	37032	3730	33302	109669	15499	15150
西　藏　Tibet	16	1500	1595	0	1595	5636	1462	1419
陕　西　Shaanxi	114	27828	40529	8963	31566	107111	16780	14820
甘　肃　Gansu	112	17146	21965	5209	16756	61983	12738	12141
青　海　Qinghai	34	4296	4186	1257	2929	13479	3062	3042
宁　夏　Ningxia	25	4432	4600	1005	3595	12758	3014	2843
新　疆　Xinjiang	115	21701	26311	5889	20422	72782	13895	13501

校基本情况

Specialized Secondary Schools

单位:人

教职工数 Teachers, Staff & Workers										兼任教师数(不在教工数中) Part-time Teachers
校本部教职工 Employees in the School Proper								校办厂、场职工 Employees in School-run Factories & Farms	附设机构人员 Employees in Subsidiary Units	
专任教师 Full-time Teachers					教辅人员 Supporting Staff	行政人员 Adm. Personnel	工勤人员 Workers			
计 Subtotal	高级讲师 Senior Lecturers	讲师 Lecturers	助理讲师 Assistant Lecturers	教员 Instructors						
267354	40193	110267	102129	14822	48029	102253	87612	24483	13117	9098
6643	1122	2940	2284	297	1549	3209	2550	812	320	413
4767	944	2093	1605	125	929	2250	1606	682	206	176
13819	1648	5530	5637	1004	2379	4836	4712	992	541	135
9375	1244	3751	3848	532	1587	3621	3076	514	294	0
7687	981	3517	2949	240	1718	2986	2605	618	374	63
12502	2386	5462	4157	497	2500	4844	4259	1107	723	273
8703	1421	3398	3472	412	1513	3557	2696	1055	98	86
8057	1764	3839	2181	273	1642	3620	3836	847	658	283
6173	1007	3205	1788	173	1381	2755	3124	1503	393	219
13879	1932	5740	5190	1017	2454	5308	4418	1776	394	699
7964	1004	3641	2935	384	1588	3159	2391	773	398	2810
8842	1693	3699	3115	335	1511	3127	2597	646	397	389
6739	763	2481	3135	360	964	2505	1603	407	207	211
7234	1035	3040	2731	428	1209	2456	2183	969	251	134
19898	3546	7309	7845	1255	3163	7297	5336	1672	664	94
14931	2408	5982	5929	612	2370	5273	4443	1297	1088	112
18344	2947	7484	6664	1249	2952	5934	4784	1760	903	724
11618	2043	4780	3937	858	2414	4443	4123	1258	598	486
13360	1551	4929	6041	839	2232	4823	3579	350	567	546
8370	1315	3837	2784	434	1531	2875	2920	647	1401	88
1575	176	541	750	108	218	542	571	36	53	21
18035	2908	7021	7161	945	3673	7256	6253	2317	1165	500
6475	648	2519	2896	412	942	2985	1597	148	187	215
8150	750	3366	3599	435	1234	2819	2947	150	199	130
794	23	296	412	63	64	274	287	21	22	6
7243	1135	3165	2501	442	1472	3330	2775	1511	449	161
6238	706	2563	2734	235	1106	2324	2473	298	299	44
1701	95	575	876	155	258	488	595	3	17	4
1447	207	781	382	77	290	557	549	100	71	34
6791	791	2783	2591	626	1186	2800	2724	214	180	42

中 等 技 术 学

Basic Statistics of

地区 Region	学校数(所) Schools	毕业生数 Graduates	招生数 Entrants			在校学生数 Enrolment		
			计 Total	招高中毕业生数 Graduates From Senior Sec. School	招初中毕业生数 Graduates From Junior Sec. School		合计 Total	
								计 Subtotal
总计 Total	3206	737856	1207692	151796	1055896	3347769	429777	396371
北京 Beijing	98	12625	26587	2303	24284	74672	12687	11631
天津 Tianjin	68	10876	18464	794	17670	58873	9142	8342
河北 Hebei	137	36550	55126	10092	45034	151086	20774	19385
山西 Shanxi	105	23609	30784	7276	23508	91551	14953	14245
内蒙古 Inner Mongolia	84	14097	16921	4592	12329	46473	12860	11941
辽宁 Liaoning	144	26410	35545	4703	30842	116374	21150	19579
吉林 Jilin	97	19876	36977	4145	32832	103830	14325	13363
黑龙江 Heilongjiang	84	20047	30386	6165	24221	82341	14759	13404
上海 Shanghai	88	18166	31059	4492	26567	93242	13886	12100
江苏 Jiangsu	177	72579	138156	7784	130372	367030	23004	21436
浙江 Zhejiang	132	24790	61960	7339	54621	144593	13246	12285
安徽 Anhui	111	33087	36540	6524	30016	97966	12988	12050
福建 Fujian	85	15937	22996	1151	21845	71904	8985	8477
江西 Jiangxi	79	17455	34547	4842	29705	92427	11055	9882
山东 Shandong	194	62499	86938	12733	74205	240493	29733	27871
河南 Henan	139	36882	64724	11504	53220	166936	21537	19358
湖北 Hubei	215	58069	106298	4672	101626	301879	28801	26501
湖南 Hunan	126	33443	56984	2724	54260	174840	20431	18704
广东 Guangdong	201	39224	69419	6542	62877	192515	18787	18064
广西 Guangxi	99	19180	35424	3730	31694	98032	13574	11643
海南 Hainan	22	2820	4678	763	3915	12582	1991	1938
四川 Sichuan	191	50097	79404	9971	69433	218703	28636	25361
贵州 Guizhou	83	14637	26461	5321	21140	66240	9569	9250
云南 Yunnan	116	20930	26688	3730	22958	79919	12008	11673
西藏 Tibet	11	831	825	0	825	3070	983	960
陕西 Shaanxi	92	19998	31903	7288	24615	84058	13864	11971
甘肃 Gansu	90	12465	16808	4177	12631	45534	10303	9762
青海 Qinghai	23	2564	2309	792	1517	7404	2141	2125
宁夏 Ningxia	21	2833	2937	882	2055	8599	2444	2293
新疆 Xinjiang	94	15280	19844	4765	15079	54603	11161	10777

校基本情况

Secondary Technical Schools

单位:人

教职工数 Teachers, Staff & Workers										兼任教师数(不在教工数中) Part-time Teachers
校本部教职工 Employees in the School Proper								校办厂、场职工 Employees in School-run Factories & Farms	附设机构人员 Employees in Subsidiary Units	
专任教师 Full-time Teachers					教辅人员 Supporting Staff	行政人员 Adm. Personnel	工勤人员 Workers			
计 Subtotal	高级讲师 Senior Lecturers	讲师 Lecturers	助理讲师 Assistant Lecturers	教员 Instructors						
204292	31915	87456	74819	10159	39582	83033	69464	21557	11849	8728
5471	902	2540	1815	214	1290	2706	2164	759	297	413
4125	839	1837	1352	97	845	1939	1433	646	154	176
10263	1356	4310	3934	663	1797	3719	3606	865	524	100
7562	1032	3095	3070	365	1357	2880	2446	439	269	0
6013	774	2844	2199	196	1475	2441	2012	551	368	43
9910	1980	4457	3159	314	2213	3953	3503	900	671	273
6930	1259	2890	2485	296	1338	2856	2239	902	60	86
6044	1420	2800	1641	183	1447	2804	3109	733	622	259
5443	858	2890	1536	159	1242	2544	2871	1406	380	219
11249	1582	4741	4151	775	2056	4483	3648	1226	342	694
6326	827	2942	2249	308	1351	2640	1968	646	315	2745
6570	1318	2868	2181	203	1139	2397	1944	580	358	383
4677	563	1827	2074	213	794	1859	1147	352	156	211
5235	778	2219	1964	274	942	2013	1692	946	227	87
15488	2899	5824	5872	950	2410	5837	4136	1307	555	90
10351	1707	4269	3909	466	1841	3899	3267	1180	999	98
14645	2372	6334	5093	846	2485	5362	4009	1511	789	694
9534	1633	3949	3268	684	2057	3664	3449	1179	548	470
9519	1177	3776	4176	390	1765	4081	2699	314	409	546
5935	974	2850	1836	275	1227	2292	2189	619	1312	85
1025	100	360	507	58	153	412	348	5	48	12
12623	2128	5351	4579	565	2800	5520	4418	2125	1150	438
4793	504	1962	2056	271	815	2368	1274	144	175	206
6148	599	2551	2684	314	989	2302	2234	149	186	130
525	17	196	264	48	46	212	177	21	2	0
5620	905	2536	1842	337	1262	2777	2312	1493	400	147
4834	560	2040	2089	145	968	1864	2096	266	275	43
1117	76	428	554	59	187	386	435	3	13	4
1148	160	627	303	58	245	468	432	82	69	34
5169	616	2143	1977	433	1046	2355	2207	208	176	42

中 等 工 业 学

Basic Statistics of

地　区 Region		学校数(所) Schools	毕业生数 Graduates	招生数 Entrants			在校学生数 Enrolment	合　计 Total	
				计 Total	招高中毕业生数 Graduates From Senior Sec. School	招初中毕业生数 Graduates From Junior Sec. School			计 Subtotal
总　计	Total	1024	287680	509737	50283	459454	1450996	177084	158357
北　京	Beijing	32	7055	16478	1786	14692	45387	6628	5746
天　津	Tianjin	25	6244	9207	457	8750	32317	4918	4185
河　北	Hebei	36	10420	17383	1952	15431	49270	7554	6636
山　西	Shanxi	25	8043	10741	3470	7271	30868	5071	4764
内蒙古	Inner Mongolia	27	5313	6554	1338	5216	19378	5163	4608
辽　宁	Liaoning	52	12684	18866	2014	16852	61221	10376	9551
吉　林	Jilin	26	6565	12610	1319	11291	34505	4570	4281
黑龙江	Heilongjiang	26	6613	8882	2802	6080	23853	5061	4573
上　海	Shanghai	38	9176	19399	2320	17079	54731	8276	6761
江　苏	Jiangsu	77	45264	101057	3154	97903	261776	12193	11073
浙　江	Zhejiang	38	7639	14872	2375	12497	38844	5191	4614
安　徽	Anhui	44	15696	17237	1968	15269	46348	5646	5146
福　建	Fujian	25	5654	8315	189	8126	28901	3622	3274
江　西	Jiangxi	26	6294	14883	1937	12946	39615	4743	4140
山　东	Shandong	70	21952	35004	3580	31424	98461	12057	11047
河　南	Henan	41	12360	24593	3378	21215	67918	8037	7273
湖　北	Hubei	77	22286	41754	1993	39761	127245	12340	10983
湖　南	Hunan	47	11399	22572	493	22079	70212	9597	8538
广　东	Guangdong	65	14401	28690	1057	27633	85072	7761	7404
广　西	Guangxi	25	5383	11577	1001	10576	30187	4189	3795
海　南	Hainan	4	250	678	90	588	2227	358	347
四　川	Sichuan	60	18418	27662	2943	24719	84242	12121	10019
贵　州	Guizhou	21	4146	7321	1494	5827	20022	2719	2683
云　南	Yunnan	26	5414	6940	708	6232	22839	3708	3526
西　藏	Tibet	2	32	119	0	119	514	172	172
陕　西	Shaanxi	28	8811	12705	3078	9627	34604	5774	4641
甘　肃	Gansu	28	4951	6036	1677	4359	18246	4512	4172
青　海	Qinghai	7	413	473	86	387	2153	607	601
宁　夏	Ningxia	5	724	672	167	505	2214	745	661
新　疆	Xinjiang	20	4080	6457	1457	5000	17826	3375	3143

校基本情况

Secondary Industrial Schools

单位:人

教职工数 Teachers, Staff & Workers										兼任教师数(不在教工数中) Part-time Teachers
校本部教职工 Employees in the School Proper								校办厂、场职工 Employees in School-run Factories & Farms	附设机构人员 Employees in Subsidiary Units	
专任教师 Full-time Teachers					教辅人员 Supporting Staff	行政人员 Adm. Personnel	工勤人员 Workers			
计 Subtotal	高级讲师 Senior Lecturers	讲师 Lecturers	助理讲师 Assistant Lecturers	教员 Instructors						
80366	13168	34892	28545	3761	17086	32324	28581	14550	4177	2194
2633	399	1252	850	132	716	1322	1075	651	231	146
1941	444	919	530	48	500	970	774	608	125	27
3453	490	1555	1243	165	645	1261	1277	683	235	45
2432	393	1003	963	73	483	876	973	210	97	0
2260	335	1118	776	31	615	974	759	315	240	0
4684	958	2162	1427	137	1181	1801	1885	615	210	95
2230	534	943	696	57	480	811	760	249	40	0
2214	586	981	568	79	570	816	973	355	133	29
2966	438	1494	944	90	736	1424	1635	1284	231	93
5906	798	2464	2217	427	1145	2130	1892	968	152	297
2310	297	1108	768	137	530	1036	738	448	129	120
2750	490	1201	960	99	458	1046	892	423	77	307
1709	223	733	690	63	344	770	451	281	67	45
2123	302	903	796	122	455	940	622	411	192	30
6142	1061	2269	2415	397	985	2190	1730	818	192	36
3927	630	1604	1526	167	690	1361	1295	596	168	67
5936	1018	2639	1954	325	998	2331	1718	1125	232	192
4383	732	1812	1579	260	975	1553	1627	758	301	182
3964	534	1576	1673	181	860	1544	1036	218	139	158
1958	344	969	566	79	414	765	658	343	51	22
192	20	65	101	6	12	94	49	0	11	0
4839	849	1936	1824	230	1196	2141	1843	1716	386	111
1334	161	594	529	50	284	680	385	26	10	62
1794	189	781	757	67	377	756	599	124	58	21
97	1	27	65	4	2	37	36	0	0	0
2074	413	946	589	126	503	1052	1012	985	148	56
1945	273	839	773	60	480	752	995	161	179	7
303	21	126	135	21	65	98	135	3	3	0
330	47	189	69	25	77	131	123	43	41	4
1537	188	684	562	103	310	662	634	133	99	42

中等农业学

Basic Statistics of

地区 Region	学校数(所) Schools	毕业生数 Graduates	招生数 Entrants 计 Total	招生数 Entrants 招高中毕业生数 Graduates From Senior Sec. School	招生数 Entrants 招初中毕业生数 Graduates From Junior Sec. School	在校学生数 Enrolment	合计 Total	计 Subtotal
总计 Total	367	90312	149190	11248	137942	421085	51841	47988
北京 Beijing	1	296	979	39	940	2530	337	302
天津 Tianjin	3	361	879	0	879	2523	307	298
河北 Hebei	22	6542	10759	2307	8452	28361	3055	2947
山西 Shanxi	16	2565	4275	755	3520	12685	2004	1870
内蒙古 Inner Mongolia	12	1819	2354	111	2243	6428	1999	1787
辽宁 Liaoning	12	2504	3137	0	3137	11047	2133	1926
吉林 Jilin	9	2578	6190	46	6144	19069	1940	1864
黑龙江 Heilongjiang	10	2642	5395	184	5211	16415	2490	2095
上海 Shanghai	3	1019	1484	23	1461	5301	474	418
江苏 Jiangsu	10	5162	6540	1050	5490	16747	1735	1598
浙江 Zhejiang	11	1955	5074	224	4850	13540	1202	1119
安徽 Anhui	13	3775	3785	430	3355	10901	1343	1295
福建 Fujian	12	2201	4092	0	4092	12368	1229	1217
江西 Jiangxi	12	1907	4445	141	4304	12407	1669	1395
山东 Shandong	17	6864	8440	215	8225	23663	3436	3075
河南 Henan	6	2407	4595	880	3715	11579	1080	1066
湖北 Hubei	23	9557	16679	327	16352	44617	3522	3347
湖南 Hunan	22	5484	9945	783	9162	34065	3228	2986
广东 Guangdong	12	3045	5713	46	5667	15956	1276	1234
广西 Guangxi	18	2584	7381	0	7381	21482	2078	1933
海南 Hainan	6	788	1682	134	1548	4116	631	621
四川 Sichuan	28	7522	13613	384	13229	35283	3571	3365
贵州 Guizhou	15	2854	4238	219	4019	11260	1769	1681
云南 Yunnan	21	4699	5222	402	4820	14127	2075	2054
西藏 Tibet	1	262	208	0	208	605	117	103
陕西 Shaanxi	12	2497	4326	616	3710	11620	2350	1827
甘肃 Gansu	13	1978	2470	551	1919	7460	1583	1474
青海 Qinghai	2	484	478	198	280	1362	297	287
宁夏 Ningxia	3	383	566	105	461	1849	492	450
新疆 Xinjiang	22	3578	4246	1078	3168	11719	2419	2354

校基本情况

Secondary Agricultural Schools

单位：人

教职工数 Teachers, Staff & Workers										兼任教师数（不在教工数中）Part-time Teachers
校本部教职工 Employees in the School Proper								校办厂、场职工 Employees in School-run Factories & Farms	附设机构人员 Employees in Subsidiary Units	
专任教师 Full-time Teachers					教辅人员 Supporting Staff	行政人员 Adm. Personnel	工勤人员 Workers			
计 Subtotal	高级讲师 Senior Lecturers	讲师 Lecturers	助理讲师 Assistant Lecturers	教员 Instructors						
24281	3493	9208	9998	1582	5210	8527	9970	3138	715	478
126	50	42	26	8	53	54	69	26	9	12
142	34	59	48	1	29	66	61	0	9	9
1657	166	591	780	120	275	451	564	93	15	0
904	118	350	370	66	263	366	337	122	12	0
862	104	388	318	52	237	292	396	145	67	9
967	196	411	335	25	203	407	349	173	34	16
874	160	342	331	41	198	317	475	69	7	0
870	219	336	292	23	206	382	637	286	109	6
187	24	98	61	4	35	87	109	56	0	0
785	114	314	295	62	214	265	334	119	18	0
629	82	218	285	44	145	176	169	59	24	74
657	111	263	252	31	131	226	281	33	15	4
704	62	211	388	43	112	217	184	11	1	38
726	102	268	329	27	150	167	352	270	4	0
1671	342	596	598	135	362	535	507	237	124	12
559	110	218	183	48	117	136	254	10	4	0
1874	235	720	814	105	379	490	604	140	35	38
1460	213	548	582	117	352	558	616	185	57	117
599	71	157	328	43	135	230	270	31	11	27
886	150	382	281	73	279	326	442	123	22	21
306	27	88	154	37	54	104	157	0	10	8
1731	281	722	641	87	369	652	613	184	22	0
817	82	256	428	51	134	395	335	73	15	7
1146	98	412	565	71	139	315	454	18	3	2
58	1	23	34	0	11	26	8	14	0	0
828	118	334	316	60	199	367	433	486	37	38
703	61	265	337	40	170	253	348	81	28	36
151	5	53	83	10	29	65	42	0	10	4
229	24	114	77	14	52	72	97	39	3	0
1173	133	429	467	144	178	530	473	55	10	0

中 等 林 业 学

Basic Statistics of

地 区 Region		学校数(所) Schools	毕业生数 Graduates	招生数 Entrants			在校学生数 Enrolment		
				计 Total	招高中毕业生数 Graduates From Senior Sec. School	招初中毕业生数 Graduates From Junior Sec. School		合计 Total	计 Subtotal
总 计	Total	53	11459	20310	1423	18887	56876	9149	8505
北 京	Beijing	1	112	255	0	255	597	90	90
天 津	Tianjin	1	171	542	28	514	1376	167	167
河 北	Hebei	1	280	300	0	300	1017	180	169
山 西	Shanxi	1	275	505	90	415	1228	194	171
内蒙古	Inner Mongolia	2	302	360	0	360	1029	337	337
辽 宁	Liaoning	1	337	399	0	399	1053	260	254
吉 林	Jilin	3	628	1239	180	1059	3487	659	616
黑龙江	Heilongjiang	6	1078	2460	321	2139	6975	1369	1334
上 海	Shanghai	1	168	183	0	183	684	123	123
江 苏	Jiangsu	1	283	280	0	280	1084	272	253
浙 江	Zhejiang	2	417	1071	173	898	2688	282	276
安 徽	Anhui	2	386	500	50	450	1328	231	225
福 建	Fujian	2	450	704	0	704	2024	302	266
江 西	Jiangxi	2	427	1108	150	958	3517	379	340
山 东	Shandong	1	440	420	0	420	1243	395	316
河 南	Henan	3	434	970	40	930	2655	389	378
湖 北	Hubei	5	1662	2834	100	2734	7969	762	613
湖 南	Hunan	1	467	658	0	658	1824	220	220
广 东	Guangdong	2	325	584	109	475	1472	186	182
广 西	Guangxi	3	541	1228	0	1228	3284	460	362
海 南	Hainan	0	0	0	0	0	0	0	0
四 川	Sichuan	1	601	850	47	803	2374	341	286
贵 州	Guizhou	2	358	519	0	519	1514	307	298
云 南	Yunnan	2	373	636	93	543	1758	252	249
西 藏	Tibet	0	0	0	0	0	0	0	0
陕 西	Shaanxi	3	435	1036	0	1036	2456	427	419
甘 肃	Gansu	2	330	385	0	385	1476	259	257
青 海	Qinghai	0	0	0	0	0	0	0	0
宁 夏	Ningxia	1	60	80	0	80	255	81	81
新 疆	Xinjiang	1	119	204	42	162	509	225	223

校基本情况

Secondary Forestry Schools

单位:人

教职工数 Teachers, Staff & Workers										兼任教师数(不在教工数中) Part-time Teachers
校本部教职工 Employees in the School Proper								校办厂、场职工 Employees in School-run Factories & Farms	附设机构人员 Employees in Subsidiary Units	
专任教师 Full-time Teachers					教辅人员 Supporting Staff	行政人员 Adm. Personnel	工勤人员 Workers			
计 Subtotal	高级讲师 Senior Lecturers	讲师 Lecturers	助理讲师 Assistant Lecturers	教员 Instructors						
4070	692	1727	1513	138	840	1601	1994	471	173	28
29	4	22	3	0	18	20	23	0	0	6
86	10	41	35	0	6	24	51	0	0	18
93	10	25	56	2	20	30	26	11	0	4
80	20	34	26	0	21	44	26	23	0	0
148	23	61	62	2	17	70	102	0	0	0
114	28	44	37	5	42	35	63	0	6	0
317	86	154	73	4	51	111	137	35	8	0
542	110	257	156	19	112	256	424	28	7	0
42	7	17	17	1	6	45	30	0	0	0
104	25	48	25	6	33	69	47	0	19	0
164	22	68	65	9	37	32	43	5	1	0
121	10	56	55	0	19	45	40	0	6	0
142	27	62	51	2	24	54	46	32	4	0
192	24	67	100	1	34	55	59	32	7	0
113	28	49	36	0	37	79	87	33	46	0
202	34	82	75	11	36	43	97	8	3	0
332	36	123	153	20	54	86	141	128	21	0
109	28	50	27	4	19	31	61	0	0	0
87	17	37	29	4	29	39	27	0	4	0
199	28	91	74	6	36	64	63	63	35	0
0	0	0	0	0	0	0	0	0	0	0
116	27	69	20	0	33	83	54	55	0	0
189	19	61	86	23	20	52	37	6	3	0
127	21	36	56	14	24	52	46	0	3	0
0	0	0	0	0	0	0	0	0	0	0
174	18	71	84	1	49	68	128	8	0	0
134	17	50	65	2	32	39	52	2	0	0
0	0	0	0	0	0	0	0	0	0	0
30	4	23	3	0	15	14	22	0	0	0
84	9	29	44	2	16	61	62	2	0	0

中等医药学

Basic Statistics of

地　区 Region	学校数(所) Schools	毕业生数 Graduates	招生数 Entrants 计 Total	招生数 Entrants 招高中毕业生数 Graduates From Senior Sec. School	招生数 Entrants 招初中毕业生数 Graduates From Junior Sec. School	在校学生数 Enrolment	合　计 Total	计 Subtotal
总　计 Total	550	112608	141868	5168	136700	432216	68807	61612
北　京 Beijing	37	2598	3093	67	3026	9925	1982	1947
天　津 Tianjin	7	1364	1720	0	1720	5510	820	811
河　北 Hebei	20	4335	7242	137	7105	22080	2809	2524
山　西 Shanxi	15	3872	4774	137	4637	14719	2308	2112
内蒙古 Inner Mongolia	16	2017	1718	824	894	5365	2076	2009
辽　宁 Liaoning	22	4745	3303	262	3041	13164	3066	2672
吉　林 Jilin	11	2758	3206	212	2994	9365	1865	1477
黑龙江 Heilongjiang	16	4526	4579	50	4529	13147	2585	2291
上　海 Shanghai	22	3285	2402	0	2402	9801	1858	1856
江　苏 Jiangsu	22	6382	5844	0	5844	21895	2368	2344
浙　江 Zhejiang	20	3783	4347	0	4347	13891	2124	2055
安　徽 Anhui	20	3548	4409	485	3924	12174	2453	2137
福　建 Fujian	15	2602	3130	0	3130	9515	1364	1294
江　西 Jiangxi	13	3496	5567	50	5517	16494	1691	1664
山　东 Shandong	30	9198	10821	289	10532	34258	4361	4175
河　南 Henan	23	5737	9619	550	9069	25950	5376	4027
湖　北 Hubei	35	9097	14848	0	14848	42948	4375	3942
湖　南 Hunan	16	5399	6929	1	6928	21722	2732	2438
广　东 Guangdong	38	6977	10849	0	10849	31661	3159	2989
广　西 Guangxi	19	3528	3584	299	3285	10418	3454	2180
海　南 Hainan	3	538	877	45	832	2288	383	353
四　川 Sichuan	38	8851	12316	583	11733	35147	5662	4873
贵　州 Guizhou	14	2050	3352	230	3122	7892	1544	1408
云　南 Yunnan	18	3031	3888	50	3838	12171	1833	1762
西　藏 Tibet	3	182	147	0	147	613	295	286
陕　西 Shaanxi	14	3454	4416	210	4206	13568	2102	1899
甘　肃 Gansu	14	1632	1863	255	1608	6046	1520	1489
青　海 Qinghai	7	697	486	0	486	1573	507	507
宁　夏 Ningxia	3	494	469	30	439	1707	415	415
新　疆 Xinjiang	19	2432	2070	402	1668	7209	1720	1676

校基本情况

Secondary Health Schools

单位:人

教职工数 Teachers, Staff & Workers										兼任教师数(不在教工数中) Part-time Teachers
校本部教职工 Employees in the School Proper								校办厂、场职工 Employees in School-run Factories & Farms	附设机构人员 Employees in Subsidiary Units	
专任教师 Full-time Teachers					教辅人员 Supporting Staff	行政人员 Adm. Personnel	工勤人员 Workers			
计 Subtotal	高级讲师 Senior Lecturers	讲师 Lecturers	助理讲师 Assistant Lecturers	教员 Instructors						
31725	5952	14390	10604	779	7391	11864	10632	1742	5453	1326
963	139	411	406	7	235	410	339	32	3	199
468	89	174	201	4	95	131	117	5	4	6
1227	199	515	452	61	298	514	485	30	255	24
1152	200	549	358	45	259	378	323	44	152	0
1007	125	487	378	17	340	349	313	21	46	34
1298	288	547	447	16	411	551	412	22	372	97
796	151	318	322	5	143	259	279	387	1	42
1065	232	536	281	16	266	458	502	7	287	119
912	151	576	177	8	190	337	417	1	1	39
1122	220	523	368	11	269	479	474	15	9	95
1057	195	515	333	14	263	406	329	1	68	26
1221	336	551	302	32	227	397	292	99	217	42
669	117	297	237	18	194	230	201	2	68	37
970	210	464	275	21	164	244	286	8	19	20
2299	560	881	820	38	434	917	525	88	98	30
1890	420	829	592	49	542	873	722	544	805	15
2107	364	969	683	91	515	673	647	31	402	215
1225	358	539	257	71	349	502	362	152	142	15
1633	227	694	662	50	282	578	496	6	164	135
1140	210	605	292	33	218	355	467	84	1190	8
178	23	84	71	0	50	56	69	5	25	0
2466	482	1193	741	50	624	983	800	118	671	27
777	97	356	313	11	128	348	155	20	116	78
961	115	439	370	37	143	284	374	0	71	4
152	9	75	68	0	13	55	66	7	2	0
944	155	405	365	19	256	394	305	12	191	12
789	96	341	342	10	140	254	306	0	31	0
264	19	70	167	8	30	73	140	0	0	0
197	41	99	56	1	63	69	86	0	0	7
776	124	348	268	36	250	307	343	1	43	0

中等财经学

Basic Statistics of Secondary

地区 Region	学校数(所) Schools	毕业生数 Graduates	招生数 Entrants			在校学生数 Enrolment		
			计 Total	招高中毕业生数 Graduates From Senior Sec. School	招初中毕业生数 Graduates From Junior Sec. School		合计 Total	计 Subtotal
总计 Total	591	152845	227339	46582	180757	604432	66719	64925
北京 Beijing	9	1532	3169	233	2936	8527	1370	1312
天津 Tianjin	9	1349	2395	72	2323	7850	1145	1115
河北 Hebei	29	9819	12811	3901	8910	33176	3984	3932
山西 Shanxi	22	5649	6737	1925	4812	20468	2531	2491
内蒙古 Inner Mongolia	15	2752	3683	1435	2248	8567	1965	1895
辽宁 Liaoning	20	3415	5519	1403	4116	17063	2162	2068
吉林 Jilin	14	2829	5451	859	4592	14509	1777	1761
黑龙江 Heilongjiang	15	3522	6774	1882	4892	16171	1770	1731
上海 Shanghai	11	2822	5947	1595	4352	15695	1315	1265
江苏 Jiangsu	34	11668	18609	2168	16441	51131	4011	3833
浙江 Zhejiang	24	6788	8958	3173	5785	21199	2520	2344
安徽 Anhui	22	7033	7366	2301	5065	19406	2136	2090
福建 Fujian	18	3520	4817	0	4817	14180	1471	1464
江西 Jiangxi	14	2882	5198	1391	3807	12533	1614	1384
山东 Shandong	37	15853	19797	5247	14550	51804	5401	5238
河南 Henan	33	10655	16078	3785	12293	38679	3960	3936
湖北 Hubei	37	10638	19314	970	18344	53063	4859	4763
湖南 Hunan	24	7863	9760	280	9480	30769	3061	2947
广东 Guangdong	38	8352	13919	1459	12460	35243	2847	2788
广西 Guangxi	19	5240	7236	650	6586	22925	2019	2009
海南 Hainan	5	823	933	206	727	2682	334	332
四川 Sichuan	37	10370	17401	3738	13663	42915	4370	4305
贵州 Guizhou	20	3191	5343	2259	3084	12511	1869	1848
云南 Yunnan	28	4598	6007	880	5127	18878	2496	2464
西藏 Tibet	2	96	140	0	140	551	166	166
陕西 Shaanxi	16	2639	5626	1961	3665	13366	1723	1705
甘肃 Gansu	14	2066	2244	974	1270	5299	1124	1075
青海 Qinghai	3	669	519	369	150	1294	367	367
宁夏 Ningxia	4	616	603	364	239	1426	369	344
新疆 Xinjiang	18	3596	4985	1102	3883	12552	1983	1953

校基本情况

Finance & Economics Schools

单位:人

教职工数 Teachers, Staff & Workers										兼任教师数(不在教工数中) Part-time Teachers
校本部教职工 Employees in the School Proper								校办厂、场职工 Employees in School-run Factories & Farms	附设机构人员 Employees in Subsidiary Units	
专任教师 Full-time Teachers					教辅人员 Supporting Staff	行政人员 Adm. Personnel	工勤人员 Workers			
计 Subtotal	高级讲师 Senior Lecturers	讲师 Lecturers	助理讲师 Assistant Lecturers	教员 Instructors						
33862	4574	14688	12985	1615	4956	15267	10840	1165	629	965
599	68	295	203	33	87	352	274	7	51	8
535	79	268	167	21	74	292	214	14	16	0
1995	289	876	693	137	300	828	809	40	12	0
1319	154	515	616	34	192	558	422	32	8	0
965	104	464	369	28	168	427	335	67	3	0
1137	200	549	353	35	135	443	353	85	9	21
835	133	414	250	38	169	475	282	12	4	0
793	174	401	197	21	118	514	306	17	22	105
545	94	308	129	14	137	295	288	50	0	15
2037	228	814	840	155	255	909	632	112	66	127
1192	130	610	410	42	211	473	468	119	57	124
1218	233	519	441	25	173	392	307	25	21	15
836	62	287	463	24	83	367	178	0	7	0
723	107	316	252	48	88	340	233	225	5	37
2871	462	1117	1116	176	404	1232	731	86	77	0
2143	302	863	939	39	273	951	569	16	8	16
2629	421	1136	890	182	345	1144	645	45	51	183
1520	206	697	513	104	270	670	487	84	30	90
1485	163	565	704	53	198	677	428	39	20	77
1050	138	493	367	52	167	418	374	6	4	23
172	17	63	84	8	17	102	41	0	2	4
2179	308	898	873	100	339	1003	784	25	40	62
974	86	411	421	56	131	527	216	15	6	10
1266	96	496	599	75	181	519	498	7	25	3
76	0	24	41	11	12	39	39	0	0	0
866	122	416	302	26	139	460	240	2	16	36
576	61	270	239	6	62	254	183	18	31	0
208	16	91	93	8	36	50	73	0	0	0
179	22	114	34	9	16	103	46	0	25	9
939	99	398	387	55	176	453	385	17	13	0

中等政法学

Basic Statistics of Secondary

地区 Region		学校数(所) Schools	毕业生数 Graduates	招生数 Entrants			在校学生数 Enrolment		
				计 Total	招高中毕业生数 Graduates From Senior Sec. School	招初中毕业生数 Graduates From Junior Sec. School		合计 Total	计 Subtotal
总计	Total	147	31131	42224	30844	11380	88414	15426	15206
北京	Beijing	4	256	1170	150	1020	2711	444	444
天津	Tianjin	3	556	775	106	669	2335	392	373
河北	Hebei	9	2193	2730	1795	935	6369	1107	1100
山西	Shanxi	4	945	1292	659	633	3164	560	560
内蒙古	Inner Mongolia	5	690	713	587	126	1639	586	574
辽宁	Liaoning	7	701	839	839	0	1740	624	617
吉林	Jilin	5	823	1479	1479	0	2511	504	504
黑龙江	Heilongjiang	5	852	926	926	0	1782	643	629
上海	Shanghai	3	812	175	175	0	2101	523	508
江苏	Jiangsu	5	1500	2051	1386	665	4042	607	591
浙江	Zhejiang	8	1267	1644	1239	405	3551	655	630
安徽	Anhui	4	1227	1470	1120	350	3177	420	420
福建	Fujian	4	855	958	918	40	1934	330	324
江西	Jiangxi	5	1021	1035	1035	0	1944	358	358
山东	Shandong	8	2630	2989	2439	550	6379	964	946
河南	Henan	7	2249	2688	2401	287	5132	535	532
湖北	Hubei	8	800	2983	955	2028	5499	589	558
湖南	Hunan	4	976	2213	857	1356	4624	374	374
广东	Guangdong	11	3497	4350	3726	624	8632	1182	1182
广西	Guangxi	5	1224	1710	1710	0	3080	533	528
海南	Hainan	2	370	368	288	80	755	155	155
四川	Sichuan	5	1562	1847	1787	60	3992	644	643
贵州	Guizhou	4	719	766	716	50	1638	410	385
云南	Yunnan	5	755	1201	924	277	2251	369	369
西藏	Tibet	1	61	78	0	78	275	88	88
陕西	Shaanxi	5	891	1634	1263	371	2724	512	507
甘肃	Gansu	2	332	622	420	202	1038	205	205
青海	Qinghai	2	223	261	139	122	776	249	249
宁夏	Ningxia	2	331	315	127	188	697	158	158
新疆	Xinjiang	5	813	942	678	264	1922	706	695

校基本情况

Politics & Law Schools

单位:人

教职工数 Teachers, Staff & Workers										兼任教师数(不在教工数中) Part-time Teachers
校本部教职工 Employees in the School Proper								校办厂、场职工 Employees in School-run Factories & Farms	附设机构人员 Employees in Subsidiary Units	
专任教师 Full-time Teachers					教辅人员 Supporting Staff	行政人员 Adm. Personnel	工勤人员 Workers			
计 Subtotal	高级讲师 Senior Lecturers	讲师 Lecturers	助理讲师 Assistant Lecturers	教员 Instructors						
6813	770	2726	2823	494	1275	5077	2041	74	146	55
199	32	87	65	15	16	168	61	0	0	0
170	34	75	61	0	17	155	31	19	0	0
482	43	187	192	60	118	303	197	0	7	0
238	41	95	100	2	55	202	65	0	0	0
287	36	136	94	21	52	201	34	3	9	0
245	33	86	104	22	60	245	67	0	7	0
231	43	98	59	31	34	185	54	0	0	22
194	24	95	75	0	118	194	123	14	0	0
206	27	89	66	24	41	163	98	15	0	0
215	15	69	115	16	19	242	115	1	15	0
255	18	123	108	6	52	237	86	9	16	0
183	26	78	73	6	44	138	55	0	0	0
173	12	52	104	5	18	98	35	0	6	0
158	7	43	92	16	17	112	71	0	0	0
414	81	147	166	20	46	347	139	5	13	0
317	53	147	100	17	67	119	29	3	0	0
329	46	143	120	20	34	160	35	0	31	26
180	10	48	81	41	27	110	57	0	0	0
502	40	191	266	5	63	455	162	0	0	2
258	26	117	108	7	57	162	51	0	5	0
104	6	27	67	4	5	28	18	0	0	0
281	25	122	101	33	99	202	61	1	0	1
193	6	78	95	14	29	118	45	4	21	4
183	9	67	104	3	22	115	49	0	0	0
46	0	12	23	11	3	31	8	0	0	0
207	28	100	63	16	34	222	44	0	5	0
86	1	34	46	5	9	88	22	0	0	0
119	9	53	54	3	23	73	34	0	0	0
81	12	37	32	0	18	38	21	0	0	0
277	27	90	89	71	78	166	174	0	11	0

中等体育学

Basic Statistics of Secondary

地区 Region	学校数(所) Schools	毕业生数 Graduates	招生数 Entrants			在校学生数 Enrolment	合计 Total	
			计 Total	招高中毕业生数 Graduates From Senior Sec. School	招初中毕业生数 Graduates From Junior Sec. School			计 Subtotal
总计 Total	169	15278	22763	92	22671	62067	13868	13473
北京 Beijing	7	276	310	28	282	1042	643	643
天津 Tianjin	5	167	245	0	245	806	282	282
河北 Hebei	8	805	1147	0	1147	3101	656	656
山西 Shanxi	7	840	740	0	740	3265	914	906
内蒙古 Inner Mongolia	1	451	720	0	720	1763	84	84
辽宁 Liaoning	14	1090	1388	0	1388	3827	1161	1144
吉林 Jilin	6	375	584	0	584	1701	486	486
黑龙江 Heilongjiang	3	529	818	0	818	2118	435	371
上海 Shanghai	3	78	153	5	148	615	500	380
江苏 Jiangsu	12	563	1080	0	1080	2723	687	632
浙江 Zhejiang	4	239	305	0	305	892	286	286
安徽 Anhui	2	388	600	0	600	1685	240	218
福建 Fujian	3	321	379	0	379	1020	108	108
江西 Jiangxi	3	386	631	0	631	1548	251	251
山东 Shandong	17	1832	2242	0	2242	6380	1285	1281
河南 Henan	8	1304	1722	0	1722	4509	740	739
湖北 Hubei	8	1639	3292	0	3292	8086	853	846
湖南 Hunan	3	337	498	0	498	1306	268	262
广东 Guangdong	14	939	1484	45	1439	3765	866	808
广西 Guangxi	1	169	275	0	275	634	188	188
海南 Hainan	1	50	70	0	70	185	24	24
四川 Sichuan	4	281	446	14	432	1169	234	229
贵州 Guizhou	2	336	698	0	698	1588	370	367
云南 Yunnan	6	477	768	0	768	2026	554	542
西藏 Tibet	1	16	35	0	35	149	61	61
陕西 Shaanxi	8	605	1109	0	1109	2908	513	510
甘肃 Gansu	10	410	455	0	455	1420	583	573
青海 Qinghai	1	35	40	0	40	116	44	44
宁夏 Ningxia	1	46	60	0	60	164	62	62
新疆 Xinjiang	6	294	469	0	469	1556	490	490

校基本情况
Physical Culture Schools

单位:人

教职工数 Teachers, Staff & Workers										兼任教师数(不在教工数中) Part-time Teachers
校本部教职工 Employees in the School Proper								校办厂、场职工 Employees in School-run Factories & Farms	附设机构人员 Employees in Subsidiary Units	
专任教师 Full-time Teachers					教辅人员 Supporting Staff	行政人员 Adm. Personnel	工勤人员 Workers			
计 Subtotal	高级讲师 Senior Lecturers	讲师 Lecturers	助理讲师 Assistant Lecturers	教员 Instructors						
7382	996	3450	2495	441	748	3117	2226	29	366	133
251	43	131	77	0	11	203	178	0	0	8
168	25	66	71	6	10	60	44	0	0	1
379	39	167	151	22	34	123	120	0	0	0
574	37	232	244	61	52	182	98	8	0	0
52	4	28	20	0	4	17	11	0	0	0
631	138	269	194	30	74	267	172	2	15	0
262	35	135	77	15	7	154	63	0	0	4
151	40	88	20	3	41	84	95	0	64	0
170	39	92	33	6	8	86	116	0	120	2
385	56	199	100	30	35	178	34	0	55	15
128	21	57	45	5	48	62	48	0	0	0
117	20	66	29	2	19	49	33	0	22	0
85	9	43	33	0	0	21	2	0	0	23
130	11	70	44	5	14	70	37	0	0	0
776	135	312	268	61	31	281	193	3	1	0
420	58	190	152	20	40	162	117	1	0	0
523	81	249	161	32	58	145	120	6	1	24
137	13	69	47	8	10	52	63	0	6	19
434	48	199	168	19	80	163	131	0	58	13
49	9	25	15	0	21	81	37	0	0	0
10	2	1	7	0	12	2	0	0	0	0
110	8	55	45	2	1	95	23	5	0	0
229	23	83	75	48	3	83	52	0	3	15
245	18	133	71	23	60	120	117	0	12	9
37	1	18	18	0	2	12	10	0	0	0
301	26	170	85	20	19	96	94	0	3	0
330	27	151	137	15	22	99	122	4	6	0
26	1	18	7	0	0	13	5	0	0	0
34	5	21	8	0	0	17	11	0	0	0
238	24	113	93	8	32	140	80	0	0	0

中等艺术学

Basic Statistics of

地　区 Region	学校数(所) Schools	毕业生数 Graduates	招生数 Entrants			在校学生数 Enrolment		
			计 Total	招高中毕业生数 Graduates From Senior Sec. School	招初中毕业生数 Graduates From Junior Sec. School		合计 Total	计 Subtotal
总　计　Total	162	14721	27684	548	27136	81581	15536	15252
北　京　Beijing	6	363	755	0	755	2839	1135	1089
天　津　Tianjin	4	156	303	72	231	1333	410	410
河　北　Hebei	6	415	724	0	724	2273	707	707
山　西　Shanxi	11	1270	1480	0	1480	4675	1246	1246
内蒙古　Inner Mongolia	4	508	547	25	522	1685	508	508
辽　宁　Liaoning	9	485	1283	20	1263	4931	852	835
吉　林　Jilin	2	610	1191	0	1191	4076	262	262
黑龙江　Heilongjiang	2	183	372	0	372	1267	299	273
上　海　Shanghai	6	229	429	0	429	1844	667	648
江　苏　Jiangsu	12	1030	2054	26	2028	5926	880	874
浙　江　Zhejiang	6	382	666	0	666	1754	410	394
安　徽　Anhui	3	479	757	50	707	1901	401	401
福　建　Fujian	5	292	501	44	457	1639	525	496
江　西　Jiangxi	3	742	993	40	953	2872	303	303
山　东　Shandong	10	1235	2757	0	2757	7352	1154	1138
河　南　Henan	15	1200	3239	0	3239	8443	1189	1178
湖　北　Hubei	15	1757	2829	52	2777	7833	1000	972
湖　南　Hunan	5	515	996	0	996	2823	358	358
广　东　Guangdong	13	734	1533	60	1473	4607	911	878
广　西　Guangxi	3	344	1111	70	1041	2467	264	264
海　南　Hainan	1	1	70	0	70	329	106	106
四　川　Sichuan	6	332	932	38	894	2235	605	572
贵　州　Guizhou	2	97	322	0	322	943	211	210
云　南　Yunnan	2	270	249	26	223	1021	213	210
西　藏　Tibet	1	35	20	0	20	110	84	84
陕　西　Shaanxi	4	505	891	0	891	2492	358	358
甘　肃　Gansu	2	32	95	0	95	467	153	153
青　海　Qinghai	1	43	52	0	52	130	70	70
宁　夏　Ningxia	1	109	102	19	83	164	86	86
新　疆　Xinjiang	2	368	431	6	425	1150	169	169

校基本情况

Secondary Art Schools

单位:人

教职工数 Teachers, Staff & Workers										兼任教师数(不在教工数中) Part-time Teachers
校本部教职工 Employees in the School Proper								校办厂、场职工 Employees in School-run Factories & Farms	附设机构人员 Employees in Subsidiary Units	
专任教师 Full-time Teachers					教辅人员 Supporting Staff	行政人员 Adm. Personnel	工勤人员 Workers			
计 Subtotal	高级讲师 Senior Lecturers	讲师 Lecturers	助理讲师 Assistant Lecturers	教员 Instructors						
9631	1472	4114	3224	821	1158	2697	1766	170	114	590
628	153	298	158	19	152	164	145	43	3	34
257	54	157	46	0	31	61	61	0	0	12
482	61	227	155	39	40	106	79	0	0	17
826	69	317	393	47	32	230	158	0	0	0
364	25	125	169	45	18	82	44	0	0	0
596	98	286	190	22	61	89	89	3	14	42
161	20	77	61	3	37	40	24	0	0	18
159	22	85	33	19	13	66	35	26	0	0
351	76	187	84	4	73	92	132	0	19	63
561	94	250	153	64	69	143	101	6	0	141
252	35	107	82	28	21	79	42	3	13	22
251	75	110	59	7	62	62	26	0	0	0
343	49	134	102	58	19	89	45	26	3	68
191	11	77	69	34	20	60	32	0	0	0
719	131	283	243	62	81	181	157	12	4	0
772	87	286	293	106	57	210	139	0	11	0
652	126	252	222	52	77	194	49	28	0	9
239	36	80	63	60	11	63	45	0	0	24
496	51	202	219	24	61	220	101	20	13	75
184	52	79	41	12	14	49	17	0	0	0
63	5	32	23	3	3	26	14	0	0	0
310	63	143	91	13	65	116	81	3	30	52
97	11	40	33	13	42	56	15	0	1	7
131	12	61	56	2	33	24	22	0	3	6
59	5	17	15	22	3	12	10	0	0	0
188	25	94	38	31	43	98	29	0	0	0
87	9	29	49	0	14	38	14	0	0	0
46	5	17	15	9	4	14	6	0	0	0
52	5	26	12	9	2	16	16	0	0	0
114	7	36	57	14	0	17	38	0	0	0

其他中等技术

Basic Statistics of Other

地　区 Region	学校数(所) Schools	毕业生数 Graduates	招生数 Entrants 计 Total	招高中毕业生数 Graduates From Senior Sec. School	招初中毕业生数 Graduates From Junior Sec. School	在校学生数 Enrolment	合计 Total	计 Subtotal
总　计 Total	144	21822	66577	5608	60969	150102	11347	11053
北　京 Beijing	1	137	378	0	378	1114	58	58
天　津 Tianjin	11	508	2398	59	2339	4823	701	701
河　北 Hebei	6	1741	2030	0	2030	5439	722	714
山　西 Shanxi	4	150	240	240	0	479	125	125
内蒙古 Inner Mongolia	2	245	272	272	0	619	142	139
辽　宁 Liaoning	7	449	811	165	646	2328	516	512
吉　林 Jilin	21	2710	5027	50	4977	14607	2262	2112
黑龙江 Heilongjiang	1	102	180	0	180	613	107	107
上　海 Shanghai	1	577	887	374	513	2470	150	141
江　苏 Jiangsu	4	727	641	0	641	1706	251	238
浙　江 Zhejiang	19	2320	25023	155	24868	48234	576	567
安　徽 Anhui	1	555	416	120	296	1046	118	118
福　建 Fujian	1	42	100	0	100	323	34	34
江　西 Jiangxi	1	300	687	98	589	1497	47	47
山　东 Shandong	4	2495	4468	963	3505	10953	680	655
河　南 Henan	3	536	1220	470	750	2071	231	229
湖　北 Hubei	7	633	1765	275	1490	4619	501	477
湖　南 Hunan	4	1003	3413	310	3103	7495	593	581
广　东 Guangdong	8	954	2297	40	2257	6107	599	599
广　西 Guangxi	6	167	1322	0	1322	3555	389	384
海　南 Hainan	0	0	0	0	0	0	0	0
四　川 Sichuan	12	2160	4337	437	3900	11346	1088	1069
贵　州 Guizhou	3	886	3902	403	3499	8872	370	370
云　南 Yunnan	8	1313	1777	647	1130	4848	508	497
西　藏 Tibet	0	147	78	0	78	253	0	0
陕　西 Shaanxi	2	161	160	160	0	320	105	105
甘　肃 Gansu	5	734	2638	300	2338	4082	364	364
青　海 Qinghai	0	0	0	0	0	0	0	0
宁　夏 Ningxia	1	70	70	70	0	123	36	36
新　疆 Xinjiang	1	0	40	0	40	160	74	74

学校基本情况

Secondary Technical Schools

单位:人

教职工数 Teachers, Staff & Workers										兼任教师数(不在教工数中) Part-time Teachers
校本部教职工 Employees in the School Proper								校办厂、场职工 Employees in School-run Factories & Farms	附设机构人员 Employees in Subsidiary Units	
专任教师 Full-time Teachers					教辅人员 Supporting Staff	行政人员 Adm. Personnel	工勤人员 Workers			
计 Subtotal	高级讲师 Senior Lecturers	讲师 Lecturers	助理讲师 Assistant Lecturers	教员 Instructors						
6162	798	2261	2632	528	918	2559	1414	218	76	2959
43	14	2	27	0	2	13	0	0	0	0
358	70	78	193	17	83	180	80	0	0	103
495	59	167	212	57	67	103	49	8	0	10
37	0	0	0	37	0	44	44	0	0	0
68	18	37	13	0	24	29	18	0	3	0
238	41	103	72	22	46	115	113	0	4	2
1224	97	409	616	102	219	504	165	150	0	0
56	13	21	19	3	3	34	14	0	0	0
64	2	29	25	8	16	15	46	0	9	7
134	32	60	38	4	17	68	19	5	8	19
339	27	136	153	23	44	139	45	2	7	2379
52	17	24	10	1	6	42	18	0	0	15
16	2	8	6	0	0	13	5	0	0	0
22	4	11	7	0	0	25	0	0	0	0
483	99	170	210	61	30	75	67	25	0	12
121	13	50	49	9	19	44	45	2	0	0
263	45	103	96	19	25	139	50	8	16	7
281	37	106	119	19	44	125	131	0	12	23
319	26	155	127	11	57	175	48	0	0	59
211	17	89	92	13	21	72	80	0	5	11
0	0	0	0	0	0	0	0	0	0	0
591	85	213	243	50	74	245	159	18	1	185
183	19	83	76	5	44	109	34	0	0	23
295	41	126	106	22	10	117	75	0	11	85
0	0	0	0	0	0	0	0	0	0	0
38	0	0	0	38	20	20	27	0	0	5
184	15	61	101	7	39	87	54	0	0	0
0	0	0	0	0	0	0	0	0	0	0
16	0	4	12	0	2	8	10	0	0	14
31	5	16	10	0	6	19	18	0	0	0

中等师范学

Basic Statistics of

地　区 Region	学校数(所) Schools	毕业生数 Graduates	招生数 Entrants 计 Total	招高中毕业生数 Graduates From Senior Sec. School	招初中毕业生数 Graduates From Junior Sec. School	在校学生数 Enrolment	合计 Total	计 Subtotal
总　计 Total	893	280820	315701	34757	280944	880082	113071	108877
北　京 Beijing	20	4608	3704	0	3704	13576	2396	2320
天　津 Tianjin	10	2383	2704	0	2704	8160	1298	1210
河　北 Hebei	66	17840	20003	5188	14815	50895	6505	6361
山　西 Shanxi	24	9534	10065	1960	8105	25707	3514	3414
内蒙古 Inner Mongolia	22	5079	4797	320	4477	13319	3128	3055
辽　宁 Liaoning	29	11093	6385	0	6385	27537	4785	4526
吉　林 Jilin	23	6975	9129	2538	6591	29155	3297	3106
黑龙江 Heilongjiang	30	8971	9564	210	9354	29975	3901	3751
上　海 Shanghai	11	3474	983	0	983	6228	1443	1333
江　苏 Jiangsu	36	13044	15683	1704	13979	42847	5225	4623
浙　江 Zhejiang	29	9610	10991	1018	9973	32601	3027	2817
安　徽 Anhui	41	9566	10500	3584	6916	26829	4132	4027
福　建 Fujian	25	10116	12686	3135	9551	33964	3440	3334
江　西 Jiangxi	26	9715	12191	3134	9057	32915	3247	3200
山　东 Shandong	61	15997	18530	2820	15710	49334	8297	7823
河　南 Henan	45	26292	32513	0	32513	81642	7865	7659
湖　北 Hubei	35	11878	20978	1712	19266	52704	5876	5513
湖　南 Hunan	31	11190	14340	0	14340	37627	4023	3894
广　东 Guangdong	46	17553	20063	443	19620	57131	6124	5930
广　西 Guangxi	27	11197	9308	0	9308	28737	4170	4053
海　南 Hainan	8	2801	3263	486	2777	8773	1004	968
四　川 Sichuan	107	23442	23764	2039	21725	67355	10063	9856
贵　州 Guizhou	28	6821	8653	47	8606	22840	2765	2749
云　南 Yunnan	28	8709	10344	0	10344	29750	3491	3477
西　藏 Tibet	5	669	770	0	770	2566	479	459
陕　西 Shaanxi	22	7830	8626	1675	6951	23053	2916	2849
甘　肃 Gansu	22	4681	5157	1032	4125	16449	2435	2379
青　海 Qinghai	11	1732	1877	465	1412	6075	921	917
宁　夏 Ningxia	4	1599	1663	123	1540	4159	570	550
新　疆 Xinjiang	21	6421	6467	1124	5343	18179	2734	2724

校基本情况

Teacher Training Schools

单位:人

教职工数 Teachers, Staff & Workers — 校本部教职工 Employees in the School Proper — 专任教师 Full-time Teachers: 计 Subtotal	高级讲师 Senior Lecturers	讲师 Lecturers	助理讲师 Assistant Lecturers	教员 Instructors	教辅人员 Supporting Staff	行政人员 Adm. Personnel	工勤人员 Workers	校办厂、场职工 Employees in School-run Factories & Farms	附设机构人员 Employees in Subsidiary Units	兼任教师数(不在教工数中) Part-time Teachers
63062	8278	22811	27310	4663	8447	19220	18148	2926	1268	370
1172	220	400	469	83	259	503	386	53	23	0
642	105	256	253	28	84	311	173	36	52	0
3556	292	1220	1703	341	582	1117	1106	127	17	35
1813	212	656	778	167	230	741	630	75	25	0
1674	207	673	750	44	243	545	593	67	6	20
2592	406	1005	998	183	287	891	756	207	52	0
1773	162	508	987	116	175	701	457	153	38	0
2013	344	1039	540	90	195	816	727	114	36	24
730	149	315	252	14	139	211	253	97	13	0
2630	350	999	1039	242	398	825	770	550	52	5
1638	177	699	686	76	237	519	423	127	83	65
2272	375	831	934	132	372	730	653	66	39	6
2062	200	654	1061	147	170	646	456	55	51	0
1999	257	821	767	154	267	443	491	23	24	47
4410	647	1485	1973	305	753	1460	1200	365	109	4
4580	701	1713	2020	146	529	1374	1176	117	89	14
3699	575	1150	1571	403	467	572	775	249	114	30
2084	410	831	669	174	357	779	674	79	50	16
3841	374	1153	1865	449	467	742	880	36	158	0
2435	341	987	948	159	304	583	731	28	89	3
550	76	181	243	50	65	130	223	31	5	9
5412	780	1670	2582	380	873	1736	1835	192	15	62
1682	144	557	840	141	127	617	323	4	12	9
2002	151	815	915	121	245	517	713	1	13	0
269	6	100	148	15	18	62	110	0	20	6
1623	230	629	659	105	210	553	463	18	49	14
1404	146	523	645	90	138	460	377	32	24	1
584	19	147	322	96	71	102	160	0	4	0
299	47	154	79	19	45	89	117	18	2	0
1622	175	640	614	193	140	445	517	6	4	0

中等师范学校中幼

Basic Statistics of Pre－primary

地　区 Region	学校数(所) Schools	毕业生数 Graduates	招生数 Entrants 计 Total	招生数 Entrants 招高中毕业生数 Graduates From Senior Sec. School	招生数 Entrants 招初中毕业生数 Graduates From Junior Sec. School	在校学生数 Enrolment	合　计 Total	合　计 Total 计 Subtotal
总　计　Total	65	15949	19341	368	18973	56278	7922	7356
北　京　Beijing	1	235	220	0	220	717	145	145
天　津　Tianjin	2	461	597	0	597	1891	418	369
河　北　Hebei	4	777	800	0	800	2203	201	199
山　西　Shanxi	4	941	930	0	930	2610	415	382
内蒙古　Inner Mongolia	2	384	407	0	407	1147	247	241
辽　宁　Liaoning	3	708	841	0	841	3046	448	427
吉　林　Jilin	5	956	1500	100	1400	4378	592	554
黑龙江　Heilongjiang	3	675	856	0	856	2682	311	310
上　海　Shanghai	2	445	122	0	122	1169	243	232
江　苏　Jiangsu	4	809	1021	0	1021	3017	372	332
浙　江　Zhejiang	3	525	781	0	781	2398	343	261
安　徽　Anhui	3	735	660	120	540	1890	334	296
福　建　Fujian	2	757	896	106	790	2473	304	268
江　西　Jiangxi	1	139	210	0	210	655	91	91
山　东　Shandong	4	1103	989	0	989	3178	643	555
河　南　Henan	1	391	375	0	375	1121	160	160
湖　北　Hubei	4	1439	2557	42	2515	6447	735	681
湖　南　Hunan	2	649	889	0	889	2292	261	245
广　东　Guangdong	4	1482	1800	0	1800	5054	500	495
广　西　Guangxi	1	409	318	0	318	920	170	143
海　南　Hainan	0	0	0	0	0	0	0	0
四　川　Sichuan	4	823	1280	0	1280	3358	464	450
贵　州　Guizhou	1	107	189	0	189	412	68	67
云　南　Yunnan	1	178	187	0	187	629	97	97
西　藏　Tibet	0	0	0	0	0	0	0	0
陕　西　Shaanxi	1	262	283	0	283	839	123	123
甘　肃　Gansu	1	106	240	0	240	655	91	91
青　海　Qinghai	1	60	60	0	60	189	31	27
宁　夏　Ningxia	0	0	0	0	0	0	0	0
新　疆　Xinjiang	1	393	333	0	333	908	115	115

儿师范学校基本情况

Teacher Training Schools

单位:人

教职工数 Teachers, Staff & Workers										兼任教师数(不在教工数中) Part-time Teachers
校本部教职工 Employees in the School Proper								校办厂、场职工 Employees in School-run Factories & Farms	附设机构人员 Employees in Subsidiary Units	
专任教师 Full-time Teachers					教辅人员 Supporting Staff	行政人员 Adm. Personnel	工勤人员 Workers			
计 Subtotal	高级讲师 Senior Lecturers	讲师 Lecturers	助理讲师 Assistant Lecturers	教员 Instructors						
4235	623	1576	1764	272	547	1549	1025	151	415	25
66	18	34	14	0	9	43	27	0	0	0
199	36	93	68	2	26	80	64	4	45	0
118	12	38	59	9	18	45	18	0	2	0
210	33	59	107	11	24	78	70	10	23	0
146	27	53	66	0	20	31	44	0	6	0
265	27	75	116	47	16	84	62	8	13	0
306	22	72	187	25	38	149	61	16	22	0
189	42	101	35	11	18	77	26	1	0	0
126	20	59	45	2	24	44	38	5	6	0
177	22	84	61	10	15	91	49	6	34	0
146	17	64	58	7	18	56	41	23	59	0
184	21	55	91	17	25	54	33	20	18	3
157	13	59	80	5	8	67	36	3	33	0
66	7	21	29	9	0	21	4	0	0	0
270	38	109	103	20	75	120	90	30	58	1
96	24	45	24	3	4	35	25	0	0	0
434	114	158	133	29	34	108	105	3	51	20
126	19	52	37	18	24	55	40	3	13	0
303	28	82	179	14	51	86	55	5	0	0
83	20	38	25	0	16	20	24	0	27	0
0	0	0	0	0	0	0	0	0	0	0
245	32	81	126	6	55	98	52	14	0	0
42	10	22	9	1	2	18	5	0	1	1
46	3	21	22	0	7	31	13	0	0	0
0	0	0	0	0	0	0	0	0	0	0
67	4	32	25	6	8	31	17	0	0	0
58	8	26	24	0	8	13	12	0	0	0
25	2	19	4	0	0	2	0	0	4	0
0	0	0	0	0	0	0	0	0	0	0
85	4	24	37	20	4	12	14	0	0	0

地区 Region	毕业生数 Graduates	招生数 Entrants			在校学生数 Enrolment		
		计 Total	招高中毕业生数 Graduates From Senior Sec. School	招初中毕业生数 Graduates From Junior Sec. School		合计 Total	
							计 Subtotal
总计 Total	491116	788459	71941	716518	2170360	226288	210645
北京 Beijing	9950	16086	1022	15064	48774	7837	7404
天津 Tianjin	6824	10676	398	10278	35986	4918	4513
河北 Hebei	29595	41384	7853	33531	110307	12009	11492
山西 Shanxi	17628	22505	3779	18726	65445	8086	7808
内蒙古 Inner Mongolia	9062	10901	1735	9166	29465	7217	6872
辽宁 Liaoning	20788	25323	1803	23520	87224	11546	10843
吉林 Jilin	14925	26016	2873	23143	76481	8081	7548
黑龙江 Heilongjiang	17096	22819	2833	19986	64805	8312	7646
上海 Shanghai	11806	16301	2001	14300	53576	6966	6368
江苏 Jiangsu	42025	78424	3207	75217	208094	11062	10153
浙江 Zhejiang	16692	42167	3698	38469	100532	6949	6519
安徽 Anhui	17330	20013	2837	17176	52573	6186	5749
福建 Fujian	13491	20622	2694	17928	58769	4875	4640
江西 Jiangxi	10562	23287	2702	20585	61087	5508	5011
山东 Shandong	37084	56366	5686	50680	151386	14898	13989
河南 Henan	31178	52691	4018	48673	135749	11421	10271
湖北 Hubei	32104	64537	2091	62446	173659	13866	12730
湖南 Hunan	19505	36197	775	35422	98503	9887	9099
广东 Guangdong	27946	47451	1655	45796	132194	10997	10550
广西 Guangxi	14422	21617	941	20676	61044	7841	6655
海南 Hainan	2639	3574	397	3177	9870	1236	1168
四川 Sichuan	31718	47660	4370	43290	130022	14835	13420
贵州 Guizhou	7909	14228	1686	12542	34885	5234	5069
云南 Yunnan	12767	18574	1317	17257	53807	6690	6528
西藏 Tibet	603	694	0	694	2523	601	576
陕西 Shaanxi	12705	19375	3666	15709	51848	6110	5397
甘肃 Gansu	6501	9436	1687	7749	26319	4392	4145
青海 Qinghai	2112	2070	613	1457	6434	1196	1178
宁夏 Ningxia	2452	2499	442	2057	7018	1332	1250
新疆 Xinjiang	11697	14966	3162	11804	41981	6200	6054

生和女教职工数

& Workers in Specialized Secondary Schools

单位：人

教职工数 Teachers, Staff & Workers										兼任教师数（不在教职工数中）Part-time Teachers
校本部教职工 Employees in the School Proper								校办厂、场职工 Employees in School-run Factories & Farms	附设机构人员 Employees in Subsidiary Units	
专任教师 Full-time Teachers					教辅人员 Supporting Staff	行政人员 Adm. Personnel	工勤人员 Workers			
计 Subtotal	高级讲师 Senior Lecturers	讲师 Lecturers	助理讲师 Assistant Lecturers	教员 Instructors						
113669	11795	46626	48291	6961	27736	37210	32030	8245	7398	2858
3888	466	1759	1458	205	895	1546	1075	314	119	169
2469	335	1117	944	73	530	972	542	303	102	73
6858	569	2742	2993	558	1393	1610	1631	247	270	55
4403	378	1637	2104	284	1019	1355	1031	125	153	0
3652	316	1625	1611	100	1065	1238	917	190	155	14
6270	794	2850	2371	255	1394	1854	1325	325	378	123
4510	491	1786	2029	204	907	1320	811	480	53	31
4051	689	2060	1152	150	930	1371	1294	264	402	109
2848	289	1498	983	78	753	1247	1520	426	172	64
5561	528	2204	2335	494	1268	1755	1569	715	194	212
3363	311	1496	1366	190	953	1186	1017	246	184	974
3107	497	1263	1218	129	837	1032	773	191	246	79
2620	159	924	1378	159	556	833	631	121	114	57
2514	265	1002	1047	200	766	874	857	373	124	24
8373	1181	2965	3628	599	1791	2111	1714	493	416	28
5833	703	2273	2603	254	1348	1686	1404	492	658	9
6744	731	2765	2736	512	1708	2350	1928	612	524	237
4444	567	1772	1717	388	1468	1548	1639	453	335	94
5757	402	2041	2908	406	1276	1852	1665	131	316	166
3251	297	1524	1238	192	875	1161	1368	188	998	17
542	32	165	291	54	132	200	294	30	38	5
6687	682	2632	2990	383	2025	2672	2036	768	647	144
2701	183	1062	1275	181	543	1202	623	48	117	72
3486	167	1448	1682	189	690	1047	1305	42	120	53
323	5	119	166	33	49	100	104	16	9	1
2632	278	1061	1086	207	839	979	947	447	266	36
2131	146	839	1063	83	604	639	771	92	155	3
708	26	233	390	59	142	158	170	2	16	3
679	67	401	178	33	177	182	212	45	37	6
3264	241	1363	1351	309	803	1130	857	66	80	0

普通中学校数、

Number of General Secondary Schools

地区 Region		学校数(所) Schools 计 Total	初级中学 Junior Sec. Schools	高级中学 Senior Sec. Schools	完全中学 Complete Sec. Schools	计 Total	小计 Subtotal
总计	Total	79967	66092	3436	10439	1088695	939240
北京	Beijing	724	428	19	277	15501	12743
天津	Tianjin	734	544	38	152	11075	9383
河北	Hebei	5175	4598	273	304	63343	55976
山西	Shanxi	3370	2990	137	243	32637	28664
内蒙古	Inner Mongolia	1829	1483	87	259	23704	19864
辽宁	Liaoning	2447	2036	252	159	40409	34468
吉林	Jilin	1804	1515	134	155	25264	21463
黑龙江	Heilongjiang	2725	2255	211	259	38042	32840
上海	Shanghai	798	527	40	231	15977	12916
江苏	Jiangsu	4230	3294	101	835	62456	52060
浙江	Zhejiang	3240	2687	217	336	44103	37655
安徽	Anhui	4012	3383	44	585	50482	44610
福建	Fujian	1834	1437	8	389	36249	32443
江西	Jiangxi	2785	2292	31	462	36764	31723
山东	Shandong	4820	4161	401	258	84944	73613
河南	Henan	6282	5647	479	156	72466	64516
湖北	Hubei	3630	3061	271	298	46461	39225
湖南	Hunan	4722	4015	235	472	57787	49882
广东	Guangdong	3882	3034	58	790	67637	59210
广西	Guangxi	3117	2697	77	343	41590	37447
海南	Hainan	484	377	1	106	6381	5538
四川	Sichuan	6157	5071	65	1021	81264	71061
贵州	Guizhou	1801	1472	15	314	22339	19597
云南	Yunnan	2242	1800	9	433	27666	23949
西藏	Tibet	88	69	1	18	836	684
陕西	Shaanxi	2697	2133	166	398	31567	25695
甘肃	Gansu	1657	1227	12	418	20363	16675
青海	Qinghai	467	295	11	161	4345	3250
宁夏	Ningxia	438	324	8	106	5843	4714
新疆	Xinjiang	1776	1240	35	501	21200	17376

班数(总计)

and Classes (Regional Aggregates)

班数(个) Classes							
初中 Junior Sec. Schools				高中 Senior Sec. Schools			
一年级 Grade 1	二年级 Grade 2	三年级 Grade 3	四年级 Grade 4	小计 Subtotal	一年级 Grade 1	二年级 Grade 2	三年级 Grade 3
328293	315960	286500	8487	149455	52949	49733	46773
3959	4402	4374	8	2758	963	947	848
3204	3322	2857	0	1692	595	560	537
20044	18806	16341	785	7367	2739	2445	2183
10081	9511	8891	181	3973	1369	1328	1276
6738	6556	6161	409	3840	1291	1268	1281
11311	12016	10985	156	5941	2058	2034	1849
7323	7320	6714	106	3801	1295	1314	1192
11407	11039	9504	890	5202	1743	1748	1711
4012	4457	4432	15	3061	1142	1001	918
16744	17820	17451	45	10396	3890	3418	3088
12525	13210	11914	6	6448	2360	2189	1899
15506	15106	13976	22	5872	2052	1987	1833
12479	11142	8822	0	3806	1387	1237	1182
11747	10514	9462	0	5041	1740	1659	1642
23524	23140	21792	5157	11331	3969	3771	3591
23682	21578	19132	124	7950	2659	2605	2686
14017	13080	11865	263	7236	2559	2443	2234
17934	16941	15005	2	7905	2856	2586	2463
21680	19905	17604	21	8427	3245	2768	2414
14487	12467	10474	19	4143	1496	1362	1285
2203	1840	1495	0	843	300	281	262
23158	24687	23195	21	10203	3612	3397	3194
7246	6422	5925	4	2742	936	911	895
8537	7904	7309	199	3717	1243	1251	1223
259	226	199	0	152	59	53	40
9566	8590	7536	3	5872	2008	1938	1926
5937	5540	5159	39	3688	1222	1176	1290
1112	1072	1061	5	1095	376	354	365
1618	1557	1539	0	1129	385	374	370
6253	5790	5326	7	3824	1400	1328	1096

普通中学校数、

Number of General Secondary

地区 Region	学校数(所) Schools 计 Total	初级中学 Junior Sec. Schools	高级中学 Senior Sec. Schools	完全中学 Complete Sec. Schools	计 Total	小计 Subtotal
总计 Total	13429	8390	1047	3992	229299	174180
北京 Beijing	332	129	14	189	8519	6592
天津 Tianjin	349	245	7	97	5931	4952
河北 Hebei	680	480	32	168	11496	9226
山西 Shanxi	435	274	29	132	6842	5266
内蒙古 Inner Mongolia	334	197	34	103	6198	4612
辽宁 Liaoning	756	532	120	104	14881	11865
吉林 Jilin	535	378	68	89	9298	7115
黑龙江 Heilongjiang	768	542	102	124	11755	9108
上海 Shanghai	443	289	19	135	9329	7481
江苏 Jiangsu	580	375	18	187	10303	8101
浙江 Zhejiang	441	274	58	109	7973	5779
安徽 Anhui	465	267	16	182	7148	5454
福建 Fujian	243	143	1	99	4878	3770
江西 Jiangxi	324	179	16	129	5369	3641
山东 Shandong	826	576	113	137	16680	12288
河南 Henan	803	574	118	111	11605	8818
湖北 Hubei	998	676	100	222	15457	11431
湖南 Hunan	583	351	39	193	8640	6407
广东 Guangdong	623	303	20	300	12687	9593
广西 Guangxi	217	141	5	71	4236	3408
海南 Hainan	36	19	1	16	688	514
四川 Sichuan	961	573	30	358	14706	11421
贵州 Guizhou	272	178	8	86	3403	2525
云南 Yunnan	230	113	5	112	3221	2171
西藏 Tibet	17	8	1	8	284	198
陕西 Shaanxi	501	274	40	187	7299	5239
甘肃 Gansu	226	94	6	126	3870	2668
青海 Qinghai	72	23	8	41	889	602
宁夏 Ningxia	58	33	6	19	1026	733
新疆 Xinjiang	321	150	13	158	4688	3202

班数(城市)

Schools and Classes (Urban)

班　数(个) Classes							
初　中 Junior Sec. Schools				高　中 Senior Sec. Schools			
一年级 Grade 1	二年级 Grade 2	三年级 Grade 3	四年级 Grade 4	小计 Subtotal	一年级 Grade 1	二年级 Grade 2	三年级 Grade 3
56955	59163	55728	2334	55119	19495	18365	17259
2003	2281	2300	8	1927	668	658	601
1700	1768	1484	0	979	350	323	306
2976	3154	2957	139	2270	857	754	659
1762	1760	1710	34	1576	552	526	498
1490	1521	1466	135	1586	553	521	512
3851	4225	3651	138	3016	1064	1018	934
2397	2471	2185	62	2183	732	767	684
2974	3151	2796	187	2647	886	890	871
2523	2613	2345	0	1848	684	605	559
2442	2809	2829	21	2202	889	688	625
1982	2000	1791	6	2194	798	745	651
1791	1869	1779	15	1694	600	565	529
1314	1328	1128	0	1108	392	361	355
1254	1213	1174	0	1728	582	576	570
3640	3780	3768	1100	4392	1540	1453	1399
2919	2949	2835	115	2787	925	927	935
3764	3782	3640	245	4026	1410	1372	1244
2101	2184	2120	2	2233	814	713	706
3388	3199	2985	21	3094	1126	1026	942
1165	1143	1094	6	828	304	278	246
186	174	154	0	174	60	59	55
3472	3974	3960	15	3285	1203	1086	996
856	833	836	0	878	302	286	290
700	720	698	53	1050	348	348	354
67	66	65	0	86	35	30	21
1841	1776	1622	0	2060	697	680	683
893	892	858	25	1202	402	392	408
196	203	203	0	287	94	94	99
241	249	243	0	293	97	99	97
1067	1076	1052	7	1486	531	525	430

普通中学校数、

Number of General Secondary Schools

地　　区 Region	学 校 数 (所) Schools 计 Total	初级中学 Junior Sec. Schools	高级中学 Senior Sec. Schools	完全中学 Complete Sec. Schools	计 Total	小计 Subtotal
总　计　Total	19506	13604	1510	4392	310089	239457
北　京　Beijing	180	111	4	65	3729	3041
天　津　Tianjin	135	78	13	44	2153	1641
河　北　Hebei	1392	1082	200	110	20150	15677
山　西　Shanxi	422	289	54	79	6433	4572
内蒙古　Inner Mongolia	408	243	43	122	7194	5273
辽　宁　Liaoning	359	232	94	33	6678	4362
吉　林　Jilin	615	487	66	62	9056	7467
黑龙江　Heilongjiang	705	520	94	91	11126	9006
上　海　Shanghai	304	196	21	87	6084	4921
江　苏　Jiangsu	1614	1094	38	482	25856	19800
浙　江　Zhejiang	2012	1637	157	218	27977	23795
安　徽　Anhui	376	197	6	173	6697	4435
福　建　Fujian	838	599	6	233	19861	17487
江　西　Jiangxi	790	523	6	261	13089	10249
山　东　Shandong	336	209	66	61	7459	4467
河　南　Henan	1156	897	233	26	15693	11648
湖　北　Hubei	328	208	84	36	5038	3103
湖　南　Hunan	1186	898	91	197	16917	13161
广　东　Guangdong	1007	754	21	232	19276	16151
广　西　Guangxi	513	313	43	157	7705	5315
海　南　Hainan	65	22	0	43	1566	1104
四　川　Sichuan	2474	1820	34	620	35269	28760
贵　州　Guizhou	303	170	6	127	4660	3224
云　南　Yunnan	556	314	2	240	8773	6536
西　藏　Tibet	70	60	0	10	548	482
陕　西　Shaanxi	643	393	100	150	9701	6605
甘　肃　Gansu	231	84	5	142	4087	2452
青　海　Qinghai	131	48	2	81	1557	991
宁　夏　Ningxia	78	28	2	48	1584	977
新　疆　Xinjiang	279	98	19	162	4173	2755

班数(县镇)

and Classes (County Seats & Towns)

班数(个) Classes							
初中 Junior Sec. Schools				高中 Senior Sec. Schools			
一年级 Grade 1	二年级 Grade 2	三年级 Grade 3	四年级 Grade 4	小计 Subtotal	一年级 Grade 1	二年级 Grade 2	三年级 Grade 3
82520	81265	74720	952	70632	25043	23548	22041
948	1045	1048	0	688	247	237	204
544	581	516	0	512	178	171	163
5557	5239	4598	283	4473	1643	1478	1352
1593	1529	1417	33	1861	638	626	597
1797	1725	1645	106	1921	629	640	652
1443	1508	1405	6	2316	778	807	731
2527	2526	2390	24	1589	553	537	499
3023	3029	2704	250	2120	714	709	697
1341	1667	1898	15	1163	439	381	343
6154	6793	6845	8	6056	2241	2012	1803
7895	8329	7571	0	4182	1536	1421	1225
1520	1493	1422	0	2262	788	773	701
6763	5990	4734	0	2374	867	776	731
3784	3412	3053	0	2840	984	929	927
1495	1446	1367	159	2992	1080	989	923
4161	3902	3585	0	4045	1360	1318	1367
1095	1031	977	0	1935	684	652	599
4654	4471	4036	0	3756	1350	1242	1164
5992	5419	4740	0	3125	1205	1037	883
1920	1783	1603	9	2390	861	786	743
407	368	329	0	462	163	160	139
9386	10005	9365	4	6509	2271	2174	2064
1144	1067	1012	1	1436	494	480	462
2295	2154	2036	51	2237	755	757	725
191	158	133	0	66	24	23	19
2409	2203	1991	2	3096	1063	1023	1010
851	819	782	0	1635	543	522	570
334	322	334	1	566	193	184	189
326	317	334	0	607	215	201	191
971	934	850	0	1418	547	503	368

普通中学校数、

Number of General Secondary

地区 Region		学校数（所） Schools				计 Total	小计 Subtotal
		计 Total	初级中学 Junior Sec. Schools	高级中学 Senior Sec. Schools	完全中学 Complete Sec. Schools		
总计	Total	47032	44098	879	2055	549307	525603
北京	Beijing	212	188	1	23	3253	3110
天津	Tianjin	250	221	18	11	2991	2790
河北	Hebei	3103	3036	41	26	31697	31073
山西	Shanxi	2513	2427	54	32	19362	18826
内蒙古	Inner Mongolia	1087	1043	10	34	10312	9979
辽宁	Liaoning	1332	1272	38	22	18850	18241
吉林	Jilin	654	650	0	4	6910	6881
黑龙江	Heilongjiang	1252	1193	15	44	15161	14726
上海	Shanghai	51	42	0	9	564	514
江苏	Jiangsu	2036	1825	45	166	26297	24159
浙江	Zhejiang	787	776	2	9	8153	8081
安徽	Anhui	3171	2919	22	230	36637	34721
福建	Fujian	753	695	1	57	11510	11186
江西	Jiangxi	1671	1590	9	72	18306	17833
山东	Shandong	3658	3376	222	60	60805	56858
河南	Henan	4323	4176	128	19	45168	44050
湖北	Hubei	2304	2177	87	40	25966	24691
湖南	Hunan	2953	2766	105	82	32230	30314
广东	Guangdong	2252	1977	17	258	35674	33466
广西	Guangxi	2387	2243	29	115	29649	28724
海南	Hainan	383	336	0	47	4127	3920
四川	Sichuan	2722	2678	1	43	31289	30880
贵州	Guizhou	1226	1124	1	101	14276	13848
云南	Yunnan	1456	1373	2	81	15672	15242
西藏	Tibet	1	1	0	0	4	4
陕西	Shaanxi	1553	1466	26	61	14567	13851
甘肃	Gansu	1200	1049	1	150	12406	11555
青海	Qinghai	264	224	1	39	1899	1657
宁夏	Ningxia	302	263	0	39	3233	3004
新疆	Xinjiang	1176	992	3	181	12339	11419

班数(农村)

Schools and Classes (Rural)

班　数(个) Classes							
初　中 Junior Sec. Schools				高　中 Senior Sec. Schools			
一年级 Grade 1	二年级 Grade 2	三年级 Grade 3	四年级 Grade 4	小　计 Subtotal	一年级 Grade 1	二年级 Grade 2	三年级 Grade 3
188818	175532	156052	5201	23704	8411	7820	7473
1008	1076	1026	0	143	48	52	43
960	973	857	0	201	67	66	68
11511	10413	8786	363	624	239	213	172
6726	6222	5764	114	536	179	176	181
3451	3310	3050	168	333	109	107	117
6017	6283	5929	12	609	216	209	184
2399	2323	2139	20	29	10	10	9
5410	4859	4004	453	435	143	149	143
148	177	189	0	50	19	15	16
8148	8218	7777	16	2138	760	718	660
2648	2881	2552	0	72	26	23	23
12195	11744	10775	7	1916	664	649	603
4402	3824	2960	0	324	128	100	96
6709	5889	5235	0	473	174	154	145
18389	17914	16657	3898	3947	1349	1329	1269
16602	14727	12712	9	1118	374	360	384
9158	8267	7248	18	1275	465	419	391
11179	10286	8849	0	1916	692	631	593
12300	11287	9879	0	2208	914	705	589
11402	9541	7777	4	925	331	298	296
1610	1298	1012	0	207	77	62	68
10300	10708	9870	2	409	138	137	134
5246	4522	4077	3	428	140	145	143
5542	5030	4575	95	430	140	146	144
1	2	1	0	0	0	0	0
5316	4611	3923	1	716	248	235	233
4193	3829	3519	14	851	277	262	312
582	547	524	4	242	89	76	77
1051	991	962	0	229	73	74	82
4215	3780	3424	0	920	322	300	298

普通中学毕业生数、招生数、毕业班学生数(总计)

Number of Graduates, Entrants & Graduates for Next Year in General Secondary Schools (Regional Aggregates)

单位:人

地区 Region		毕业生数 Graduates		招生数 Entrants		毕业班学生数 Graduates for Next Year	
		初中 Junior Sec. Schools	高中 Senior Sec. Schools	初中 Junior Sec. Schools	高中 Senior Sec. Schools	初中 Junior Sec. Schools	高中 Senior Sec. Schools
总计	**Total**	12790377	2049283	17607019	2822297	14555860	2249821
北京	Beijing	146266	25170	160809	42603	178215	33935
天津	Tianjin	102348	18331	141180	28215	123253	22939
河北	Hebei	735004	93439	1136747	157599	854782	113362
山西	Shanxi	380989	63353	508541	70898	426666	56920
内蒙古	Inner Mongolia	234799	53562	333706	67814	267985	56714
辽宁	Liaoning	492733	81143	551255	109365	537096	95549
吉林	Jilin	336389	52181	360401	69070	335678	61146
黑龙江	Heilongjiang	423692	74005	562145	90282	428936	80562
上海	Shanghai	155814	37378	188048	53860	212713	42324
江苏	Jiangsu	791006	135857	871510	206025	890185	152193
浙江	Zhejiang	494862	79251	631895	118427	597639	91901
安徽	Anhui	735560	80038	933395	116966	824814	91673
福建	Fujian	355637	49416	627990	70497	437583	50918
江西	Jiangxi	506513	79410	673622	93567	544593	79605
山东	Shandong	1043519	186147	1456486	240391	1194042	209834
河南	Henan	1020738	138233	1497723	151194	1200561	140368
湖北	Hubei	593290	98932	813742	151322	642336	116575
湖南	Hunan	662370	107872	978200	160185	756450	114822
广东	Guangdong	837696	108762	1221333	181399	948161	120245
广西	Guangxi	472363	64189	764756	81859	528148	64154
海南	Hainan	72002	11569	115354	15456	82711	12222
四川	Sichuan	836170	124180	1105644	176733	1026653	128718
贵州	Guizhou	255164	37791	381623	47892	282233	41755
云南	Yunnan	287765	52507	429310	58385	326142	56772
西藏	Tibet	7423	1328	10659	2642	8256	1542
陕西	Shaanxi	320968	76401	490398	101190	358904	87312
甘肃	Gansu	208038	48060	291995	63001	230299	56403
青海	Qinghai	44002	11387	50171	17429	46693	14066
宁夏	Ningxia	65440	15913	78433	18631	70635	16490
新疆	Xinjiang	171817	43478	239948	59400	193498	38802

普通中学毕业生数、招生数、毕业班学生数(城市)

Number of Graduates, Entrants & Graduates for Next Year in General Secondary Schools (Urban)

单位:人

地区 Region		毕业生数 Graduates		招生数 Entrants		毕业班学生数 Graduates for Next Year	
		初中 Junior Sec. Schools	高中 Senior Sec. Schools	初中 Junior Sec. Schools	高中 Senior Sec. Schools	初中 Junior Sec. Schools	高中 Senior Sec. Schools
总计	**Total**	2271643	744862	2848036	1001502	2698700	822317
北京	Beijing	75571	18068	82008	29215	95934	23620
天津	Tianjin	52813	10818	75989	16620	65382	13481
河北	Hebei	116847	28460	151217	44496	143120	32186
山西	Shanxi	71713	23646	90856	28345	85423	22753
内蒙古	Inner Mongolia	56670	22269	76843	28479	64783	23240
辽宁	Liaoning	153581	40141	203056	53465	188727	47356
吉林	Jilin	113274	30616	128671	39595	116766	35939
黑龙江	Heilongjiang	116716	36469	149960	45300	127098	41236
上海	Shanghai	76369	23065	118594	31179	110840	25291
江苏	Jiangsu	113074	27788	116474	39667	138173	29077
浙江	Zhejiang	72269	27348	101500	40003	92728	31747
安徽	Anhui	84809	20451	92447	31608	91289	24509
福建	Fujian	40660	15074	64502	19320	53987	15867
江西	Jiangxi	58751	27312	64109	30897	58608	27352
山东	Shandong	154921	70853	207742	92645	201827	80549
河南	Henan	124132	45062	148973	50695	143906	46087
湖北	Hubei	165403	54488	196576	80553	178441	64077
湖南	Hunan	86391	29476	105996	42908	105403	31392
广东	Guangdong	139821	43117	176928	60169	148672	47206
广西	Guangxi	47298	11697	56512	15865	52500	11984
海南	Hainan	7203	2166	9375	3170	7975	2699
四川	Sichuan	128536	38603	154144	57398	177107	40148
贵州	Guizhou	32030	12170	39763	14765	37213	13416
云南	Yunnan	26641	15738	32519	16145	31966	16612
西藏	Tibet	2664	796	3051	1630	2778	928
陕西	Shaanxi	63462	27499	90674	33860	75067	29514
甘肃	Gansu	35973	15954	44212	20746	40945	19308
青海	Qinghai	8388	3435	9338	4128	9105	3565
宁夏	Ningxia	9400	4012	10960	4523	10860	4460
新疆	Xinjiang	36263	18271	45047	24113	42077	16718

普通中学毕业生数、招生数、毕业班学生数(县镇)

Number of Graduates, Entrants & Graduates for Next Year in General Secondary Schools (County Seats & Towns)

单位:人

地区 Region		毕业生数 Graduates		招生数 Entrants		毕业班学生数 Graduates for Next Year	
		初中 Junior Sec. Schools	高中 Senior Sec. Schools	初中 Junior Sec. Schools	高中 Senior Sec. Schools	初中 Junior Sec. Schools	高中 Senior Sec. Schools
总计	Total	3360071	988176	4421252	1372064	3875869	1091029
北京	Beijing	36217	6195	39551	11367	4280[illegible]	8734
天津	Tianjin	19250	5330	24441	8495	22854	6781
河北	Hebei	216407	57528	323214	98658	250865	72053
山西	Shanxi	68990	29989	89126	33933	77757	26830
内蒙古	Inner Mongolia	71097	27493	95165	33890	83061	29412
辽宁	Liaoning	68748	33221	72748	44443	73368	39096
吉林	Jilin	114487	21272	120753	28856	116652	24767
黑龙江	Heilongjiang	120914	31354	151992	38238	123587	33403
上海	Shanghai	72554	13850	63256	21937	93494	16456
江苏	Jiangsu	311733	79144	309816	122671	348685	90692
浙江	Zhejiang	320889	50975	401107	77102	382908	59054
安徽	Anhui	75059	33833	85392	46670	81124	37652
福建	Fujian	199184	31123	346251	44625	242511	31243
江西	Jiangxi	156017	45327	217909	53639	175285	45892
山东	Shandong	71135	51474	99682	70140	84299	58980
河南	Henan	194214	74028	268924	81222	235856	77034
湖北	Hubei	51672	27754	64622	43092	55243	33719
湖南	Hunan	187499	52802	261592	77398	215799	56087
广东	Guangdong	230050	41281	345164	71714	264540	47175
广西	Guangxi	80025	40204	107520	49367	85027	40538
海南	Hainan	18849	7161	25029	9223	20663	7445
四川	Sichuan	353641	81161	474791	113819	439046	84456
贵州	Guizhou	46241	20257	61309	26776	52072	23075
云南	Yunnan	83705	31045	118052	35942	95552	34396
西藏	Tibet	4717	532	7558	1012	5430	614
陕西	Shaanxi	88155	41393	129468	55671	100982	49055
甘肃	Gansu	35084	22073	44779	29177	39156	26158
青海	Qinghai	14742	5894	14799	8803	14995	7934
宁夏	Ningxia	17652	9201	16821	10844	18122	9525
新疆	Xinjiang	31144	15282	40421	23340	34128	12773

普通中学毕业生数、招生数、毕业班学生数(农村)

Number of Graduates, Entrants & Graduates for Next Year in General Secondary Schools (Rural)

单位:人

地区 Region	毕业生数 Graduates 初中 Junior Sec. Schools	毕业生数 Graduates 高中 Senior Sec. Schools	招生数 Entrants 初中 Junior Sec. Schools	招生数 Entrants 高中 Senior Sec. Schools	毕业班学生数 Graduates for Next Year 初中 Junior Sec. Schools	毕业班学生数 Graduates for Next Year 高中 Senior Sec. Schools
总计 Total	7158663	316245	10337731	448731	7981291	336475
北京 Beijing	34478	907	39250	2021	39473	1581
天津 Tianjin	30285	2183	40750	3100	35017	2677
河北 Hebei	401750	7451	662316	14445	460797	9123
山西 Shanxi	240286	9718	328559	8620	263486	7337
内蒙古 Inner Mongolia	107032	3800	161698	5445	120141	4062
辽宁 Liaoning	270404	7781	275451	11457	275001	9097
吉林 Jilin	108628	293	110977	619	102260	440
黑龙江 Heilongjiang	186062	6182	260193	6744	178251	5923
上海 Shanghai	6891	463	6198	744	8379	577
江苏 Jiangsu	366199	28925	445220	43687	403327	32424
浙江 Zhejiang	101704	928	129288	1322	122003	1100
安徽 Anhui	575692	25754	755556	38688	652401	29512
福建 Fujian	115793	3219	217237	6552	141085	3808
江西 Jiangxi	291745	6771	391604	9031	310700	6361
山东 Shandong	817463	63820	1149062	77606	907916	70305
河南 Henan	702392	19143	1079826	19277	820799	17247
湖北 Hubei	376215	16690	552544	27677	408652	18779
湖南 Hunan	388480	25594	610612	39879	435248	27343
广东 Guangdong	467825	24364	699241	49516	534949	25864
广西 Guangxi	345040	12288	600724	16627	390621	11632
海南 Hainan	45950	2242	80950	3063	54073	2078
四川 Sichuan	353993	4416	476709	5516	410500	4114
贵州 Guizhou	176893	5364	280551	6351	192948	5264
云南 Yunnan	177419	5724	278739	6298	198624	5764
西藏 Tibet	42	0	50	0	48	0
陕西 Shaanxi	169351	7509	270256	11659	182855	8743
甘肃 Gansu	136981	10033	203004	13078	150198	10937
青海 Qinghai	20872	2058	26034	4498	22593	2567
宁夏 Ningxia	38388	2700	50652	3264	41653	2505
新疆 Xinjiang	104410	9925	154480	11947	117293	9311

普通中学在校

Enrolment of General Secondary

地 区 Region		合 计 Total	初中 Junior Secondary Schools			
			计 Subtotal	一年级 Grade 1	二年级 Grade 2	三年级 Grade 3
总 计	**Total**	57396761	49704292	17723361	16815730	14728083
北 京	Beijing	649330	530854	163815	186948	179765
天 津	Tianjin	493551	416190	142117	150674	123399
河 北	Hebei	3500931	3087012	1141152	1044112	869657
山 西	Shanxi	1613339	1418329	510952	470754	429359
内蒙古	Inner Mongolia	1138590	948602	335862	316363	279926
辽 宁	Liaoning	2029776	1713984	552299	614790	539766
吉 林	Jilin	1287092	1084243	362656	379222	337211
黑龙江	Heilongjiang	1885641	1625570	567030	551763	458620
上 海	Shanghai	769270	624100	191884	218961	212498
江 苏	Jiangsu	3235466	2694670	873757	929011	889845
浙 江	Zhejiang	2236452	1913283	633441	681919	597652
安 徽	Anhui	2972792	2652461	931878	894628	824904
福 建	Fujian	1818550	1636986	635954	563449	437583
江 西	Jiangxi	2086329	1823131	678025	600513	544593
山 东	Shandong	5122214	4443597	1456953	1407927	1292487
河 南	Henan	4544779	4104557	1519225	1379898	1200303
湖 北	Hubei	2626686	2216855	817234	739645	647767
湖 南	Hunan	3052116	2643451	982267	904509	756583
广 东	Guangdong	3731877	3280949	1225901	1106157	948279
广 西	Guangxi	2163455	1943862	768707	646159	528176
海 南	Hainan	342872	299914	116457	100746	82711
四 川	Sichuan	3778387	3315370	1113372	1174592	1026602
贵 州	Guizhou	1134710	999569	390725	326559	282004
云 南	Yunnan	1334272	1158234	435252	385318	329667
西 藏	Tibet	34957	28877	11115	9506	8256
陕 西	Shaanxi	1572065	1285871	494914	431947	358890
甘 肃	Gansu	966394	789950	296816	260839	230615
青 海	Qinghai	192854	145096	50824	47384	46716
宁 夏	Ningxia	278158	224806	79369	74802	70635
新 疆	Xinjiang	803856	653919	243408	216635	193614

学生数(总计)

Schools (Regional Aggregates)

单位:人

四 年 级 Grade 4	高中 Senior Secondary Schools 计 Subtotal	一 年 级 Grade 1	二 年 级 Grade 2	三 年 级 Grade 3	合计中住宿生 of the total Boarding Students
437118	7692469	2833367	2609281	2249821	15833857
326	118476	43250	41291	33935	37914
0	77361	28474	25948	22939	25455
32091	413919	157977	142580	113362	571722
7264	195010	71039	67051	56920	497348
16451	189988	68122	65152	56714	292556
7129	315792	109540	110703	95549	237997
5154	202849	69202	72501	61146	123542
48157	260071	90333	89176	80562	233995
757	145170	54911	47935	42324	31144
2057	540796	206774	181829	152193	614452
271	323169	119083	112185	91901	603430
1051	320331	117510	111148	91673	562653
0	181564	70867	59779	50918	530169
0	263198	95276	88317	79605	783533
286230	678617	240409	228374	209834	1222550
5131	440222	151627	148227	140368	1839834
12209	409831	151380	141876	116575	1278715
92	408665	160507	133336	114822	1082521
612	450928	181531	149152	120245	934078
820	219593	82202	73237	64154	1313470
0	42958	15609	15127	12222	83580
804	463017	177425	156874	128718	1149697
281	135141	48151	45235	41755	250166
7997	176038	58779	60487	56772	766991
0	6080	2570	1968	1542	16435
120	286194	101633	97249	87312	387480
1680	176444	62991	57050	56403	162185
172	47758	17861	15831	14066	32034
0	53352	18783	18079	16490	43113
262	149937	59551	51584	38802	125098

普通中学在校

Enrolment of General Secondary

地 区 Region		合 计 Total	初 中 Junior Secondary Schools			
			计 Subtotal	一 年 级 Grade 1	二 年 级 Grade 2	三 年 级 Grade 3
总 计	Total	11514359	8752437	2862286	3019528	2754441
北 京	Beijing	358073	276799	83066	97467	95940
天 津	Tianjin	269455	224226	76640	82058	65528
河 北	Hebei	586304	469024	151984	162948	147605
山 西	Shanxi	347118	269791	90992	91691	85681
内蒙古	Inner Mongolia	310495	232306	77255	77963	71353
辽 宁	Liaoning	784277	630420	203202	229436	191251
吉 林	Jilin	507648	390030	129003	139946	118001
黑龙江	Heilongjiang	595211	463956	152057	164346	138713
上 海	Shanghai	445583	360314	121537	127937	110840
江 苏	Jiangsu	498774	395915	117015	139831	138148
浙 江	Zhejiang	410609	301181	101774	106395	92741
安 徽	Anhui	363670	278122	92416	93745	91273
福 建	Fujian	236376	183585	64590	65008	53987
江 西	Jiangxi	274229	185684	64599	62477	58608
山 东	Shandong	979076	719615	207809	225853	225090
河 南	Henan	598042	452532	149659	154550	143624
湖 北	Hubei	812349	590129	197045	197949	183919
湖 南	Hunan	432425	323032	106247	111271	105422
广 东	Guangdong	654225	492618	177619	165597	148790
广 西	Guangxi	208298	165786	56703	56232	52547
海 南	Hainan	35780	26779	9412	9392	7975
四 川	Sichuan	662153	515717	154477	183683	177013
贵 州	Guizhou	159205	117408	40295	39900	37213
云 南	Yunnan	151013	101556	32706	34602	32162
西 藏	Tibet	12489	8769	3092	2899	2778
陕 西	Shaanxi	349495	252832	91151	86614	75067
甘 肃	Gansu	189802	130291	44280	43799	41014
青 海	Qinghai	39893	28125	9358	9662	9105
宁 夏	Ningxia	46787	33111	10967	11284	10860
新 疆	Xinjiang	195505	132784	45336	44993	42193

学生数(城市)

Schools (Urban)

单位:人

四 年 级 Grade 4	高 中 Senior Secondary Schools 计 Subtotal	一 年 级 Grade 1	二 年 级 Grade 2	三 年 级 Grade 3	合计中住宿生 Of the total Boarding Students
116182	2761922	1004448	935157	822317	1183457
326	81274	29655	27999	23620	10676
0	45229	16809	14939	13481	4307
6487	117280	44580	40514	32186	60294
1427	77327	28361	26213	22753	43168
5735	78189	28637	26312	23240	37487
6531	153857	53520	52981	47356	36319
3080	117618	39650	42029	35939	39672
8840	131255	45325	44694	41236	36343
0	85269	31681	28297	25291	7016
921	102859	39764	34018	29077	13203
271	109428	40203	37478	31747	68579
688	85548	31641	29398	24509	28523
0	52791	19398	17526	15867	30903
0	88545	31373	29820	27352	24100
60863	259461	92659	86253	80549	132515
4699	145510	50734	48689	46087	88015
11216	222220	80595	77548	64077	159581
92	109393	43052	34949	31392	66006
612	161607	60242	54159	47206	46589
304	42512	15889	14639	11984	27920
0	9001	3188	3114	2699	5392
544	146436	57495	48793	40148	97410
0	41797	14792	13589	13416	18731
2086	49457	16161	16684	16612	39901
0	3720	1558	1234	928	2367
0	96663	33876	33273	29514	30988
1198	59511	20765	19438	19308	10700
0	11768	4138	4065	3565	482
0	13676	4523	4693	4460	946
262	62721	24184	21819	16718	15324

普通中学在校

Enrolment of General Secondary

地区 Region		合计 Total	初中 Junior Secondary Schools 计 Subtotal	一年级 Grade 1	二年级 Grade 2	三年级 Grade 3
总计	**Total**	16509480	12763342	4452094	4372538	3892897
北京	Beijing	161947	130655	40502	45818	44335
天津	Tianjin	97187	73703	24605	26244	22854
河北	Hebei	1154183	893632	324939	302374	254959
山西	Shanxi	348740	255062	89889	85481	78302
内蒙古	Inner Mongolia	374009	276788	95906	91977	84667
辽宁	Liaoning	359696	229492	72878	83066	73356
吉林	Jilin	451664	368205	121661	128156	117094
黑龙江	Heilongjiang	558938	449242	152600	151580	130074
上海	Shanghai	299225	241301	64028	83237	93279
江苏	Jiangsu	1332038	1009916	310571	350371	348646
浙江	Zhejiang	1427781	1217672	402089	432675	382908
安徽	Anhui	382258	251993	85957	84912	81124
福建	Fujian	1016950	903141	350056	310574	242511
江西	Jiangxi	745227	594187	221364	197724	175099
山东	Shandong	484522	289635	99750	94290	87043
河南	Henan	1008965	769023	271455	261675	235893
湖北	Hubei	296881	180190	64908	60040	55242
湖南	Hunan	926488	726704	262251	249718	214735
广东	Guangdong	1102033	923224	346035	311905	265284
广西	Guangxi	426956	292319	108360	98487	85104
海南	Hainan	95625	69670	25104	23903	20663
四川	Sichuan	1718257	1416547	477689	499601	439079
贵州	Guizhou	245588	169932	62194	55666	52008
云南	Yunnan	434386	326149	119428	108750	95996
西藏	Tibet	22308	19948	7973	6545	5430
陕西	Shaanxi	507105	348445	130418	117005	100936
甘肃	Gansu	209303	127353	46348	42012	38993
青海	Qinghai	70263	44707	15232	14399	15033
宁夏	Ningxia	83216	52290	17198	16970	18122
新疆	Xinjiang	167741	112217	40706	37383	34128

学生数(县镇)

Schools (County Seats & Towns)

单位:人

四年级 Grade 4	高中 Senior Secondary Schools 计 Subtotal	一年级 Grade 1	二年级 Grade 2	三年级 Grade 3	合计中住宿生 Of the total Boarding Students
45813	3746138	1378723	1276379	1091036	5008041
0	31292	11544	11014	8734	17181
0	23484	8554	8149	6781	14514
11360	260551	98948	89550	72053	330058
1390	93678	34006	32842	26830	104261
4238	97221	34040	33769	29412	100346
192	130204	44560	46548	39096	89047
1294	83459	28933	29759	24767	67219
14988	109696	38241	38052	33403	83391
757	57924	22447	19021	16456	23384
328	322122	123276	108154	90692	271924
0	210109	77558	73497	59054	415750
0	130265	47284	45329	37652	84053
0	113809	44911	37655	31243	285353
0	151040	54299	50932	45809	274930
8552	194887	70144	65763	58980	151492
0	239942	81414	81494	77034	431168
0	116691	43104	39868	33719	128098
0	199784	77627	66014	56143	345013
0	178809	71728	59906	47175	321093
368	134637	49338	44761	40538	238771
0	25955	9230	9280	7445	22719
178	301710	114304	102950	84456	669726
64	75656	26995	25586	23075	54302
1975	108237	36313	37528	34396	226390
0	2360	1012	734	614	13943
86	158660	56083	53522	49055	132318
0	81950	29269	26523	26158	45108
43	25556	9229	8359	7968	18607
0	30926	10979	10422	9525	17767
0	55524	23353	19398	12773	30115

普通中学在校

Enrolment of General Secondary

地　区 Region		合　计 Total	初中 Junior Secondary Schools			
			计 Subtotal	一年级 Grade 1	二年级 Grade 2	三年级 Grade 3
总　计	Total	29372922	28188513	10408981	9423664	8080745
北　京	Beijing	129310	123400	40247	43663	39490
天　津	Tianjin	126909	118261	40872	42372	35017
河　北	Hebei	1760444	1724356	664229	578790	467093
山　西	Shanxi	917481	893476	330071	293582	265376
内蒙古	Inner Mongolia	454086	439508	162701	146423	123906
辽　宁	Liaoning	885803	854072	276219	302288	275159
吉　林	Jilin	327780	326008	111992	111120	102116
黑龙江	Heilongjiang	731492	712372	262373	235837	189833
上　海	Shanghai	24462	22485	6319	7787	8379
江　苏	Jiangsu	1404654	1288839	446171	438809	403051
浙　江	Zhejiang	398062	394430	129578	142849	122003
安　徽	Anhui	2226864	2122346	753505	715971	652507
福　建	Fujian	565224	550260	221308	187867	141085
江　西	Jiangxi	1066873	1043260	392062	340312	310886
山　东	Shandong	3658616	3434347	1149394	1087784	980354
河　南	Henan	2937772	2883002	1098111	963673	820786
湖　北	Hubei	1517456	1446536	555281	481656	408606
湖　南	Hunan	1693203	1593715	613769	543520	436426
广　东	Guangdong	1975619	1865107	702247	628655	534205
广　西	Guangxi	1528201	1485757	603644	491440	390525
海　南	Hainan	211467	203465	81941	67451	54073
四　川	Sichuan	1397977	1383106	481206	491308	410510
贵　州	Guizhou	729917	712229	288236	230993	192783
云　南	Yunnan	748873	730529	283118	241966	201509
西　藏	Tibet	160	160	50	62	48
陕　西	Shaanxi	715465	684594	273345	228328	182887
甘　肃	Gansu	567289	532306	206188	175028	150608
青　海	Qinghai	82698	72264	26234	23323	22578
宁　夏	Ningxia	148155	139405	51204	46548	41653
新　疆	Xinjiang	440610	408918	157366	134259	117293

学生数(农村)

Schools (Rural)

单位:人

四年级 Grade 4	高中 Senior Secondary Schools 计 Subtotal	一年级 Grade 1	二年级 Grade 2	三年级 Grade 3	合计中住宿生 Of the total Boarding Students
275123	1184409	450196	397745	336468	9642359
0	5910	2051	2278	1581	10057
0	8648	3111	2860	2677	6634
14244	36088	14449	12516	9123	181370
4447	24005	8672	7996	7337	349919
6478	14578	5445	5071	4062	154723
406	31731	11460	11174	9097	112631
780	1772	619	713	440	16651
24329	19120	6767	6430	5923	114261
0	1977	783	617	577	744
808	115815	43734	39657	32424	329325
0	3632	1322	1210	1100	119101
363	104518	38585	36421	29512	450077
0	14964	6558	4598	3808	213913
0	23613	9604	7565	6444	484503
216815	224269	77606	76358	70305	938543
432	54770	19479	18044	17247	1320651
993	70920	27681	24460	18779	991036
0	99488	39828	32373	27287	671502
0	110512	49561	35087	25864	566396
148	42444	16975	13837	11632	1046779
0	8002	3191	2733	2078	55469
82	14871	5626	5131	4114	382561
217	17688	6364	6060	5264	177133
3936	18344	6305	6275	5764	500700
0	0	0	0	0	125
34	30871	11674	10454	8743	224174
482	34983	12957	11089	10937	106377
129	10434	4494	3407	2533	12945
0	8750	3281	2964	2505	24400
0	31692	12014	10367	9311	79659

普通中学学生

Number of Female Students in

地区 Region		合计 Total	初中 Junior Secondary Schools 计 Subtotal	一年级 Grade 1	二年级 Grade 2	三年级 Grade 3
总计	Total	25996468	22887615	8154016	7724620	6801967
北京	Beijing	318355	257626	78193	90013	89261
天津	Tianjin	241597	203937	68736	73590	61611
河北	Hebei	1681133	1490997	548214	503306	424147
山西	Shanxi	769369	679314	244465	223313	207908
内蒙古	Inner Mongolia	545423	452728	157086	150628	136806
辽宁	Liaoning	980943	831968	266456	297428	264499
吉林	Jilin	610096	516795	173620	179475	161275
黑龙江	Heilongjiang	910021	785703	272653	265289	224102
上海	Shanghai	375598	302661	91827	105144	105313
江苏	Jiangsu	1432351	1233348	400440	421876	410091
浙江	Zhejiang	1037516	902996	296467	321891	284510
安徽	Anhui	1279008	1174782	418691	397350	358291
福建	Fujian	786367	727961	289414	249642	188905
江西	Jiangxi	883902	795824	298119	261235	236470
山东	Shandong	2292875	2031191	668353	645433	583915
河南	Henan	2079060	1904133	711227	637105	553292
湖北	Hubei	1140464	996331	372461	332194	285744
湖南	Hunan	1358833	1213420	452025	410087	351265
广东	Guangdong	1662212	1497004	559038	504677	433001
广西	Guangxi	945243	864787	342147	286691	235557
海南	Hainan	149709	133602	53457	43722	36423
四川	Sichuan	1697021	1514263	503438	535633	474771
贵州	Guizhou	449394	401817	157109	130474	114084
云南	Yunnan	593670	518110	192066	172317	149894
西藏	Tibet	15601	12940	4862	4292	3786
陕西	Shaanxi	724589	601184	227359	203825	169948
甘肃	Gansu	413588	345476	127368	113830	103470
青海	Qinghai	89381	66543	22531	22173	21773
宁夏	Ningxia	125498	101156	35321	33592	32243
新疆	Xinjiang	407651	329018	120873	108395	99612

总数中女学生数

General Secondary Schools

单位:人

四年级 Grade 4	高中 Senior Secondary Schools 计 Subtotal	一年级 Grade 1	二年级 Grade 2	三年级 Grade 3	合计中住宿生 Of the total Boarding Students
207012	3108853	1153287	1053672	901894	6618909
159	60729	22068	21041	17620	15084
0	37660	14136	12349	11175	12723
15330	190136	72500	65824	51812	254245
3628	90055	32120	31521	26414	222256
8208	92695	32789	31965	27941	139733
3585	148975	52258	52056	44661	116587
2425	93301	31628	33358	28315	55943
23659	124318	43685	42502	38131	109954
377	72937	28229	23749	20959	14648
941	199003	76442	66970	55591	240528
128	134520	50518	46250	37752	268128
450	104226	39888	35530	28808	189305
0	58406	23543	18738	16125	227381
0	88078	32462	29295	26321	291730
133490	261684	93912	87100	80672	532388
2509	174927	60632	58409	55886	783771
5932	144133	55008	49713	39412	526688
43	145413	57904	46726	40783	413402
288	165208	66158	54680	44370	379839
392	80456	30269	26806	23381	558650
0	16107	5822	5641	4644	38235
421	182758	70926	62716	49116	473738
150	47577	17041	16319	14217	86078
3833	75560	25476	26016	24068	338453
0	2661	1090	893	678	5236
52	123405	44672	41893	36840	168561
808	68112	24058	22269	21785	64972
66	22838	8350	7756	6732	12166
0	24342	8402	8362	7578	17409
138	78633	31301	27225	20107	61078

教职工
Teachers, Staff &

地区 Region		合计 Total	专任教师 Full-time Teachers 计 Total	初中 Junior Sec. Schools	高中 Senior Sec. Schools	行政人员 Adm. Personnel
总计	Total	4424448	3464759	2892688	572071	493523
北京	Beijing	71231	47384	38002	9382	15183
天津	Tianjin	50368	35444	28868	6576	10356
河北	Hebei	239967	194349	165523	28826	23670
山西	Shanxi	146681	115262	97286	17976	15589
内蒙古	Inner Mongolia	107380	79265	64584	14681	13528
辽宁	Liaoning	189329	139660	117643	22017	27428
吉林	Jilin	123038	91241	75591	15650	21272
黑龙江	Heilongjiang	174556	131327	109605	21722	24108
上海	Shanghai	74773	48749	39105	9644	16963
江苏	Jiangsu	263651	192769	153987	38782	29725
浙江	Zhejiang	141479	115512	94435	21077	13958
安徽	Anhui	178737	143679	122476	21203	16991
福建	Fujian	121409	98558	84831	13727	13619
江西	Jiangxi	145988	123116	102792	20324	9484
山东	Shandong	375463	294849	250006	44843	37135
河南	Henan	306676	254773	219654	35119	28369
湖北	Hubei	218574	175575	144230	31345	16731
湖南	Hunan	226002	187056	156129	30927	16974
广东	Guangdong	236141	188829	160091	28738	25241
广西	Guangxi	140084	103923	89547	14376	18283
海南	Hainan	27961	20294	16930	3364	2355
四川	Sichuan	335634	263445	223701	39744	39033
贵州	Guizhou	81466	66842	56807	10035	8556
云南	Yunnan	107239	83840	70873	12967	9579
西藏	Tibet	3982	3142	2512	630	304
陕西	Shaanxi	131298	102723	80335	22388	18681
甘肃	Gansu	77653	63912	50761	13151	6701
青海	Qinghai	19043	15638	11436	4202	1861
宁夏	Ningxia	22710	18375	14501	3874	1999
新疆	Xinjiang	85935	65228	50447	14781	9847

职 工 数（总 计）

Secondary Schools (Regional Aggregates)

单位:人

数 Workers			代课教师 Substitute Teachers	临时工 Temporary Workers	兼任教师 Part-time Teachers
工勤人员 Workers	校办工厂、农场职工 Employees in School-run Factories & Farms				
	计 Total	其中:由厂、场收入支付工资的职工 Employees maintained by income of School-run businesses			
396392	69774	39423	146967	112259	17688
5692	2972	1566	2753	3969	551
3199	1369	227	461	671	392
19045	2903	1593	13934	8655	472
14248	1582	1004	6722	5790	485
13394	1193	407	2415	1492	181
9801	12440	12001	2553	5235	582
8520	2005	1467	2701	1189	134
16438	2683	2017	4038	2254	450
6144	2917	0	869	1689	530
30089	11068	6930	5400	8366	604
8087	3922	2736	12197	8241	1759
16808	1259	352	5316	6154	711
8098	1134	721	8337	2255	1763
12392	996	474	2969	2690	328
39621	3858	1053	4636	5641	284
21289	2245	900	4759	2513	661
22623	3645	1686	1568	4130	377
19221	2751	1337	7577	2936	366
21116	955	330	13553	8540	282
16957	921	365	19369	4470	479
5244	68	53	658	642	69
29785	3371	553	8348	4889	3915
5696	372	154	4199	3269	608
13440	380	155	4305	9445	244
525	11	1	114	446	69
8824	1070	386	2859	2464	498
6477	563	329	1781	1413	237
1435	109	54	145	542	48
2144	192	81	289	956	194
10040	820	491	2142	1313	415

普通中学教

Number of Teachers, Staff & Workers in General

地区 Region	合计 Total	专任教师 Full-time Teachers 计 Total	初中 Junior Sec. Schools	高中 Senior Sec. Schools	行政人员 Adm. Personnel
					教职工 Teachers, Staff &
总计 **Total**	1133755	815514	605936	209578	181008
北京 Beijing	42110	26456	20038	6418	9879
天津 Tianjin	28016	18461	14834	3627	6576
河北 Hebei	56519	41598	32685	8913	8360
山西 Shanxi	38058	27199	20413	6786	5902
内蒙古 Inner Mongolia	32179	22548	16440	6108	6039
辽宁 Liaoning	75604	52558	41680	10878	11729
吉林 Jilin	51325	36415	27570	8845	10008
黑龙江 Heilongjiang	64018	46442	35222	11220	10717
上海 Shanghai	45157	29272	23502	5770	10676
江苏 Jiangsu	53141	33972	26343	7629	8056
浙江 Zhejiang	33209	23791	16560	7231	4360
安徽 Anhui	34076	25846	19773	6073	4807
福建 Fujian	20909	15422	11363	4059	3267
江西 Jiangxi	26702	21561	14816	6745	2544
山东 Shandong	86896	63104	45730	17374	12815
河南 Henan	60123	43661	32151	11510	10391
湖北 Hubei	79251	60283	43429	16854	9411
湖南 Hunan	42484	31806	22958	8848	5053
广东 Guangdong	53567	39872	29325	10547	8386
广西 Guangxi	17252	12914	10150	2764	2416
海南 Hainan	3062	2414	1765	649	298
四川 Sichuan	71262	51796	38786	13010	10924
贵州 Guizhou	16756	12956	9581	3375	2436
云南 Yunnan	15539	11365	7653	3712	2231
西藏 Tibet	1450	1123	778	345	117
陕西 Shaanxi	34034	24845	17070	7775	6124
甘肃 Gansu	18439	13950	9480	4470	2658
青海 Qinghai	4605	3409	2270	1139	785
宁夏 Ningxia	4576	3557	2520	1037	453
新疆 Xinjiang	23436	16918	11051	5867	3590

职 工 数（城 市）

Secondary Schools (Urban)

单位:人

数 Workers			代课教师 Substitute Teachers	临时工 Temporary Workers	兼任教师 Part-time Teachers
工勤人员 Workers	校办工厂、农场职工 Employees in School-run Factories & Farms				
	计 Total	其中:由厂、场收入支付工资的职工 Employees maintained by income of School-run businesses			
95316	41917	27406	11084	20053	8813
3264	2511	1434	869	2046	466
1910	1069	152	214	231	364
5051	1510	947	715	990	381
4120	837	557	979	1047	338
2927	665	251	124	599	160
3672	7645	7449	335	2268	376
3337	1565	1261	209	493	108
5130	1729	1361	243	571	372
3377	1832	0	648	896	429
4025	7088	6207	300	705	493
2637	2421	2039	249	1298	1008
2864	559	178	332	572	292
1476	744	551	107	179	808
2294	303	30	52	149	101
8823	2154	630	154	772	103
4804	1267	695	380	548	490
7468	2089	1124	560	1153	301
3996	1629	1086	286	268	256
4898	411	141	1659	1726	142
1689	233	132	441	350	83
313	37	36	11	45	9
6785	1757	263	816	995	657
1237	127	18	263	324	237
1770	173	88	118	487	143
204	6	0	73	85	3
2374	691	300	548	741	368
1513	318	215	180	228	132
333	78	45	10	33	36
444	122	59	33	49	19
2581	347	157	176	205	138

普通中学教

Number of Teachers, Staff & Workers in General

教职工

Teachers, Staff &

地区 Region	合计 Total	专任教师 Full-time Teachers			行政人员 Adm. Personnel
		计 Total	初中 Junior Sec. Schools	高中 Senior Sec. Schools	
总计 Total	1322912	1015590	747342	268248	148253
北京 Beijing	16353	11470	9020	2450	3183
天津 Tianjin	10636	7443	5352	2091	2198
河北 Hebei	84806	66424	49045	17379	8508
山西 Shanxi	33308	24935	16526	8409	3570
内蒙古 Inner Mongolia	33616	24496	17325	7171	4075
辽宁 Liaoning	36142	25930	17371	8559	5672
吉林 Jilin	44542	33109	26425	6684	7261
黑龙江 Heilongjiang	54042	39900	31194	8706	7761
上海 Shanghai	26805	17639	13996	3643	5702
江苏 Jiangsu	114369	84400	61337	23063	12852
浙江 Zhejiang	87023	73048	59448	13600	7880
安徽 Anhui	30095	22353	14087	8266	3392
福建 Fujian	65181	53274	44870	8404	6895
江西 Jiangxi	53868	44653	33214	11439	3288
山东 Shandong	38659	27433	16319	11114	4915
河南 Henan	75534	60064	42264	17800	6925
湖北 Hubei	26770	20866	12380	8486	1731
湖南 Hunan	69385	55845	41026	14819	5355
广东 Guangdong	69472	55674	45058	10616	6420
广西 Guangxi	34424	24069	15718	8351	4445
海南 Hainan	8192	5624	3752	1872	669
四川 Sichuan	155631	119090	93965	25125	18327
贵州 Guizhou	20584	15905	10784	5121	2368
云南 Yunnan	37547	28137	20373	7764	3684
西藏 Tibet	2505	1997	1712	285	184
陕西 Shaanxi	42782	33242	21393	11849	5784
甘肃 Gansu	17970	13718	8000	5718	1748
青海 Qinghai	7333	5773	3588	2185	715
宁夏 Ningxia	7037	5320	3278	2042	791
新疆 Xinjiang	18301	13759	8522	5237	1955

职 工 数（县 镇）

Secondary Schools (County Seats & Towns)

单位:人

数 Workers 工勤人员 Workers	校办工厂、农场职工 Employees in School－run Factories & Farms 计 Total	其中:由厂、场收入支付工资的职工 Employees maintained by income of School－run businesses	代课教师 Substitute Teachers	临时工 Temporary Workers	兼任教师 Part－time Teachers
141243	17826	6733	34617	39091	5065
1444	256	57	851	1134	56
777	218	63	59	299	6
8748	1126	575	3281	5017	46
4172	631	404	980	1853	56
4648	397	120	326	359	10
2943	1597	1516	194	1257	31
3769	403	201	1083	596	12
5876	505	291	941	436	40
2438	1026	0	179	757	97
14173	2944	520	2017	4102	93
4806	1289	683	7952	5504	721
4009	341	70	362	1166	245
4697	315	149	4923	1332	709
5404	523	350	776	1040	115
5704	607	95	429	852	76
7736	809	187	712	389	108
3488	685	260	115	539	16
7327	858	221	1088	924	77
6958	420	168	3076	2870	86
5488	422	143	626	872	124
1884	15	3	63	201	53
16759	1455	276	2710	2138	1724
2126	185	93	219	691	173
5570	156	56	652	2607	47
319	5	1	38	358	63
3480	276	68	510	662	74
2341	163	87	238	336	67
819	26	9	65	217	5
869	57	22	30	328	38
2471	116	45	122	255	97

普通中学教

Number of Teachers, Staff & Workers in General

教职工

Teachers, Staff &

地区 Region	合计 Total	专任教师 Full-time Teachers			行政人员 Adm. Personnel
		计 Total	初中 Junior Sec. Schools	高中 Senior Sec. Schools	
总计 Total	1967781	1633655	1539410	94245	164262
北京 Beijing	12768	9458	8944	514	2121
天津 Tianjin	11716	9540	8682	858	1582
河北 Hebei	98642	86327	83793	2534	6802
山西 Shanxi	75315	63128	60347	2781	6117
内蒙古 Inner Mongolia	41585	32221	30819	1402	3414
辽宁 Liaoning	77583	61172	58592	2580	10027
吉林 Jilin	27171	21717	21596	121	4003
黑龙江 Heilongjiang	56496	44985	43189	1796	5630
上海 Shanghai	2811	1838	1607	231	585
江苏 Jiangsu	96141	74397	66307	8090	8817
浙江 Zhejiang	21247	18673	18427	246	1718
安徽 Anhui	114566	95480	88616	6864	8792
福建 Fujian	35319	29862	28598	1264	3457
江西 Jiangxi	65418	56902	54762	2140	3652
山东 Shandong	249908	204312	187957	16355	19405
河南 Henan	171019	151048	145239	5809	11053
湖北 Hubei	112553	94426	88421	6005	5589
湖南 Hunan	114133	99405	92145	7260	6566
广东 Guangdong	113102	93283	85708	7575	10435
广西 Guangxi	88408	66940	63679	3261	11422
海南 Hainan	16707	12256	11413	843	1388
四川 Sichuan	108741	92559	90950	1609	9782
贵州 Guizhou	44126	37981	36442	1539	3752
云南 Yunnan	54153	44338	42847	1491	3664
西藏 Tibet	27	22	22	0	3
陕西 Shaanxi	54482	44636	41872	2764	6773
甘肃 Gansu	41244	36244	33281	2963	2295
青海 Qinghai	7105	6456	5578	878	361
宁夏 Ningxia	11097	9498	8703	795	755
新疆 Xinjiang	44198	34551	30874	3677	4302

职 工 数（农 村）

Secondary Schools (Rural)

单位:人

数 Workers			代课教师 Substitute Teachers	临时工 Temporary Workers	兼任教师 Part-time Teachers
工勤人员 Workers	校办工厂、农场职工 Employees in School-run Factories & Farms				
	计 Total	其中:由厂、场收入支付工资的职工 Employees maintained by income of School-run businesses			
159833	10031	5284	101266	53115	3810
984	205	75	1033	789	29
512	82	12	188	141	22
5246	267	71	9938	2648	45
5956	114	43	4763	2890	91
5819	131	36	1965	534	11
3186	3198	3036	2024	1710	175
1414	37	5	1409	100	14
5432	449	365	2854	1247	38
329	59	0	42	36	4
11891	1036	203	3083	3559	18
644	212	14	3996	1439	30
9935	359	104	4622	4416	174
1925	75	21	3307	744	246
4694	170	94	2141	1501	112
25094	1097	328	4053	4017	105
8749	169	18	3667	1576	63
11667	871	302	893	2438	60
7898	264	30	6203	1744	33
9260	124	21	8818	3944	54
9780	266	90	18302	3248	272
3047	16	14	584	396	7
6241	159	14	4822	1756	1534
2333	60	43	3717	2254	198
6100	51	11	3535	6351	54
2	0	0	3	3	3
2970	103	18	1801	1061	56
2623	82	27	1363	849	38
283	5	0	70	292	7
831	13	0	226	579	137
4988	357	289	1844	853	180

普通中学教职工总

Number of General Secondary Schools Teachers,

地区 Region		合计 Total	专任教师 Full－time Teachers			行政人员 Adm. Personnel
			计 Total	初中 Junior Sec. Schools	高中 Senior Sec. Schools	
总计	Total	26013	16347	12307	4040	4083
北京	Beijing	866	524	294	230	226
天津	Tianjin	647	430	407	23	172
河北	Hebei	2239	1405	1121	284	385
山西	Shanxi	940	551	463	88	131
内蒙古	Inner Mongolia	479	310	181	129	82
辽宁	Liaoning	616	547	391	156	15
吉林	Jilin	275	197	156	41	54
黑龙江	Heilongjiang	2271	1347	847	500	351
上海	Shanghai	390	268	145	123	109
江苏	Jiangsu	771	475	304	171	99
浙江	Zhejiang	1356	796	421	375	260
安徽	Anhui	1048	820	759	61	113
福建	Fujian	971	572	535	37	177
江西	Jiangxi	502	358	222	136	61
山东	Shandong	1613	944	626	318	226
河南	Henan	794	453	379	74	141
湖北	Hubei	781	333	289	44	105
湖南	Hunan	1257	850	525	325	171
广东	Guangdong	2051	1042	798	244	243
广西	Guangxi	2020	1444	1271	173	295
海南	Hainan	360	233	178	55	52
四川	Sichuan	1558	980	736	244	245
贵州	Guizhou	560	409	369	40	72
云南	Yunnan	200	118	114	4	35
西藏	Tibet	0	0	0	0	0
陕西	Shaanxi	1083	695	599	96	215
甘肃	Gansu	152	113	69	44	33
青海	Qinghai	17	11	9	2	2
宁夏	Ningxia	26	23	0	23	3
新疆	Xinjiang	170	99	99	0	10

数中民办教职工数

Staff & Workers Maintained by the Communities

单位:人

数 Workers			代课教师 Substitute Teachers	临时工 Temporary Workers	兼任教师 Part-time Teachers
工勤人员 Workers	校办工厂、农场职工 Employees in School-run Factories & Farms				
	计 Total	其中:由厂、场收入支付工资的职工 Employees maintained by income of School-run businesses			
5352	231	216	3594	3118	6398
90	26	20	140	58	104
45	0	0	115	5	283
447	2	0	186	116	334
239	19	18	145	76	82
86	1	0	60	3	100
2	52	52	362	747	332
24	0	0	3	0	75
523	50	50	48	135	351
13	0	0	78	36	341
188	9	9	8	86	190
295	5	5	351	352	1444
114	1	1	54	68	296
222	0	0	13	14	742
83	0	0	2	5	50
441	2	0	280	40	58
196	4	4	480	428	554
343	0	0	14	13	14
186	50	50	104	27	206
766	0	0	10	201	24
277	4	2	493	535	260
75	0	0	0	3	25
333	0	0	163	103	212
76	3	3	173	28	32
47	0	0	31	0	19
0	0	0	0	0	0
173	0	0	113	18	183
6	0	0	106	15	85
4	0	0	0	0	0
0	0	0	14	0	2
58	3	3	48	6	0

普通中学教职工总

Number of Female Teachers, Staff &

地区 Region	教职工 Teachers, Staff &				
	合计 Total	专任教师 Full－time Teachers			行政人员 Adm. Personnel
		计 Total	初中 Junior Sec. Schools	高中 Senior Sec. Schools	
总计 Total	1567331	1280320	1107288	173032	120573
北京 Beijing	42109	30258	25015	5243	7560
天津 Tianjin	27064	20855	17638	3217	4427
河北 Hebei	104519	93869	81721	12148	4806
山西 Shanxi	59104	51369	45199	6170	3217
内蒙古 Inner Mongolia	45519	36789	31200	5589	4026
辽宁 Liaoning	95442	75692	64678	11014	9066
吉林 Jilin	60153	49878	42183	7695	6827
黑龙江 Heilongjiang	85934	69837	59278	10559	8461
上海 Shanghai	38887	26357	22342	4015	8163
江苏 Jiangsu	78902	59246	50178	9068	5481
浙江 Zhejiang	51797	43625	37403	6222	3183
安徽 Anhui	41215	32807	29068	3739	2875
福建 Fujian	36881	30508	27487	3021	2537
江西 Jiangxi	35960	30562	26307	4255	1366
山东 Shandong	117630	101012	88063	12949	6469
河南 Henan	98569	87272	78105	9167	5709
湖北 Hubei	62559	49183	42733	6450	3921
湖南 Hunan	69855	59647	52443	7204	2676
广东 Guangdong	81102	64367	56462	7905	5260
广西 Guangxi	45365	33989	30403	3586	2737
海南 Hainan	8556	5138	4515	623	493
四川 Sichuan	101614	82805	73392	9413	8413
贵州 Guizhou	23695	19392	16727	2665	1886
云南 Yunnan	38637	28711	25251	3460	2441
西藏 Tibet	1417	1110	924	186	98
陕西 Shaanxi	40300	34843	28579	6264	3146
甘肃 Gansu	19504	16170	13562	2608	1337
青海 Qinghai	7277	6186	4740	1446	512
宁夏 Ningxia	7895	6558	5408	1150	425
新疆 Xinjiang	39870	32285	26284	6001	3055

数中女教职工数

Workers in General Secondary Schools

单位:人

数 Workers			代课教师 Substitute Teachers	临时工 Temporary Workers	兼任教师 Part-time Teachers
工勤人员 Workers	校办工厂、农场职工 Employees in School-run Factories & Farms				
	计 Total	其中:由厂、场收入支付工资的职工 Employees maintained by income of School-run businesses			
138038	28400	19219	64855	44329	4138
2857	1434	860	1908	1518	349
1265	517	107	234	139	185
4854	990	642	8369	1948	124
3964	554	377	3176	1577	78
4278	426	192	1237	466	53
3435	7249	7135	1492	1799	325
2553	895	671	1000	470	18
6388	1248	992	1842	848	137
3270	1097	0	482	644	200
10149	4026	2844	2157	2756	199
3387	1602	1327	6783	3944	566
5092	441	177	1682	2636	78
3340	496	315	2956	849	293
3730	302	185	881	821	25
9009	1140	365	1843	1170	31
4875	713	387	1549	563	113
8208	1247	756	631	1660	94
6441	1091	629	2906	1351	30
11171	304	139	6312	4525	52
8290	349	148	8011	2580	108
2908	17	15	234	380	11
9411	985	228	2992	1698	430
2310	107	54	1232	1754	118
7365	120	49	2018	5755	63
203	6	1	39	179	5
2004	307	137	1071	670	162
1788	209	140	573	368	55
547	32	18	50	218	14
799	113	57	106	526	67
4147	383	272	1089	517	155

职业中学校数、班数、

Number of Schools, Classes, Graduates & Students

地区 Region		学校数(所) Schools			
		计 Total	初中 Junior Sec. Schools	高中 Senior Sec. Schools	初高中合设 Junior & Senior Sec. Schools
总计	**Total**	10049	1534	7974	541
北京	Beijing	177	0	177	0
天津	Tianjin	143	4	129	10
河北	Hebei	392	96	279	17
山西	Shanxi	378	110	226	42
内蒙古	Inner Mongolia	432	245	148	39
辽宁	Liaoning	561	67	491	3
吉林	Jilin	299	56	232	11
黑龙江	Heilongjiang	361	34	295	32
上海	Shanghai	73	1	72	0
江苏	Jiangsu	441	1	433	7
浙江	Zhejiang	498	8	475	15
安徽	Anhui	748	372	331	45
福建	Fujian	272	6	247	19
江西	Jiangxi	354	40	299	15
山东	Shandong	534	21	488	25
河南	Henan	761	32	710	19
湖北	Hubei	395	125	257	13
湖南	Hunan	572	66	480	26
广东	Guangdong	483	5	431	47
广西	Guangxi	347	51	245	51
海南	Hainan	37	0	33	4
四川	Sichuan	633	30	579	24
贵州	Guizhou	258	109	130	19
云南	Yunnan	217	26	182	9
西藏	Tibet	1	0	0	1
陕西	Shaanxi	304	10	274	20
甘肃	Gansu	180	9	158	13
青海	Qinghai	29	3	23	3
宁夏	Ningxia	32	1	27	4
新疆	Xinjiang	137	6	123	8

毕业生数和招生数(总计)

Admitted in Vocational Schools (Regional Aggregates)

班数(个) Classes		毕业生数(人) Graduates		招生数(人) Students Admitted	
初中 Junior	高中 Senior	初中 Junior	高中 Senior	初中 Junior	高中 Senior
15044	93021	187615	1207886	306776	1582349
3	2775	0	22139	135	37410
49	1591	1166	11167	1700	20065
1025	5113	10221	73758	18489	106904
695	1772	7824	29881	12423	37553
2302	1750	21597	18459	43830	25810
110	4731	1712	55997	1633	59836
713	2666	14161	41299	15455	42730
478	2552	5375	37329	10631	33770
6	2261	52	25195	43	35366
16	6590	330	82317	119	92087
58	4231	518	60486	715	66136
3988	3849	54606	41373	98387	67643
163	4124	2598	50594	2155	55074
508	2374	6171	31492	10821	52406
229	8332	4373	141622	4906	145467
424	9125	10327	113807	6833	197984
1105	2829	13759	36663	22206	47311
312	4651	2263	52692	5624	89275
158	4238	1994	56701	3062	76998
651	2520	4999	27997	13279	38066
5	220	162	2445	54	3110
249	6319	2573	89485	4168	93960
678	943	7501	12695	13403	14851
383	1898	1902	27077	3218	34950
7	1	128	92	150	50
143	2840	1445	36582	3268	66580
89	1171	696	12297	1824	17709
72	194	5103	2240	1522	3619
22	214	375	2265	279	3070
403	1147	3684	11740	6444	16559

职业中学校数、班数、

Number of Schools, Classes, Graduates & Students

地 区 Region	学校数(所) Schools 计 Total	初中 Junior Sec. Schools	高中 Senior Sec. Schools	初高中合设 Junior & Senior Sec. Schools
总 计 Total	3546	43	3390	113
北 京 Beijing	113	0	113	0
天 津 Tianjin	99	2	90	7
河 北 Hebei	115	1	109	5
山 西 Shanxi	121	9	104	8
内蒙古 Inner Mongolia	65	2	61	2
辽 宁 Liaoning	370	1	369	0
吉 林 Jilin	130	4	123	3
黑龙江 Heilongjiang	133	0	130	3
上 海 Shanghai	43	1	42	0
江 苏 Jiangsu	105	1	102	2
浙 江 Zhejiang	218	0	208	10
安 徽 Anhui	126	2	119	5
福 建 Fujian	95	2	89	4
江 西 Jiangxi	118	0	117	1
山 东 Shandong	204	3	197	4
河 南 Henan	305	3	302	0
湖 北 Hubei	147	6	137	4
湖 南 Hunan	246	1	242	3
广 东 Guangdong	143	1	129	13
广 西 Guangxi	111	1	91	19
海 南 Hainan	5	0	4	1
四 川 Sichuan	218	1	214	3
贵 州 Guizhou	41	1	38	2
云 南 Yunnan	49	0	46	3
西 藏 Tibet	0	0	0	0
陕 西 Shaanxi	119	1	111	7
甘 肃 Gansu	36	0	36	0
青 海 Qinghai	10	0	10	0
宁 夏 Ningxia	10	0	10	0
新 疆 Xinjiang	51	0	47	4

毕业生数和招生数(城市)

Admitted in Vocational Schools (Urban)

班数(个) Classes		毕业生数(人) Graduates		招生数(人) Students Admitted	
初中 Junior	高中 Senior	初中 Junior	高中 Senior	初中 Junior	高中 Senior
498	44861	4898	569508	8270	701976
3	1923	0	15150	135	24874
26	1222	478	7594	958	15002
14	1847	111	26388	280	36759
105	892	1127	14998	2044	18244
10	930	121	10141	119	13532
6	3524	134	38889	50	43092
18	1452	129	20653	169	19325
7	1489	115	20202	68	18197
6	1513	52	16951	43	21905
15	1720	176	21375	119	19237
2	1897	0	29681	28	27591
37	1850	771	20421	614	31659
5	1610	12	21842	0	21759
0	960	0	11629	0	19408
4	4158	150	65359	36	74725
23	4388	305	51478	296	75528
106	1947	611	25363	1149	33107
9	2165	159	27400	135	37938
7	1828	42	24387	40	29642
10	1199	0	13545	201	16972
5	76	36	815	54	919
15	2668	83	37708	114	39047
6	337	50	5040	298	5907
20	695	69	11169	448	12714
0	0	0	0	0	0
16	1336	55	19032	439	27778
13	478	0	5023	267	6634
0	66	0	890	0	873
0	101	30	1263	0	1330
10	590	82	5122	166	8278

职业中学校数、班数、

Number of Schools, Classes, Graduates & Students

地区 Region	学校数(所) Schools			
	计 Total	初中 Junior Sec. Schools	高中 Senior Sec. Schools	初高中合设 Junior & Senior Sec. Schools
总计 Total	3283	208	2858	217
北京 Beijing	36	0	36	0
天津 Tianjin	29	0	27	2
河北 Hebei	172	25	140	7
山西 Shanxi	79	6	53	20
内蒙古 Inner Mongolia	94	18	53	23
辽宁 Liaoning	66	2	64	0
吉林 Jilin	110	20	87	3
黑龙江 Heilongjiang	134	11	113	10
上海 Shanghai	29	0	29	0
江苏 Jiangsu	221	0	218	3
浙江 Zhejiang	259	3	251	5
安徽 Anhui	91	9	77	5
福建 Fujian	135	1	120	14
江西 Jiangxi	134	9	120	5
山东 Shandong	80	2	73	5
河南 Henan	210	5	199	6
湖北 Hubei	67	6	55	6
湖南 Hunan	213	20	175	18
广东 Guangdong	137	4	111	22
广西 Guangxi	177	34	127	16
海南 Hainan	7	0	6	1
四川 Sichuan	337	12	308	17
贵州 Guizhou	99	13	76	10
云南 Yunnan	110	4	100	6
西藏 Tibet	1	0	0	1
陕西 Shaanxi	123	1	116	6
甘肃 Gansu	59	1	58	0
青海 Qinghai	15	2	11	2
宁夏 Ningxia	16	0	14	2
新疆 Xinjiang	43	0	41	2

毕业生数和招生数(县镇)

Admitted in Vocational Schools (County Seats & Towns)

班数(个) Classes		毕业生数(人) Graduates		招生数(人) Students Admitted	
初中 Junior	高中 Senior	初中 Junior	高中 Senior	初中 Junior	高中 Senior
2633	32479	32821	423762	52504	590081
0	574	0	4909	0	8942
0	230	36	2075	0	3148
289	2733	2612	39825	5639	57697
107	452	1064	7603	2240	10205
352	562	2642	5931	7371	9006
2	764	0	11027	0	9754
283	965	6552	15510	5513	17717
123	713	1284	11734	2638	10058
0	737	0	7441	0	12248
1	3538	112	44781	0	50879
34	2252	362	29719	289	37173
154	1053	2530	10308	2844	18523
110	2112	1883	23961	1669	28289
130	960	1707	13300	2849	22058
60	1212	420	21535	2161	21763
65	2733	2718	35512	912	74621
69	552	1073	7021	1097	8729
72	1760	482	19042	1893	37841
128	1094	1494	15269	2616	20225
184	966	789	10933	4919	15684
0	32	0	321	0	419
124	3218	1180	45620	2404	49119
144	526	1145	6464	2700	8005
73	917	269	12213	232	16818
7	1	128	92	150	50
41	1023	338	12701	1104	27579
3	331	17	3462	17	5443
23	107	1616	1350	387	2068
13	82	125	694	160	1345
42	280	243	3409	700	4675

职业中学校数、班数、

Number of Schools, Classes, Graduates & Students

地区 Region	学校数(所) Schools 计 Total	初中 Junior Sec. Schools	高中 Senior Sec. Schools	初高中合设 Junior & Senior Sec. Schools
总计 Total	3220	1283	1726	211
北京 Beijing	28	0	28	0
天津 Tianjin	15	2	12	1
河北 Hebei	105	70	30	5
山西 Shanxi	178	95	69	14
内蒙古 Inner Mongolia	273	225	34	14
辽宁 Liaoning	125	64	58	3
吉林 Jilin	59	32	22	5
黑龙江 Heilongjiang	94	23	52	19
上海 Shanghai	1	0	1	0
江苏 Jiangsu	115	0	113	2
浙江 Zhejiang	21	5	16	0
安徽 Anhui	531	361	135	35
福建 Fujian	42	3	38	1
江西 Jiangxi	102	31	62	9
山东 Shandong	250	16	218	16
河南 Henan	246	24	209	13
湖北 Hubei	181	113	65	3
湖南 Hunan	113	45	63	5
广东 Guangdong	203	0	191	12
广西 Guangxi	59	16	27	16
海南 Hainan	25	0	23	2
四川 Sichuan	78	17	57	4
贵州 Guizhou	118	95	16	7
云南 Yunnan	58	22	36	0
西藏 Tibet	0	0	0	0
陕西 Shaanxi	62	8	47	7
甘肃 Gansu	85	8	64	13
青海 Qinghai	4	1	2	1
宁夏 Ningxia	6	1	3	2
新疆 Xinjiang	43	6	35	2

毕业生数和招生数(农村)

Admitted in Vocational Schools (Rural)

班数(个) Classes		毕业生数(人) Graduates		招生数(人) Students Admitted	
初中 Junior	高中 Senior	初中 Junior	高中 Senior	初中 Junior	高中 Senior
11913	15681	149896	214616	246002	290292
0	278	0	2080	0	3594
23	139	652	1498	742	1915
722	533	7498	7545	12570	12448
483	428	5633	7280	8139	9104
1940	258	18834	2387	36340	3272
102	443	1578	6081	1583	6990
412	249	7480	5136	9773	5688
348	350	3976	5393	7925	5515
0	11	0	803	0	1213
0	1332	42	16161	0	21971
22	82	156	1086	398	1372
3797	946	51305	10644	94929	17461
48	402	703	4791	486	5026
378	454	4464	6563	7972	10940
165	2962	3803	54728	2709	48979
336	2004	7304	26817	5625	47835
930	330	12075	4279	19960	5475
231	726	1622	6250	3596	13496
23	1316	458	17045	406	27131
457	355	4210	3519	8159	5410
0	112	126	1309	0	1772
110	433	1310	6157	1650	5794
528	80	6306	1191	10405	939
290	286	1564	3695	2538	5418
0	0	0	0	0	0
86	481	1052	4849	1725	11223
73	362	679	3812	1540	5632
49	21	3487	0	1135	678
9	31	220	308	119	395
351	277	3359	3209	5578	3606

职业中学在校学生

Enrolment and Number of Graduates for Next Year

地区 Region	合计 Total	初中 Junior Sec. Schools 计 Subtotal	一年级 Grade 1	二年级 Grade 2	三年级 Grade 3
		在校学 Enrolment			
总计 Total	4732726	775194	307478	246848	220868
北京 Beijing	99295	135	135	0	0
天津 Tianjin	63098	1700	1700	0	0
河北 Hebei	303659	54377	18510	18130	17737
山西 Shanxi	111898	30845	12484	10001	8360
内蒙古 Inner Mongolia	163562	105271	44004	31602	29665
辽宁 Liaoning	185244	3680	1633	968	1079
吉林 Jilin	148086	39052	15455	11780	11817
黑龙江 Heilongjiang	117839	24723	10631	7355	6737
上海 Shanghai	91232	112	46	30	36
江苏 Jiangsu	258559	635	119	207	309
浙江 Zhejiang	174880	1956	715	644	597
安徽 Anhui	412963	240417	98399	76759	65259
福建 Fujian	160359	6849	2178	2337	2334
江西 Jiangxi	135391	26042	10861	8944	6237
山东 Shandong	408101	14148	4906	4155	5087
河南 Henan	511823	24017	6953	7196	9868
湖北 Hubei	179415	56408	22287	17500	16621
湖南 Hunan	211564	14635	5634	4182	4819
广东 Guangdong	196504	8480	3062	3091	2327
广西 Guangxi	136015	31990	13287	11865	6838
海南 Hainan	7609	148	59	60	29
四川 Sichuan	232153	11661	4178	4098	3385
贵州 Guizhou	68957	31217	13517	9708	7992
云南 Yunnan	97797	18291	3235	8746	6310
西藏 Tibet	230	180	150	30	0
陕西 Shaanxi	137586	6543	3270	1734	1539
甘肃 Gansu	45696	3924	1825	1170	929
青海 Qinghai	13059	3220	1522	208	1490
宁夏 Ningxia	8200	990	279	278	433
新疆 Xinjiang	51952	13548	6444	4070	3034

数、毕业班学生数(总计)

in Vocational Schools (Regional Aggregates)

单位:人

生数 计 Subtotal	高中 Senior Sec. Schools 二年制 2-year 一年级 Grade 1	二年级 Grade 2	三年制 3-year 一年级 Grade 1	二年级 Grade 2	三年级 Grade 3	四年制 4-year	毕业班学生数 Graduates for Next Year 初中 Junior Sec. Schools	高中 Senior Sec. Schools
3957532	392643	348184	1169257	1070798	896706	79944	217600	1271654
99160	6014	6715	27010	25534	19179	14708	0	28129
61398	772	790	14731	14727	8917	21461	1700	15334
249282	21195	20395	85623	67452	54196	421	14447	75510
81053	15226	11352	22517	18048	13728	182	8360	25262
58291	5498	4251	20331	15316	12895	0	26476	17146
181564	5814	4444	53153	58611	56409	3133	1079	61626
109034	22788	20958	19559	22570	21686	1473	14741	42650
93116	13350	12588	20325	22796	23756	301	6737	36369
91120	6113	3771	25711	24389	21964	9172	36	26781
257924	12383	12006	78609	82363	70771	1792	309	82878
172924	25429	34199	40507	39259	32621	909	597	67004
172546	9716	9207	58257	53870	41483	13	66051	50662
153510	9077	7858	45566	49705	39947	1357	2991	48168
109349	20214	15117	32111	22812	19076	19	5672	34402
393953	28070	20774	116546	115241	111664	1658	5087	136405
487806	38543	31483	157426	143216	108528	8610	9868	142583
123007	7584	7557	39671	36349	30675	1171	14252	38616
196929	11862	7569	77112	54310	43117	2959	3473	51889
188024	19056	18169	57338	49969	41760	1732	2327	59982
104025	2941	2908	34602	35183	26056	2335	6838	30377
7461	590	561	2520	2027	1763	0	29	2324
220492	37540	38266	56314	48007	39654	711	3222	77920
37740	4525	4367	10364	9851	8633	0	7992	13000
79506	20239	19084	14711	14225	11247	0	6310	30331
50	50	0	0	0	0	0	150	50
131043	35073	22348	30512	21594	19274	2242	1539	41729
41772	3769	3656	13857	10681	9575	234	1078	13248
9839	2836	1533	942	791	386	3351	2772	6990
7210	712	568	2437	1849	1644	0	433	2497
38404	5664	5690	10895	10053	6102	0	3034	11792

职业中学在校学生

Enrolment and Number of Graduates for Next Year

地区 Region	合计 Total	在校学 Enrolment 初中 Junior Sec. Schools 计 Subtotal	一年级 Grade 1	二年级 Grade 2	三年级 Grade 3
总计 Total	1896564	18767	8303	5649	4815
北京 Beijing	68401	135	135	0	0
天津 Tianjin	48365	958	958	0	0
河北 Hebei	83599	624	280	180	164
山西 Shanxi	48071	4712	2069	1617	1026
内蒙古 Inner Mongolia	32798	326	119	77	130
辽宁 Liaoning	134503	200	50	50	100
吉林 Jilin	58971	437	169	157	111
黑龙江 Heilongjiang	54299	210	68	65	77
上海 Shanghai	58171	112	46	30	36
江苏 Jiangsu	61612	592	119	207	266
浙江 Zhejiang	78246	43	28	15	0
安徽 Anhui	85018	2179	614	688	877
福建 Fujian	63344	172	0	18	154
江西 Jiangxi	40642	0	0	0	0
山东 Shandong	199996	85	36	38	11
河南 Henan	209087	887	296	302	289
湖北 Hubei	88659	2892	1149	1046	697
湖南 Hunan	92920	415	135	172	108
广东 Guangdong	83311	153	40	65	48
广西 Guangxi	49910	366	201	97	68
海南 Hainan	2860	148	59	60	29
四川 Sichuan	98506	429	114	151	164
贵州 Guizhou	15659	417	298	65	54
云南 Yunnan	32320	732	448	111	173
西藏 Tibet	0	0	0	0	0
陕西 Shaanxi	62347	658	439	116	103
甘肃 Gansu	18072	476	267	209	0
青海 Qinghai	1957	0	0	0	0
宁夏 Ningxia	3446	0	0	0	0
新疆 Xinjiang	21474	409	166	113	130

数、毕业班学生数(城市)

in Vocational Schools (Urban)

单位:人

生数							毕业班学生数 Graduates for Next Year	
高中 Senior Sec. Schools								
计 Subtotal	二年制 2-year		三年制 3-year			四年制 4-year	初中 Junior Sec. Schools	高中 Senior Sec. Schools
	一年级 Grade 1	二年级 Grade 2	一年级 Grade 1	二年级 Grade 2	三年级 Grade 3			
1877797	112225	108334	573492	552705	469868	61173	5694	592816
68266	2893	3756	17841	16939	13012	13825	0	18934
47407	452	302	10118	10344	5148	21043	958	10962
82975	6356	4252	30258	21982	19706	421	164	23976
43359	5509	4816	12830	11098	9106	0	1026	13922
32472	2571	2038	10980	8891	7992	0	192	10030
134303	1638	1674	41427	46106	42765	693	100	44972
58534	6098	7224	12944	16003	15180	1085	111	22431
54089	5607	5922	12565	14804	15085	106	77	21032
58059	3215	1469	15998	15420	15366	6591	36	17650
61020	416	712	18619	22022	19034	217	266	19746
78203	8276	12678	19133	20293	17075	748	0	29937
82839	2350	2356	29487	27513	21120	13	877	23444
63172	2087	1656	19473	21742	17814	400	154	19543
40642	7562	4701	11761	8729	7870	19	0	12590
199911	10834	7352	63189	60823	56549	1164	11	65359
208200	5744	7207	67983	68577	51963	6726	289	60585
85767	4496	4452	28723	25656	21450	990	556	26218
92505	3211	2526	34463	27671	22899	1735	108	26193
83158	1928	2305	27190	26361	23874	1500	48	26232
49544	870	655	15917	17206	12771	2125	68	14673
2712	14	9	905	917	867	0	29	876
98077	9872	11588	29074	25706	21396	441	164	32984
15242	1792	1894	4153	4069	3334	0	54	5228
31588	5689	5521	7025	7435	5918	0	173	11439
0	0	0	0	0	0	0	0	0
61689	10758	7646	16397	12433	13358	1097	103	21004
17596	855	1150	5690	5405	4262	234	0	5429
1957	554	643	319	231	210	0	0	853
3446	43	191	1287	1028	897	0	0	1088
21065	535	1639	7743	7301	3847	0	130	5486

职业中学在校学生

Enrolment and Number of Graduates for Next Year

地区 Region		合计 Total	在校学 Enrolment 初中 Junior Sec. Schools 计 Subtotal	一年级 Grade 1	二年级 Grade 2	三年级 Grade 3
总计	**Total**	1537016	135699	52573	44556	38570
北京	Beijing	21833	0	0	0	0
天津	Tianjin	8707	0	0	0	0
河北	Hebei	155671	16247	5639	5743	4865
山西	Shanxi	24738	5332	2240	1252	1840
内蒙古	Inner Mongolia	34569	16809	7419	4827	4563
辽宁	Liaoning	30098	62	0	30	32
吉林	Jilin	53608	15258	5513	4649	5096
黑龙江	Heilongjiang	32664	6652	2638	1706	2308
上海	Shanghai	30754	0	0	0	0
江苏	Jiangsu	142021	43	0	0	43
浙江	Zhejiang	92778	995	289	341	365
安徽	Anhui	57229	8322	2845	2829	2648
福建	Fujian	81958	4798	1673	1544	1581
江西	Jiangxi	53205	7000	2849	2581	1570
山东	Shandong	63680	4633	2161	915	1557
河南	Henan	170490	3428	912	787	1729
湖北	Hubei	27103	3414	1098	1078	1238
湖南	Hunan	80932	3493	1893	703	897
广东	Guangdong	55111	7086	2616	2564	1906
广西	Guangxi	50736	10066	4927	3879	1260
海南	Hainan	919	0	0	0	0
四川	Sichuan	116644	6504	2404	2295	1805
贵州	Guizhou	25856	6420	2707	2268	1445
云南	Yunnan	41209	4198	232	3469	497
西藏	Tibet	230	180	150	30	0
陕西	Shaanxi	52844	2056	1104	533	419
甘肃	Gansu	11633	43	17	9	17
青海	Qinghai	6719	971	387	26	558
宁夏	Ningxia	3363	556	160	166	230
新疆	Xinjiang	9714	1133	700	332	101

数、毕业班学生数(县镇)

in Vocational Schools (County Seats & Towns)

单位:人

生数							毕业班学生数 Graduates for Next Year	
高中 Senior Sec. Schools								
计 Subtotal	二年制 2-year		三年制 3-year			四年制 4-year	初中 Junior Sec. Schools	高中 Senior Sec. Schools
	一年级 Grade 1	二年级 Grade 2	一年级 Grade 1	二年级 Grade 2	三年级 Grade 3			
1401317	186902	164198	401101	354455	283398	11263	39517	455132
21833	2447	2253	6399	5966	4421	347	0	6674
8707	177	254	2841	2754	2368	313	0	2712
139424	12535	14152	45221	38220	29296	0	3479	44349
19406	4663	2489	5542	3794	2918	0	1840	5407
17760	2440	1637	6510	3961	3212	0	4478	4849
30036	1214	1158	8540	8913	10211	0	32	11369
38350	11688	9534	5809	5400	5531	388	6593	15044
26012	4888	5066	5100	5076	5687	195	2308	10753
30754	2395	2011	9288	8605	6305	2150	0	8547
141978	7225	6379	42763	44347	39689	1575	43	46169
91783	16134	20451	21021	18717	15299	161	365	35750
48907	1551	1646	16970	16519	12221	0	2718	13989
77160	5565	4832	22599	24352	19543	269	1856	24413
46205	9498	7804	12568	9152	7183	0	1494	15177
59047	6503	5488	15260	17086	14710	0	1557	21124
167062	23014	16714	51971	44356	29624	1383	1729	47070
23689	1831	2085	6898	6865	5829	181	1358	7982
77439	6578	3712	31037	19882	15145	1085	897	19242
48025	4723	4359	15464	13065	10374	40	1906	14733
40670	1188	1268	14238	14249	9517	210	1260	10951
919	22	0	397	286	214	0	0	214
110140	24902	23668	24404	20160	16736	270	1835	40404
19436	2306	2207	5699	4936	4288	0	1445	6495
37011	10762	10049	6056	5648	4496	0	497	14545
50	50	0	0	0	0	0	150	50
50788	15983	10060	11537	7807	4999	402	419	15095
11590	1303	1300	4140	2415	2432	0	17	3732
5748	1504	890	543	441	76	2294	910	4202
2807	564	309	860	573	501	0	230	1095
8581	3249	2423	1426	910	573	0	101	2996

职业中学在校学生

Enrolment and Number of Graduates for Next Year

地区 Region	合计 Total	在校学 Enrolment			
		初中 Junior Sec. Schools			
		计 Subtotal	一年级 Grade 1	二年级 Grade 2	三年级 Grade 3
总计 Total	1299146	620728	246602	196643	177483
北京 Beijing	9061	0	0	0	0
天津 Tianjin	6026	742	742	0	0
河北 Hebei	64389	37506	12591	12207	12708
山西 Shanxi	39089	20801	8175	7132	5494
内蒙古 Inner Mongolia	96195	88136	36466	26698	24972
辽宁 Liaoning	20643	3418	1583	888	947
吉林 Jilin	35507	23357	9773	6974	6610
黑龙江 Heilongjiang	30876	17861	7925	5584	4352
上海 Shanghai	2307	0	0	0	0
江苏 Jiangsu	54926	0	0	0	0
浙江 Zhejiang	3856	918	398	288	232
安徽 Anhui	270716	229916	94940	73242	61734
福建 Fujian	15057	1879	505	775	599
江西 Jiangxi	41544	19042	8012	6363	4667
山东 Shandong	144425	9430	2709	3202	3519
河南 Henan	132246	19702	5745	6107	7850
湖北 Hubei	63653	50102	20040	15376	14686
湖南 Hunan	37712	10727	3606	3307	3814
广东 Guangdong	58082	1241	406	462	373
广西 Guangxi	35369	21558	8159	7889	5510
海南 Hainan	3830	0	0	0	0
四川 Sichuan	17003	4728	1660	1652	1416
贵州 Guizhou	27442	24380	10512	7375	6493
云南 Yunnan	24268	13361	2555	5166	5640
西藏 Tibet	0	0	0	0	0
陕西 Shaanxi	22395	3829	1727	1085	1017
甘肃 Gansu	15991	3405	1541	952	912
青海 Qinghai	4383	2249	1135	182	932
宁夏 Ningxia	1391	434	119	112	203
新疆 Xinjiang	20764	12006	5578	3625	2803

数、毕业班学生数(农村)

in Vocational Schools (Rural)

单位:人

生数							毕业班学生数 Graduates for Next Year	
	高中 Senior Sec. Schools							
计 Subtotal	二年制 2-year		三年制 3-year			四年制 4-year	初中 Junior Sec. Schools	高中 Senior Sec. Schools
	一年级 Grade 1	二年级 Grade 2	一年级 Grade 1	二年级 Grade 2	三年级 Grade 3			
678418	93516	75652	194664	163638	143440	7508	172389	223706
9061	674	706	2770	2629	1746	536	0	2521
5284	143	234	1772	1629	1401	105	742	1660
26883	2304	1991	10144	7250	5194	0	10804	7185
18288	5054	4047	4145	3156	1704	182	5494	5933
8059	487	576	2841	2464	1691	0	21806	2267
17225	2962	1612	3186	3592	3433	2440	947	5285
12150	5002	4200	806	1167	975	0	8037	5175
13015	2855	1600	2660	2916	2984	0	4352	4584
2307	503	291	425	364	293	431	0	584
54926	4742	4915	17227	15994	12048	0	0	16963
2938	1019	1070	353	249	247	0	232	1317
40800	5815	5205	11800	9838	8142	0	62456	13229
13178	1425	1370	3494	3611	2590	688	981	4212
22502	3154	2612	7782	4931	4023	0	4178	6635
134995	10733	7934	38097	37332	40405	494	3519	49922
112544	9785	7562	37472	30283	26941	501	7850	34928
13551	1257	1020	4050	3828	3396	0	12338	4416
26985	2073	1331	11612	6757	5073	139	2468	6454
56841	12405	11505	14684	10543	7512	192	373	19017
13811	883	985	4447	3728	3768	0	5510	4753
3830	554	552	1218	824	682	0	0	1234
12275	2766	3010	2836	2141	1522	0	1223	4532
3062	427	266	512	846	1011	0	6493	1277
10907	3788	3514	1630	1142	833	0	5640	4347
0	0	0	0	0	0	0	0	0
18566	8332	4642	2578	1354	917	743	1017	5630
12586	1611	1206	4027	2861	2881	0	1061	4087
2134	778	0	80	119	100	1057	1862	1935
957	105	68	290	248	246	0	203	314
8758	1880	1628	1726	1842	1682	0	2803	3310

职业中学学生

Number of Female Students

地区 Region		合计 Total	在校学 Enrolment 初中 Junior Sec. Schools 计 Subtotal	一年级 Grade 1	二年级 Grade 2	三年级 Grade 3
总计	Total	2293911	343616	135715	109127	98774
北京	Beijing	52818	51	51	0	0
天津	Tianjin	36535	956	956	0	0
河北	Hebei	168178	26556	8976	8736	8844
山西	Shanxi	56254	14286	5925	4153	4208
内蒙古	Inner Mongolia	78626	48853	20294	14487	14072
辽宁	Liaoning	103778	1448	626	420	402
吉林	Jilin	72599	17651	6277	5627	5747
黑龙江	Heilongjiang	60687	11260	4847	3540	2873
上海	Shanghai	48470	43	18	11	14
江苏	Jiangsu	119309	285	49	95	141
浙江	Zhejiang	87332	798	276	280	242
安徽	Anhui	184272	102881	42683	32804	27394
福建	Fujian	82684	3400	1159	1116	1125
江西	Jiangxi	53368	10069	4345	3364	2360
山东	Shandong	186564	6424	2250	1888	2286
河南	Henan	240132	10458	2900	3199	4359
湖北	Hubei	80145	25232	10134	7750	7348
湖南	Hunan	102565	6198	2343	1740	2115
广东	Guangdong	100749	4054	1543	1453	1058
广西	Guangxi	60681	12890	5428	4783	2679
海南	Hainan	3520	89	26	46	17
四川	Sichuan	110455	5256	1842	1828	1586
贵州	Guizhou	28424	12374	5191	3959	3224
云南	Yunnan	47680	9044	1314	4541	3189
西藏	Tibet	160	147	137	10	0
陕西	Shaanxi	66453	2897	1496	710	691
甘肃	Gansu	23754	1417	633	372	412
青海	Qinghai	6637	1667	735	145	787
宁夏	Ningxia	4286	449	125	122	202
新疆	Xinjiang	26796	6483	3136	1948	1399

总数中女学生数

in Vocational Schools

单位:人

生数							毕业班学生数 Graduates for Next Year	
	高中 Senior Sec. Schools							
计 Subtotal	二年制 2-year		三年制 3-year			四年制 4-year	初中 Junior Sec. Schools	高中 Senior Sec. Schools
	一年级 Grade 1	二年级 Grade 2	一年级 Grade 1	二年级 Grade 2	三年级 Grade 3			
1950295	172078	161406	572662	544765	455732	43652	96687	630645
52767	3247	3753	13698	13459	10240	8370	0	15312
35579	432	464	8433	8636	5145	12469	956	8940
141622	9959	11382	49347	39851	31002	81	7178	42983
41968	6899	5518	11567	10152	7750	82	4208	13350
29773	2298	2232	10121	8197	6925	0	12395	9156
102330	3185	2656	28925	33074	32872	1618	402	35869
54948	10247	10387	9993	12124	11394	803	6821	21834
49427	6981	6227	10999	12046	13004	170	2873	19241
48427	3752	2122	13882	12381	11093	5197	14	13795
119024	5004	4912	35230	39057	34002	819	141	38919
86534	11094	17240	19415	20317	17895	573	242	35260
81391	3808	3563	28972	25546	19502	0	27561	22635
79284	3769	3019	24362	26570	21219	345	1561	24192
43299	7896	5827	12433	9219	7915	9	2100	13657
180140	11959	9626	51946	53516	52272	821	2286	63639
229674	16912	14518	73509	69141	50606	4988	4359	66927
54913	3211	2819	17773	16466	14165	479	6118	17558
96367	4710	3427	36167	28163	22226	1674	1550	26353
96695	8701	8867	28714	27008	22590	815	1058	31484
47791	909	1073	15825	16878	12177	929	2679	13604
3431	235	251	1166	954	825	0	17	1076
105199	14774	15477	28707	25370	20460	411	1497	35929
16050	1888	1763	4287	4115	3997	0	3224	5760
38636	8687	8767	7555	7545	6082	0	3189	14849
13	13	0	0	0	0	0	115	13
63556	15721	10131	14684	11782	10085	1153	691	20283
22337	1936	1828	7317	5796	5282	178	477	7137
4970	1215	862	485	475	265	1668	1374	3410
3837	361	326	1191	954	1005	0	202	1374
20313	2275	2369	5959	5973	3737	0	1399	6106

职业中学教

Number of Teachers, Staff & Workers in

地区 Region		教职工 Teachers, Staff &			
	合计 Total	专任教师 Full-time Teachers			行政人员 Adm. Personnel
		计 Total	初中 Junior Sec. Schools	高中 Senior Sec. Schools	
总计 Total	451676	307634	39151	268483	70998
北京 Beijing	11546	6458	1	6457	3381
天津 Tianjin	6555	4123	54	4069	1647
河北 Hebei	29122	19854	3288	16566	3734
山西 Shanxi	13050	8892	2053	6839	1923
内蒙古 Inner Mongolia	18340	13217	7009	6208	2295
辽宁 Liaoning	21597	13561	279	13282	4410
吉林 Jilin	14748	9939	1929	8010	3101
黑龙江 Heilongjiang	15862	10316	722	9594	3010
上海 Shanghai	6438	3613	35	3578	1772
江苏 Jiangsu	31882	21466	81	21385	4354
浙江 Zhejiang	15213	10786	75	10711	2393
安徽 Anhui	23515	18162	9779	8383	2670
福建 Fujian	14216	10214	318	9896	2331
江西 Jiangxi	12607	8118	849	7269	1136
山东 Shandong	40440	26104	1093	25011	6854
河南 Henan	33807	24445	1209	23236	4366
湖北 Hubei	17119	12685	3808	8877	1779
湖南 Hunan	21365	14910	874	14036	2938
广东 Guangdong	18761	14309	375	13934	2510
广西 Guangxi	11893	7725	829	6896	1863
海南 Hainan	1390	928	17	911	192
四川 Sichuan	31899	20652	888	19764	5843
贵州 Guizhou	6572	4745	1851	2894	1024
云南 Yunnan	8347	5661	599	5062	1055
西藏 Tibet	16	9	7	2	2
陕西 Shaanxi	12407	7684	435	7249	2641
甘肃 Gansu	5765	4013	187	3826	719
青海 Qinghai	849	617	121	496	126
宁夏 Ningxia	999	743	56	687	120
新疆 Xinjiang	5356	3685	330	3355	809

职 工 数（总 计）

Vocational Schools (Regional Aggregates)

单位:人

数 Workers			代课教师 Substitute Teachers	临时工 Temporary Workers	兼任教师 Part-time Teachers
工勤人员 Workers	校办工厂、农场职工 Employees in School-run Factories & Farms				
	计 Total	其中:由厂、场收入支付工资的职工 Employees maintained by income of school-run businesses			
54716	18328	10712	14419	17861	29582
1246	461	193	396	921	458
601	184	20	157	160	485
3730	1804	1132	583	2144	832
1720	515	303	1020	848	832
2378	450	58	353	348	143
1774	1852	1735	224	1150	532
1293	415	250	246	154	211
2040	496	230	143	153	287
716	337	0	97	256	281
4172	1890	1391	1102	1817	1788
1392	642	449	1073	1580	4415
2207	476	193	1042	1145	1506
1462	209	81	1297	266	1366
1388	1965	1670	242	333	1068
5712	1770	1101	452	1015	1555
3942	1054	296	49	498	1930
2115	540	228	334	464	1155
2878	639	289	653	664	1601
1823	119	19	618	661	620
1957	348	186	657	400	2428
257	13	6	36	45	10
4386	1018	403	1225	899	2131
701	102	27	548	369	421
1503	128	41	344	726	898
5	0	0	0	6	2
1586	496	168	902	440	1995
782	251	164	193	174	171
91	15	0	40	40	16
101	35	33	44	41	17
758	104	46	349	144	428

职业中学教

Number of Teachers, Staff & Workers in

地区 Region	教职工 Teachers, Staff &				
	合计 Total	专任教师 Full-time Teachers			行政人员 Adm. Personnel
		计 Total	初中 Junior Sec. Schools	高中 Senior Sec. Schools	
总计 Total	187534	119924	1301	118623	37404
北京 Beijing	8686	4641	1	4640	2724
天津 Tianjin	4900	3026	7	3019	1266
河北 Hebei	9070	5865	54	5811	1490
山西 Shanxi	5853	3771	242	3529	1059
内蒙古 Inner Mongolia	4906	3278	51	3227	1024
辽宁 Liaoning	15263	9503	14	9489	3088
吉林 Jilin	7403	4684	65	4619	1826
黑龙江 Heilongjiang	8022	5182	23	5159	1707
上海 Shanghai	4422	2530	27	2503	1236
江苏 Jiangsu	9593	5871	67	5804	1510
浙江 Zhejiang	6601	4325	0	4325	1188
安徽 Anhui	5580	3580	140	3440	1137
福建 Fujian	5633	3905	13	3892	1083
江西 Jiangxi	3613	2605	0	2605	554
山东 Shandong	18167	10714	19	10695	3626
河南 Henan	13735	9338	78	9260	2476
湖北 Hubei	8059	5709	217	5492	1089
湖南 Hunan	9113	5947	56	5891	1616
广东 Guangdong	7538	5724	11	5713	1154
广西 Guangxi	4463	2788	14	2774	924
海南 Hainan	390	287	17	270	75
四川 Sichuan	11823	7181	35	7146	2628
贵州 Guizhou	1270	915	19	896	244
云南 Yunnan	2129	1545	23	1522	291
西藏 Tibet	0	0	0	0	0
陕西 Shaanxi	5733	3248	67	3181	1504
甘肃 Gansu	2088	1418	0	1418	304
青海 Qinghai	284	176	0	176	76
宁夏 Ningxia	388	266	0	266	46
新疆 Xinjiang	2809	1902	41	1861	459

职工数（城市）

Vocational Schools (Urban)

单位:人

数 Workers			代课教师 Substitute Teachers	临时工 Temporary Workers	兼任教师 Part－time Teachers
工勤人员 Workers	校办工厂、农场职工 Employees in School－run Factories & Farms				
	计 Total	其中:由厂、场收入支付工资的职工 Employees maintained by income of school－run businesses			
20035	10171	6340	5427	5889	18212
917	404	174	246	469	274
446	162	18	114	41	398
1168	547	316	212	371	297
741	282	212	618	442	392
381	223	0	43	98	95
1208	1464	1371	133	794	505
607	286	216	34	82	68
789	344	191	23	76	111
449	207	0	50	60	207
774	1438	1286	201	190	507
702	386	308	283	552	3339
649	214	120	281	246	1142
531	114	73	258	107	842
322	132	62	98	54	367
2515	1312	857	319	344	1198
1429	492	77	4	194	1207
921	340	182	244	248	1042
1152	398	244	201	229	1168
594	66	10	220	268	364
601	150	47	148	189	1096
28	0	0	27	16	7
1367	647	301	471	331	1234
99	12	2	185	49	133
276	17	0	46	108	294
0	0	0	0	0	0
676	305	111	575	180	1595
241	125	101	99	36	84
30	2	0	14	8	14
44	32	32	32	17	13
378	70	29	248	90	219

职业中学教

Number of Teachers, Staff & Workers in

地区 Region		教职工 Teachers, Staff &				
		合计 Total	专任教师 Full-time Teachers			行政人员 Adm. Personnel
			计 Total	初中 Junior Sec. Schools	高中 Senior Sec. Schools	
总计	**Total**	155425	106854	7216	99638	21742
北京	Beijing	1757	1184	0	1184	350
天津	Tianjin	881	538	0	538	248
河北	Hebei	14602	9996	1061	8935	1743
山西	Shanxi	3135	2154	383	1771	423
内蒙古	Inner Mongolia	4700	3098	1103	1995	632
辽宁	Liaoning	4228	2705	7	2698	932
吉林	Jilin	5437	3686	793	2893	1019
黑龙江	Heilongjiang	5421	3670	310	3360	960
上海	Shanghai	1754	946	8	938	460
江苏	Jiangsu	16462	11443	14	11429	2177
浙江	Zhejiang	8312	6234	52	6182	1165
安徽	Anhui	3978	2822	517	2305	524
福建	Fujian	7326	5305	228	5077	1105
江西	Jiangxi	5068	3400	216	3184	350
山东	Shandong	6516	4274	192	4082	913
河南	Henan	10740	7943	205	7738	996
湖北	Hubei	3234	2312	251	2061	313
湖南	Hunan	8040	5804	163	5641	854
广东	Guangdong	5882	4378	307	4071	743
广西	Guangxi	5082	3206	235	2971	683
海南	Hainan	293	196	0	196	32
四川	Sichuan	16904	11290	510	10780	2716
贵州	Guizhou	3196	2120	366	1754	565
云南	Yunnan	4284	2741	94	2647	578
西藏	Tibet	16	9	7	2	2
陕西	Shaanxi	4348	2753	128	2625	760
甘肃	Gansu	1631	1113	0	1113	183
青海	Qinghai	456	338	21	317	48
宁夏	Ningxia	489	363	25	338	70
新疆	Xinjiang	1253	833	20	813	198

职工数（县镇）

Vocational Schools (County Seats & Towns)

单位:人

数 Workers			代课教师 Substitute Teachers	临时工 Temporary Workers	兼任教师 Part-time Teachers
工勤人员 Workers	校办工厂、农场职工 Employees in School-run Factories & Farms				
	计 Total	其中:由厂、场收入支付工资的职工 Employees maintained by income of school-run businesses			
21878	4951	2351	4975	7742	8243
194	29	13	79	317	121
84	11	2	35	55	36
1985	878	491	173	1412	453
486	72	7	126	258	273
837	133	26	40	56	45
457	134	128	15	120	13
605	127	34	161	54	123
715	76	16	68	40	74
233	115	0	40	165	49
2477	365	78	498	1156	1120
660	253	141	721	1001	1055
525	107	23	122	271	165
833	83	8	950	140	405
644	674	596	76	210	331
1047	282	190	24	209	168
1394	407	170	20	141	450
492	117	15	53	99	90
1201	181	39	205	226	368
731	30	4	158	227	118
1023	170	139	152	119	861
65	0	0	2	14	3
2562	336	102	638	519	844
453	58	11	150	190	244
877	88	41	153	374	351
5	0	0	0	6	2
677	158	55	208	203	344
291	44	21	36	63	73
57	13	0	26	30	0
53	3	1	1	18	0
215	7	0	45	49	64

职业中学教

Number of Teachers, Staff & Workers in

地区 Region	合计 Total	专任教师 Full-time Teachers			行政人员 Adm. Personnel
		计 Total	初中 Junior Sec. Schools	高中 Senior Sec. Schools	
总计 Total	108717	80856	30634	50222	11852
北京 Beijing	1103	633	0	633	307
天津 Tianjin	774	559	47	512	133
河北 Hebei	5450	3993	2173	1820	501
山西 Shanxi	4062	2967	1428	1539	441
内蒙古 Inner Mongolia	8734	6841	5855	986	639
辽宁 Liaoning	2106	1353	258	1095	390
吉林 Jilin	1908	1569	1071	498	256
黑龙江 Heilongjiang	2419	1464	389	1075	343
上海 Shanghai	262	137	0	137	76
江苏 Jiangsu	5827	4152	0	4152	667
浙江 Zhejiang	300	227	23	204	40
安徽 Anhui	13957	11760	9122	2638	1009
福建 Fujian	1257	1004	77	927	143
江西 Jiangxi	3926	2113	633	1480	232
山东 Shandong	15757	11116	882	10234	2315
河南 Henan	9332	7164	926	6238	894
湖北 Hubei	5826	4664	3340	1324	377
湖南 Hunan	4212	3159	655	2504	468
广东 Guangdong	5341	4207	57	4150	613
广西 Guangxi	2348	1731	580	1151	256
海南 Hainan	707	445	0	445	85
四川 Sichuan	3172	2181	343	1838	499
贵州 Guizhou	2106	1710	1466	244	215
云南 Yunnan	1934	1375	482	893	186
西藏 Tibet	0	0	0	0	0
陕西 Shaanxi	2326	1683	240	1443	377
甘肃 Gansu	2046	1482	187	1295	232
青海 Qinghai	109	103	100	3	2
宁夏 Ningxia	122	114	31	83	4
新疆 Xinjiang	1294	950	269	681	152

职 工 数 (农 村)

Vocational Schools (Rural)

单位:人

数 Workers			代课教师 Substitute Teachers	临时工 Temporary Workers	兼任教师 Part-time Teachers
工勤人员 Workers	校办工厂、农场职工 Employees in School-run Factories & Farms				
	计 Total	其中:由厂、场收入支付工资的职工 Employees maintained by income of school-run businesses			
12803	3206	2021	4017	4230	3127
135	28	6	71	135	63
71	11	0	8	64	51
577	379	325	198	361	82
493	161	84	276	148	167
1160	94	32	270	194	3
109	254	236	76	236	14
81	2	0	51	18	20
536	76	23	52	37	102
34	15	0	7	31	25
921	87	27	403	471	161
30	3	0	69	27	21
1033	155	50	639	628	199
98	12	0	89	19	119
422	1159	1012	68	69	370
2150	176	54	109	462	189
1119	155	49	25	163	273
702	83	31	37	117	23
525	60	6	247	209	65
498	23	5	240	166	138
333	28	0	357	92	471
164	13	6	7	15	0
457	35	0	116	49	53
149	32	14	213	130	44
350	23	0	145	244	253
0	0	0	0	0	0
233	33	2	119	57	56
250	82	42	58	75	14
4	0	0	0	2	2
4	0	0	11	6	4
165	27	17	56	5	145

职业中学教职工总

Number of Female Teachers, Staff

教职工

Teachers, Staff &

地区 Region	合计 Total	专任教师 Full-time Teachers 计 Total	初中 Junior Sec. Schools	高中 Senior Sec. Schools	行政人员 Adm. Personnel
总计 Total	166531	118516	10805	107711	20656
北京 Beijing	6786	4104	1	4103	1843
天津 Tianjin	3494	2459	22	2437	720
河北 Hebei	12901	10114	1396	8718	897
山西 Shanxi	5084	3979	816	3163	484
内蒙古 Inner Mongolia	6621	5209	2237	2972	604
辽宁 Liaoning	11846	8141	101	8040	1899
吉林 Jilin	6879	5205	851	4354	1076
黑龙江 Heilongjiang	7722	5555	228	5327	1156
上海 Shanghai	3200	1868	17	1851	848
江苏 Jiangsu	10882	7316	41	7275	1008
浙江 Zhejiang	5481	3886	20	3866	673
安徽 Anhui	5099	3878	1673	2205	506
福建 Fujian	5022	3657	82	3575	648
江西 Jiangxi	3247	1774	91	1683	197
山东 Shandong	13970	10148	356	9792	1574
河南 Henan	11116	8498	376	8122	1048
湖北 Hubei	4833	3433	803	2630	373
湖南 Hunan	7162	5175	238	4937	713
广东 Guangdong	6665	5008	94	4914	620
广西 Guangxi	4227	2616	223	2393	524
海南 Hainan	407	224	5	219	51
四川 Sichuan	10365	6905	262	6643	1625
贵州 Guizhou	1827	1300	376	924	224
云南 Yunnan	3153	1984	156	1828	290
西藏 Tibet	6	1	1	0	2
陕西 Shaanxi	3943	2638	120	2518	608
甘肃 Gansu	1562	1122	39	1083	108
青海 Qinghai	256	183	16	167	50
宁夏 Ningxia	374	279	19	260	28
新疆 Xinjiang	2401	1857	145	1712	259

数中女教职工数

& Workers in Vocational Schools

单位:人

数 Workers			代课教师 Substitute Teachers	临时工 Temporary Workers	兼任教师 Part-time Teachers
工勤人员 Workers	校办工厂、农场职工 Employees in School-run Factories & Farms				
	计 Total	其中:由厂、场收入支付工资的职工 Employees maintained by income of school-run businesses			
19831	7528	5124	4574	5764	7172
628	211	86	189	356	182
245	70	17	68	11	183
1214	676	358	264	502	147
501	120	92	382	215	196
701	107	9	137	114	48
696	1110	1069	120	468	263
408	190	128	88	36	71
791	220	139	47	46	98
361	123	0	38	102	45
1610	948	809	259	485	331
656	266	217	314	586	1119
569	146	75	237	324	230
666	51	36	251	110	254
401	875	828	49	120	283
1636	612	406	116	262	402
1112	458	147	16	100	456
837	190	113	92	181	369
1088	186	104	185	250	415
1007	30	5	204	274	98
939	148	97	268	218	519
126	6	2	15	25	1
1481	354	176	384	230	484
289	14	5	162	132	91
840	39	18	132	405	135
3	0	0	0	3	1
478	219	64	283	74	580
229	103	86	69	52	34
21	2	0	7	4	5
50	17	17	18	24	5
248	37	21	180	55	127

小学校数、班数、招生

Number of Schools, Classes, Graduates & Students

地区 Region	学校数(所) Schools	教学点数(个) Teaching Sites	班 计 Total	一年级 Grade 1	二年级 Grade 2
总计 Total	645983	209851	4071270	774132	726895
北京 Beijing	2780	1	30066	5062	5233
天津 Tianjin	3027	0	24814	4465	4410
河北 Hebei	46503	6468	262989	45766	44612
山西 Shanxi	40262	3761	131320	19381	17850
内蒙古 Inner Mongolia	13133	8289	89107	16221	15151
辽宁 Liaoning	14464	1619	118454	20489	21261
吉林 Jilin	10112	3037	89172	15729	15551
黑龙江 Heilongjiang	15902	5535	126412	23081	21941
上海 Shanghai	1690	9	24856	3838	4124
江苏 Jiangsu	25836	2337	181487	35634	33597
浙江 Zhejiang	21411	786	102242	16946	16327
安徽 Anhui	28248	7574	174222	36799	33059
福建 Fujian	15603	11244	129823	25467	22777
江西 Jiangxi	24584	7305	132574	28924	24702
山东 Shandong	40458	11271	267995	59399	57825
河南 Henan	41466	13287	285793	64120	58374
湖北 Hubei	28979	6230	188032	34954	33307
湖南 Hunan	42337	4633	216674	40694	38894
广东 Guangdong	24688	11523	244051	43266	42270
广西 Guangxi	16068	36596	207835	35025	33395
海南 Hainan	4330	1393	33043	7239	6361
四川 Sichuan	65690	5603	313670	57177	56264
贵州 Guizhou	19335	11732	142975	29120	26118
云南 Yunnan	24078	27864	165722	30020	27392
西藏 Tibet	790	3489	13011	4048	3586
陕西 Shaanxi	36201	2162	160601	25626	23297
甘肃 Gansu	23658	10059	98753	21498	18046
青海 Qinghai	3451	699	17215	3747	3055
宁夏 Ningxia	3852	876	21713	4955	4107
新疆 Xinjiang	7047	4469	76649	15442	14009

数、毕业生数(总计)

Admitted in Primary Schools (Regional Aggregates)

数 (个) Classes					毕业生数(人) Graduates	招生数(人) Students Admitted
三年级 Grade 3	四年级 Grade 4	五年级 Grade 5	六年级 Grade 6	复式班 Multiple-grade Classes		
706220	659452	596111	340531	267929	19340813	25246553
5545	5182	4592	4282	170	162030	156898
4379	3903	3543	3528	586	145705	144438
44041	40914	36375	29112	22169	1216177	1567433
18327	18533	19299	2733	35197	566667	678629
15255	14655	14617	2137	11071	421647	450349
21812	19802	17630	16607	853	576164	643884
15424	14578	13707	12931	1252	389798	468561
21714	20627	19760	14588	4701	606170	633284
4354	4526	4164	3846	4	189751	158333
32248	29959	26217	16403	7429	902306	1353076
17553	16215	15187	7547	12467	639006	638367
32059	30632	29667	2337	9669	1049839	1250433
21844	20717	19883	10039	9096	646660	714515
23695	22475	21286	776	10716	737034	877788
54553	47161	40556	4092	4409	1522936	1943659
54782	51216	47615	3722	5964	1651284	2399409
32643	30924	27255	20263	8686	901859	1250494
37559	35216	27215	23972	13124	1051335	1415478
41399	39332	37230	35495	5059	1272996	1493611
34341	32582	29730	18704	24058	860834	1009758
5566	5069	4480	4071	257	149926	184641
56768	54555	45835	36551	6520	1232229	1865252
23522	20630	18152	16518	8915	552497	959623
25203	23338	20800	16487	22482	579797	875184
2454	1358	808	608	149	15974	73218
22977	22187	19695	17923	28896	537901	859687
16567	15044	13969	3819	9810	336205	548661
2814	2494	2348	928	1829	58750	86723
3761	3358	3173	883	1476	87470	116516
13061	12270	11323	9629	915	279866	428651

地区 Region	学校数(所) Schools	教学点数(个) Teaching Sites	班 计 Total	一年级 Grade 1	二年级 Grade 2
总计 Total	31610	6237	390731	69780	70674
北京 Beijing	750	0	12055	1917	2031
天津 Tianjin	515	0	8399	1286	1360
河北 Hebei	1711	269	20406	3656	3746
山西 Shanxi	772	159	10644	1990	1958
内蒙古 Inner Mongolia	627	72	9158	1761	1745
辽宁 Liaoning	1408	37	23609	3925	4215
吉林 Jilin	1193	41	16456	2778	2908
黑龙江 Heilongjiang	1134	69	18194	3207	3326
上海 Shanghai	639	0	13997	2046	2238
江苏 Jiangsu	1831	134	19892	3550	3622
浙江 Zhejiang	1239	37	12538	2311	2285
安徽 Anhui	1046	149	12242	2290	2232
福建 Fujian	641	115	8444	1531	1533
江西 Jiangxi	612	41	6756	1426	1375
山东 Shandong	2346	638	26261	5195	5310
河南 Henan	1787	1002	20584	4161	4056
湖北 Hubei	3047	253	29635	5435	5529
湖南 Hunan	1533	181	15439	2786	2789
广东 Guangdong	1946	632	27242	4871	4773
广西 Guangxi	684	239	9048	1530	1557
海南 Hainan	125	3	1450	280	270
四川 Sichuan	2411	361	24352	3967	4022
贵州 Guizhou	643	156	6884	1289	1248
云南 Yunnan	347	48	4337	763	778
西藏 Tibet	30	4	457	78	79
陕西 Shaanxi	1411	177	15292	2629	2611
甘肃 Gansu	492	1217	6082	1118	1103
青海 Qinghai	101	0	1351	241	241
宁夏 Ningxia	106	9	1617	284	288
新疆 Xinjiang	483	194	7910	1479	1446

数、毕业生数(城市)

Admitted in Primary Schools (Urban)

班数(个) Classes					毕业生数(人) Graduates	招生数(人) Students Admitted
三年级 Grade 3	四年级 Grade 4	五年级 Grade 5	六年级 Grade 6	复式班 Multiple-grade Classes		
70907	67535	62134	48395	1306	2726018	3147701
2159	2091	1942	1915	0	81525	65063
1377	1400	1431	1545	0	77660	55487
3783	3455	3092	2591	83	137103	159862
1928	1891	1846	984	47	81743	99763
1722	1594	1544	755	37	69971	83522
4387	3999	3607	3473	3	198638	189152
2936	2793	2599	2435	7	123523	128357
3382	3175	2904	2199	1	145177	153132
2441	2552	2414	2306	0	120100	88727
3584	3341	2967	2638	190	117737	150609
2317	2087	1897	1445	196	92830	101644
2167	2067	1929	1485	72	88486	117489
1450	1386	1375	1155	14	60534	66516
1320	1288	1223	77	47	55055	66658
5318	4827	4198	1296	117	201114	232677
3912	3554	3175	1713	13	137628	210250
5380	5153	4800	3233	105	201604	249336
2737	2568	2369	2164	26	100251	132492
4648	4524	4357	4058	11	175228	223575
1608	1581	1450	1285	37	55024	60737
245	226	218	211	0	10566	14275
4391	4602	4000	3327	43	139637	154675
1206	1130	1039	953	19	35232	55127
758	749	698	590	1	27100	34594
77	77	73	73	0	2994	3646
2650	2597	2393	2210	202	87537	110747
1111	1038	956	735	21	41637	51716
239	231	208	191	0	8781	13054
286	264	249	245	1	10444	13136
1388	1295	1181	1108	13	41159	61683

小学校数、班数、招生

Number of Schools, Classes, Graduates & Students

地区 Region	学校数(所) Schools	教学点数(个) Teaching Sites	班 计 Total	班 一年级 Grade 1	班 二年级 Grade 2
总计 Total	79121	12551	593058	111375	106971
北京 Beijing	768	0	7897	1420	1456
天津 Tianjin	437	0	4507	799	806
河北 Hebei	4194	1017	31908	5789	5694
山西 Shanxi	2375	233	12045	2184	2058
内蒙古 Inner Mongolia	637	90	7945	1554	1539
辽宁 Liaoning	619	33	8874	1497	1588
吉林 Jilin	1113	282	13687	2366	2381
黑龙江 Heilongjiang	1191	182	15655	2762	2761
上海 Shanghai	333	2	6220	995	1027
江苏 Jiangsu	9318	646	63783	12130	11540
浙江 Zhejiang	12552	367	62903	10635	10338
安徽 Anhui	1662	384	12412	2655	2376
福建 Fujian	3906	1641	41825	8581	8119
江西 Jiangxi	6052	1663	37490	8328	7245
山东 Shandong	1394	326	12112	2634	2559
河南 Henan	4546	1093	36080	7892	7445
湖北 Hubei	1351	364	11235	2051	1978
湖南 Hunan	8058	638	47485	8902	8608
广东 Guangdong	1700	378	24447	4198	4208
广西 Guangxi	726	587	11006	1894	1904
海南 Hainan	153	6	2304	429	387
四川 Sichuan	7206	374	51073	8857	8850
贵州 Guizhou	1129	373	10403	2031	1886
云南 Yunnan	1673	860	14547	2700	2562
西藏 Tibet	96	65	1094	200	194
陕西 Shaanxi	4373	227	27815	4720	4482
甘肃 Gansu	697	561	5837	1180	1084
青海 Qinghai	280	30	2295	436	417
宁夏 Ningxia	107	10	1613	332	307
新疆 Xinjiang	475	119	6561	1224	1172

数、毕业生数(县镇)

Admitted in Primary Schools (County Seats & Towns)

班数(个) Classes					毕业生数(人) Graduates	招生数(人) Students Admitted
ates						
三年级 Grade 3	四年级 Grade 4	五年级 Grade 5	六年级 Grade 6	复式班 Multiple-grade Classes		
106178	100366	91905	53673	22590	3458567	4407028
1504	1348	1150	1019	0	36204	42931
802	723	673	664	40	25065	26150
5660	5136	4678	3510	1441	170922	224758
2061	2022	2013	209	1498	73088	87484
1524	1492	1484	284	68	61501	65913
1687	1502	1341	1251	8	62703	68117
2382	2262	2117	2032	147	74902	85979
2800	2683	2573	2024	52	101038	107793
1066	1116	1047	967	2	46106	43695
11171	10485	9160	6045	3252	304721	482933
11161	10210	9453	4524	6582	401493	402835
2331	2212	2158	254	426	86149	113892
7918	7537	7393	1777	500	266497	293369
6953	6593	6245	197	1929	219415	272342
2492	2212	2001	137	77	90869	125489
7109	6548	6005	710	371	228406	350679
1895	1836	1707	1389	379	65219	92121
8299	7907	6360	5923	1486	257166	337619
4179	3992	3889	3853	128	178989	208586
1975	1942	1851	1192	248	66082	84048
375	368	375	370	0	22662	21919
9096	9133	7954	6942	241	276143	376327
1754	1617	1497	1386	232	52251	79202
2455	2275	2176	1671	708	76094	102114
196	164	171	165	4	5467	6970
4469	4258	3811	3520	2555	117957	175720
1025	1003	924	457	164	34370	49326
398	392	382	238	32	12726	16761
299	284	277	113	1	11140	15220
1142	1114	1040	850	19	33222	46736

小学校数、班数、招生

Number of Schools, Classes, Graduates & Students

地区 Region	学校数(所) Schools	教学点数(个) Teaching Sites	班 计 Total	一年级 Grade 1	二年级 Grade 2
总计 Total	535252	191063	3087481	592977	549250
北京 Beijing	1262	1	10114	1725	1746
天津 Tianjin	2075	0	11908	2380	2244
河北 Hebei	40598	5182	210675	36321	35172
山西 Shanxi	37115	3369	108631	15207	13834
内蒙古 Inner Mongolia	11869	8127	72004	12906	11867
辽宁 Liaoning	12437	1549	85971	15067	15458
吉林 Jilin	7806	2714	59029	10585	10262
黑龙江 Heilongjiang	13577	5284	92563	17112	15854
上海 Shanghai	718	7	4639	797	859
江苏 Jiangsu	14687	1557	97812	19954	18435
浙江 Zhejiang	7620	382	26801	4000	3704
安徽 Anhui	25540	7041	149568	31854	28451
福建 Fujian	11056	9488	79554	15355	13125
江西 Jiangxi	17920	5601	88328	19170	16082
山东 Shandong	36718	10307	229622	51570	49956
河南 Henan	35133	11192	229129	52067	46873
湖北 Hubei	24581	5613	147162	27468	25800
湖南 Hunan	32746	3814	153750	29006	27497
广东 Guangdong	21042	10513	192362	34197	33289
广西 Guangxi	14658	35770	187781	31601	29934
海南 Hainan	4052	1384	29289	6530	5704
四川 Sichuan	56073	4868	238245	44353	43392
贵州 Guizhou	17563	11203	125688	25800	22984
云南 Yunnan	22058	26956	146838	26557	24052
西藏 Tibet	664	3420	11460	3770	3313
陕西 Shaanxi	30417	1758	117494	18277	16204
甘肃 Gansu	22469	8281	86834	19200	15859
青海 Qinghai	3070	669	13569	3070	2397
宁夏 Ningxia	3639	857	18483	4339	3512
新疆 Xinjiang	6089	4156	62178	12739	11391

数、毕业生数(农村)

Admitted in Primary Schools (Rural)

数 (个) Classes					毕业生数(人) Graduates	招生数(人) Students Admitted
三年级 Grade 3	四年级 Grade 4	五年级 Grade 5	六年级 Grade 6	复式班 Multiple grade Classes		
529135	491551	442072	238463	244033	13156228	17691824
1882	1743	1500	1348	170	44301	48904
2200	1780	1439	1319	546	42980	62801
34598	32323	28605	23011	20645	908152	1182813
14338	14620	15440	1540	33652	411836	491382
12009	11569	11589	1098	10966	290175	300914
15738	14301	12682	11883	842	314823	386615
10106	9523	8991	8464	1098	191373	254225
15532	14769	14283	10365	4648	359955	372359
847	858	703	573	2	23545	25911
17493	16133	14090	7720	3987	479848	719534
4075	3918	3837	1578	5689	144683	133888
27561	26353	25580	598	9171	875204	1019052
12476	11794	11115	7107	8582	319629	354630
15422	14594	13818	502	8740	462564	538788
46743	40122	34357	2659	4215	1230953	1585493
43761	41114	38435	1299	5580	1285250	1838480
25368	23935	20748	15641	8202	635036	909037
26523	24741	18486	15885	11612	693918	945367
32572	30816	28984	27584	4920	918779	1061450
30758	29059	26429	16227	23773	739728	864973
4946	4475	3887	3490	257	116698	148447
43281	40820	33881	26282	6236	816449	1334250
20562	17883	15616	14179	8664	465014	825294
21990	20314	17926	14226	21773	476603	738476
2181	1117	564	370	145	7513	62602
15858	15332	13491	12193	26139	332407	573220
14431	13003	12089	2627	9625	260198	447619
2177	1871	1758	499	1797	37243	56908
3176	2810	2647	525	1474	65886	88160
10531	9861	9102	7671	883	205485	320232

六年制小学校数、班

Number of Schools, Classes, Students Admitted

地　区 Region	学校数(所) Schools	教学点数(个) Teaching Sites	班 计 Total	一年级 Grade 1	二年级 Grade 2
总　计 Total	398963	128138	2660482	473058	452707
北　京 Beijing	2280	1	29832	5014	5187
天　津 Tianjin	3021	0	17826	2587	2600
河　北 Hebei	39310	4275	228326	39526	38552
山　西 Shanxi	4817	728	22633	3324	3075
内蒙古 Inner Mongolia	1488	722	12966	1927	1833
辽　宁 Liaoning	14397	1619	115320	19798	20535
吉　林 Jilin	9409	2267	87856	15332	15250
黑龙江 Heilongjiang	10353	1857	51955	2506	3802
上　海 Shanghai	1685	9	24804	3829	4114
江　苏 Jiangsu	19153	2113	143894	27908	26480
浙　江 Zhejiang	11629	176	59456	9261	9020
安　徽 Anhui	1719	572	17690	3250	3082
福　建 Fujian	7833	5686	68957	12983	11399
江　西 Jiangxi	1641	6	6178	1387	1145
山　东 Shandong	3459	1510	30567	5816	5784
河　南 Henan	2500	967	27971	5471	5242
湖　北 Hubei	25043	5891	161970	29268	27722
湖　南 Hunan	39645	4382	204569	37967	36187
广　东 Guangdong	24655	11401	243722	43193	42200
广　西 Guangxi	12397	26107	172623	29842	28645
海　南 Hainan	4330	1393	33043	7239	6361
四　川 Sichuan	65545	5580	312904	57060	56155
贵　州 Guizhou	19335	11732	142975	29120	26118
云　南 Yunnan	23529	27352	159617	29092	26545
西　藏 Tibet	636	1237	7548	2001	1701
陕　西 Shaanxi	36201	2149	160555	25618	23289
甘　肃 Gansu	4506	3761	29557	5709	5151
青　海 Qinghai	1552	227	8152	1849	1556
宁　夏 Ningxia	597	47	5483	1003	964
新　疆 Xinjiang	6298	4371	71533	14178	13013

数、招生数、毕业生数

& Graduates in 6－year Primary Schools

数 (个) Classes					毕业生数(人) Graduates	招生数(人) Students Admitted
三年级 Grade 3	四年级 Grade 4	五年级 Grade 5	六年级 Grade 6	复式班 Multiple-grade Classes		
443506	419645	370352	340531	160683	11699555	15357193
5494	5133	4552	4282	170	148650	141728
2579	2408	3538	3528	586	145343	91017
37826	34999	30656	29112	17655	1034124	1367783
3104	3082	3018	2733	4297	101200	126331
1848	1819	2180	2137	1222	75294	72549
21025	19094	17408	16607	853	568699	612581
15182	14369	13540	12931	1252	380168	451127
5360	9913	14391	14588	1395	445351	72982
4343	4514	4154	3846	4	189449	157998
25117	22100	18584	16403	7302	586303	988139
9962	8960	7788	7547	6918	333940	357530
2956	2812	2463	2337	790	101625	147075
10631	10263	10134	10039	3508	329736	342715
630	627	600	776	1013	30454	24147
5533	4781	4160	4092	401	189129	185837
4987	4536	3918	3722	95	148406	226742
27436	26025	22635	20263	8621	732573	1022780
35030	33321	25581	23972	12511	970489	1315345
41337	39268	37172	35495	5057	1266161	1488709
29319	27879	20891	18704	17343	566334	809606
5566	5069	4480	4071	257	141563	169652
56650	54446	45523	36551	6519	1207947	1860508
23522	20630	18152	16518	8915	552497	959623
24462	22636	18071	16487	22324	482048	818833
1375	962	752	608	149	15736	36730
22969	22182	19693	17923	28881	537421	858904
4925	4587	4062	3819	1304	114524	180792
1360	1076	963	928	420	25027	46646
913	841	873	883	6	26976	32770
12065	11313	10420	9629	915	252388	390014

小学在校学生数和

Enrolment and Number of Graduates for

地区 Region		在校学 Enrolment		
	合计 Total	一年级 Grade 1	二年级 Grade 2	三年级 Grade 3
总计 Total	136150042	26733307	26379506	25938403
北京 Beijing	999740	160190	170147	187959
天津 Tianjin	879772	146513	154359	157774
河北 Hebei	8828467	1615635	1678215	1643167
山西 Shanxi	3345496	707220	666307	660828
内蒙古 Inner Mongolia	2323818	467184	455060	460680
辽宁 Liaoning	3790718	656350	705473	745138
吉林 Jilin	2749146	480795	497425	506967
黑龙江 Heilongjiang	3713483	655931	677616	696880
上海 Shanghai	1076461	160412	174367	191448
江苏 Jiangsu	6878170	1417594	1365433	1308824
浙江 Zhejiang	3637987	650168	682731	744557
安徽 Anhui	6231670	1261915	1272324	1268933
福建 Fujian	3920106	735671	745712	727938
江西 Jiangxi	4435576	956897	927203	902257
山东 Shandong	9718611	1957490	2066239	2068889
河南 Henan	11055789	2580697	2442894	2222689
湖北 Hubei	6999023	1322850	1337062	1297687
湖南 Hunan	7659064	1446161	1418671	1354217
广东 Guangdong	8976384	1504607	1554396	1598100
广西 Guangxi	6383673	1086372	1145899	1230258
海南 Hainan	1113621	222761	203267	191466
四川 Sichuan	10534662	1930519	1926326	2007481
贵州 Guizhou	4893171	1117491	972299	860801
云南 Yunnan	4731182	963107	918342	856603
西藏 Tibet	284350	79359	70754	52729
陕西 Shaanxi	4742680	938795	893616	849687
甘肃 Gansu	2857986	733928	607308	544271
青海 Qinghai	459552	117514	93503	83904
宁夏 Ningxia	627920	163467	124552	115000
新疆 Xinjiang	2301764	495714	432006	401271

毕业班学生数(总计)

Next Year in Primary Schools (Regional Aggregates)

单位:人

生数			毕业班学生数
四年级 Grade 4	五年级 Grade 5	六年级 Grade 6	Graduates for Next Year
23881441	21251840	11965545	19813864
178093	158514	144837	146211
147225	138722	135179	135368
1477711	1331729	1082010	1260437
620974	592599	97568	584153
438502	425171	77221	425243
646476	545031	492250	502120
463430	419053	381476	387007
647194	604008	431854	593880
200217	181414	168603	169018
1185052	1003214	598053	882920
671497	595595	293439	578228
1218803	1108593	101102	1098112
691932	679017	339836	675255
846459	775570	27190	774048
1851772	1604204	170017	1607300
1957004	1709701	142804	1699461
1203661	1063953	773810	953935
1261206	1154318	1024491	1074375
1525551	1447454	1346276	1346847
1196811	1069911	654422	958792
179485	165241	151401	151401
1920935	1555782	1193619	1207476
736633	642362	563585	563585
779423	693439	520268	620984
35345	26653	19510	19510
777407	694661	588514	588618
472203	377299	122977	360304
74516	64613	25502	61033
103070	92248	29583	92118
372854	331771	268148	296125

小学在校学生数和

Enrolment and Number of Graduates for

地区 Region	在校学 Enrolment			
	合计 Total	一年级 Grade 1	二年级 Grade 2	三年级 Grade 3
总计 Total	17684113	3180892	3253796	3296287
北京 Beijing	440226	65250	71960	80108
天津 Tianjin	378841	55651	60853	62309
河北 Hebei	890486	161268	166945	169689
山西 Shanxi	506550	100273	94614	93680
内蒙古 Inner Mongolia	422606	83631	81871	80823
辽宁 Liaoning	1162539	189524	210790	222705
吉林 Jilin	774948	129400	138499	143475
黑龙江 Heilongjiang	887545	155018	164236	168926
上海 Shanghai	631575	89098	98539	111548
江苏 Jiangsu	842769	152958	159397	157940
浙江 Zhejiang	571266	102501	105636	110961
安徽 Anhui	606403	117745	115310	110379
福建 Fujian	373278	67256	68061	65285
江西 Jiangxi	323725	69146	67740	65418
山东 Shandong	1225642	233175	245787	258818
河南 Henan	988385	212033	205335	192153
湖北 Hubei	1361615	254044	263049	253840
湖南 Hunan	713402	133143	131851	128003
广东 Guangdong	1254611	225025	223028	217390
广西 Guangxi	381171	62485	64572	68819
海南 Hainan	74119	14539	13399	12366
四川 Sichuan	980080	155614	157934	181892
贵州 Guizhou	296336	57284	54660	52341
云南 Yunnan	192137	35029	35262	34070
西藏 Tibet	20857	3855	3603	3605
陕西 Shaanxi	647376	112751	114442	115516
甘肃 Gansu	278793	54289	51838	51871
青海 Qinghai	68001	13099	12639	12655
宁夏 Ningxia	72675	13146	13251	13290
新疆 Xinjiang	316156	62662	58695	56412

毕业班学生数(城市)

Next Year in Primary Schools (Urban)

单位:人

生数 四年级 Grade 4	五年级 Grade 5	六年级 Grade 6	毕业班学生数 Graduates for Next Year
3087622	2768202	2097314	2637505
79127	72610	71171	71637
63352	66747	69929	70117
150986	132522	109076	129633
88979	84696	44308	80819
73155	70036	33090	72090
197834	177158	164528	173998
132697	120091	110786	115338
156914	138969	103482	137905
117112	108730	106548	106548
144199	123665	104610	107547
98119	87571	66478	86900
102460	92378	68131	85967
61737	60655	50284	62445
62686	56572	2163	56081
231861	196259	59742	200559
166003	138419	74442	134715
237230	213013	140439	202954
117406	108214	94785	99558
209591	198729	180848	181419
69685	62018	53592	56598
11826	11211	10778	10778
193750	161464	129426	132560
49175	44381	38495	38495
33414	29938	24424	27321
3443	3307	3044	3044
112724	102218	89725	89766
47143	41080	32572	41315
11537	9769	8302	8817
11776	10587	10625	10761
51701	45195	41491	41820

小学在校学生数和

Enrolment and Number of Graduates for

地区 Region	在校学生 Enrolment 合计 Total	一年级 Grade 1	二年级 Grade 2	三年级 Grade 3
总计 Total	23596818	4547028	4490311	4488408
北京 Beijing	268967	46329	48196	51920
天津 Tianjin	156320	26491	27602	28884
河北 Hebei	1213186	230120	231866	228371
山西 Shanxi	429232	89800	84574	85927
内蒙古 Inner Mongolia	333861	66431	64762	65551
辽宁 Liaoning	402187	68565	73285	80112
吉林 Jilin	514674	87544	91121	93880
黑龙江 Heilongjiang	617830	109465	110770	113917
上海 Shanghai	286614	44539	46935	50529
江苏 Jiangsu	2457535	501014	486264	470534
浙江 Zhejiang	2277048	410298	429269	470671
安徽 Anhui	534393	115772	109902	105050
福建 Fujian	1541061	299797	304163	300179
江西 Jiangxi	1355245	295446	282550	276518
山东 Shandong	589639	125738	125209	122475
河南 Henan	1600802	364538	352119	328889
湖北 Hubei	509227	96937	94832	91470
湖南 Hunan	1822499	339913	333394	317185
广东 Guangdong	1220739	209213	209222	213804
广西 Guangxi	489249	83870	85117	91611
海南 Hainan	135600	24675	22828	21994
四川 Sichuan	2172152	382882	377202	400164
贵州 Guizhou	425870	87578	80024	75276
云南 Yunnan	553398	108841	105676	100025
西藏 Tibet	38560	7034	6401	6628
陕西 Shaanxi	986103	186511	181168	175579
甘肃 Gansu	254120	53878	49886	46968
青海 Qinghai	86323	18146	16149	15613
宁夏 Ningxia	72992	15741	14112	13903
新疆 Xinjiang	251392	49922	45713	44781

毕业班学生数(县镇)

Next Year in Primary Schools (County Seats & Towns)

单位:人

生数			
四年级 Grade 4	五年级 Grade 5	六年级 Grade 6	毕业班学生数 Graduates for Next Year
4176458	3746913	2147700	3526958
47115	40588	34819	35727
26177	23902	23264	23264
202848	180294	139687	173513
82039	78301	8591	77736
62081	61446	13590	61584
69522	58042	52661	52897
88079	79284	74766	75059
106703	100861	76114	99156
52881	48571	43159	43501
428806	355205	215712	307858
421830	374037	170943	363647
98990	91801	12878	91001
285544	280906	70472	283019
258391	234329	8011	234034
110885	98505	6827	98063
286514	243980	24762	241344
87874	78488	59626	68238
299311	276423	256273	262927
203764	195657	189079	189079
91451	83991	53209	77017
21548	22157	22398	22398
398068	336389	277447	280685
67943	60708	54341	54341
92749	85273	60834	78882
6126	6338	6033	6033
164162	148878	129805	129868
45161	39163	19064	36157
15058	13268	8089	12876
12816	11986	4434	11752
42022	38142	30812	35302

小学在校学生数和

Enrolment and Number of Graduates for

地区 Region	在校学 Enrolment			
	合计 Total	一年级 Grade 1	二年级 Grade 2	三年级 Grade 3
总计 Total	94869111	19005387	18635399	18153708
北京 Beijing	290547	48611	49991	55931
天津 Tianjin	344611	64371	65904	66581
河北 Hebei	6724795	1224247	1279404	1245107
山西 Shanxi	2409714	517147	487119	481221
内蒙古 Inner Mongolia	1567351	317122	308427	314306
辽宁 Liaoning	2225992	398261	421398	442321
吉林 Jilin	1459524	263851	267805	269612
黑龙江 Heilongjiang	2208108	391448	402610	414037
上海 Shanghai	158272	26775	28893	29371
江苏 Jiangsu	3577866	763622	719772	680350
浙江 Zhejiang	789673	137369	147826	162925
安徽 Anhui	5090874	1028398	1047112	1053504
福建 Fujian	2005767	368618	373488	362474
江西 Jiangxi	2756606	592305	576913	560321
山东 Shandong	7903330	1598577	1695243	1687596
河南 Henan	8466602	2004126	1885440	1701647
湖北 Hubei	5128181	971869	979181	952377
湖南 Hunan	5123163	973105	953426	909029
广东 Guangdong	6501034	1070369	1122146	1166906
广西 Guangxi	5513253	940017	996210	1069828
海南 Hainan	903902	183547	167040	157106
四川 Sichuan	7382430	1392023	1391190	1425425
贵州 Guizhou	4170965	972629	837615	733184
云南 Yunnan	3985647	819237	777404	722508
西藏 Tibet	224933	68470	60750	42496
陕西 Shaanxi	3109201	639533	598006	558592
甘肃 Gansu	2325073	625761	505584	445432
青海 Qinghai	305228	86269	64715	55636
宁夏 Ningxia	482253	134580	97189	87807
新疆 Xinjiang	1734216	383130	327598	300078

毕业班学生数(农村)

Next Year in Primary Schools (Rural)

单位:人

生数 四年级 Grade 4	五年级 Grade 5	六年级 Grade 6	毕业班学生数 Graduates for Next Year
16617361	14736725	7720531	13649401
51851	45316	38847	38847
57696	48073	41986	41987
1123877	1018913	833247	957291
449956	429602	44669	425598
303266	293689	30541	291569
379120	309831	275061	275225
242654	219678	195924	196610
383577	364178	252258	356819
30224	24113	18896	18969
612047	524344	277731	467515
151548	133987	56018	127681
1017353	924414	20093	921144
344651	337456	219080	329791
525382	484669	17016	483933
1509026	1309440	103448	1308678
1504487	1327302	43600	1323402
878557	772452	573745	682743
844489	769681	673433	711890
1112196	1053068	976349	976349
1035675	923902	547621	825177
146111	131873	118225	118225
1329117	1057929	786746	794231
619515	537273	470749	470749
653260	578228	435010	514781
25776	17008	10433	10433
500521	443565	368984	368984
379899	297056	71341	282832
47921	41576	9111	39340
78478	69675	14524	69605
279131	248434	195845	219003

六年制小学在校学生

Enrolment and Number of Graduates for

地　区 Region	在校学生 Enrolment 合　计 Total	一年级 Grade 1	二年级 Grade 2	三年级 Grade 3
总　计 Total	89619372	16492528	16376205	16245025
北　京 Beijing	992102	158744	168595	186330
天　津 Tianjin	658498	91676	97655	99747
河　北 Hebei	7779428	1403215	1453744	1416111
山　西 Shanxi	718114	139066	128070	127335
内蒙古 Inner Mongolia	420423	68483	65841	67051
辽　宁 Liaoning	3644973	625009	671397	707373
吉　林 Jilin	2688992	462477	482443	494976
黑龙江 Heilongjiang	1549744	76240	116880	170193
上　海 Shanghai	1074358	160071	173970	191015
江　苏 Jiangsu	5400464	1111756	1076413	1016169
浙　江 Zhejiang	2172132	367437	385963	433209
安　徽 Anhui	783572	151068	148980	140128
福　建 Fujian	2060405	351658	354753	339821
江　西 Jiangxi	193817	46240	43308	25688
山　东 Shandong	1117818	186890	200908	210375
河　南 Henan	1151898	233657	225266	213229
湖　北 Hubei	5912670	1084961	1095698	1075547
湖　南 Hunan	7360421	1380694	1350814	1290033
广　东 Guangdong	8971988	1503364	1553282	1597374
广　西 Guangxi	5420494	937767	987162	1052417
海　南 Hainan	1113621	222761	203267	191466
四　川 Sichuan	10501270	1925743	1921464	2002477
贵　州 Guizhou	4893171	1117491	972299	860801
云　南 Yunnan	4539364	938975	895660	834342
西　藏 Tibet	201995	49493	42557	34031
陕　西 Shaanxi	4741310	938399	893275	849356
甘　肃 Gansu	996345	212361	186943	175954
青　海 Qinghai	235088	57443	47603	41478
宁　夏 Ningxia	190173	35948	33262	32266
新　疆 Xinjiang	2134724	453441	398733	368733

数和毕业班学生数

Next Year in 6-year Primary Schools

单位:人

生数			毕业班学生数 Graduates for Next Year
四年级 Grade 4	五年级 Grade 5	六年级 Grade 6	
15136548	13403521	11965545	11965545
176456	157140	144837	144837
95708	138533	135179	135179
1271046	1153302	1082010	1082010
120061	106014	97568	97568
64678	77149	77221	77221
613783	535161	492250	492250
454098	413522	381476	381476
312595	441982	431854	431854
199700	180999	168603	168603
879726	718347	598053	598053
381278	310806	293439	293439
130711	111583	101102	101102
330739	343598	339836	339836
22679	28712	27190	27190
182707	166921	170017	170017
183898	153044	142804	142804
998826	883828	773810	773810
1209955	1104434	1024491	1024491
1524809	1446883	1346276	1346276
1023185	765541	654422	654422
179485	165241	151401	151401
1916042	1541925	1193619	1193619
736633	642362	563585	563585
757396	592723	520268	520268
29751	26653	19510	19510
777209	694557	588514	588514
158138	139972	122977	122977
33980	29082	25502	25502
29401	29713	29583	29583
341875	303794	268148	268148

小学在校学生数和毕业

Number of Female Students

地　区 Region	在校学生 Enrolment 合计 Total	一年级 Grade 1	二年级 Grade 2	三年级 Grade 3
总　计 Total	64670134	12747181	12582003	12356098
北　京 Beijing	483858	76952	82274	90679
天　津 Tianjin	426463	71353	74994	76930
河　北 Hebei	4293879	788813	817144	800984
山　西 Shanxi	1604136	341885	320815	317091
内蒙古 Inner Mongolia	1106403	223255	217423	219735
辽　宁 Liaoning	1829770	312879	339469	361103
吉　林 Jilin	1334474	232475	241346	246980
黑龙江 Heilongjiang	1799375	318339	328917	337622
上　海 Shanghai	519201	77188	84531	92251
江　苏 Jiangsu	3274672	670608	650645	625715
浙　江 Zhejiang	1725523	305874	323927	354037
安　徽 Anhui	2952293	601477	609877	604343
福　建 Fujian	1876859	356696	359580	348874
江　西 Jiangxi	2105338	457956	443514	428515
山　东 Shandong	4650855	943872	995735	994002
河　南 Henan	5303666	1245144	1175850	1068141
湖　北 Hubei	3341153	637551	639678	621166
湖　南 Hunan	3661774	695586	680695	648612
广　东 Guangdong	4255478	717871	741678	759728
广　西 Guangxi	2936074	502708	529168	568909
海　南 Hainan	509998	99797	91343	89223
四　川 Sichuan	4983855	910846	909503	951254
贵　州 Guizhou	2200625	517837	448896	391322
云　南 Yunnan	2184203	451723	425992	395900
西　藏 Tibet	122783	35313	29991	22619
陕　西 Shaanxi	2250195	446306	425584	402399
甘　肃 Gansu	1316755	341600	282022	251356
青　海 Qinghai	208151	53543	43052	37967
宁　夏 Ningxia	288326	74999	58042	53141
新　疆 Xinjiang	1123999	236735	210318	195500

班学生总数中女生数

in Primary Schools

单位:人

生数			毕业班学生数
四年级 Grade 4	五年级 Grade 5	六年级 Grade 6	Graduates for Next Year
11335389	10024301	5625162	9292167
86947	76783	70223	70877
71449	66304	65433	65433
716372	646766	523800	607172
296753	281119	46473	300066
207484	202103	36403	201305
314238	265311	236770	241508
225934	204026	183713	186431
314227	291016	209254	284693
96988	87654	80589	80797
568224	475678	283802	409973
319777	282083	139825	274931
574387	514519	47690	504196
329888	323119	158702	315437
400674	361963	12716	356907
882434	753140	81672	748948
936019	810434	68078	804275
574612	504850	363296	472743
603068	548990	484823	505526
723773	683926	628502	628508
548343	487411	299535	432744
83708	77205	68722	68722
910743	739947	561562	567141
327183	279845	235542	235542
356538	314727	239323	278016
14976	11483	8401	8401
370012	329847	276047	276095
215975	170065	55737	156903
33735	27944	11910	25234
47094	41369	13681	37485
183834	164674	132938	146158

小学教职

Number of Teachers, Staff & Workers

地区 Region	教职 Teachers, Staff 合计 Total	专任教师 Full-time Teachers	行政人员 Adm. Personnel	工勤人员 Workers
总计 Total	6385782	5735790	457719	168449
北京 Beijing	75301	62048	9416	3267
天津 Tianjin	62207	51202	7999	2630
河北 Hebei	300377	277339	18018	4559
山西 Shanxi	188646	171537	12744	4139
内蒙古 Inner Mongolia	172805	153232	11192	7580
辽宁 Liaoning	235189	198408	28399	3658
吉林 Jilin	180892	153537	20004	6582
黑龙江 Heilongjiang	246032	213124	21776	10498
上海 Shanghai	71610	53992	12479	3873
江苏 Jiangsu	318471	279613	24854	8796
浙江 Zhejiang	162999	148510	10422	2995
安徽 Anhui	290565	269859	16512	3637
福建 Fujian	185854	170791	12070	2855
江西 Jiangxi	243202	229207	9269	4412
山东 Shandong	463651	429345	23032	9956
河南 Henan	431203	400151	24236	6286
湖北 Hubei	345171	309804	18888	15197
湖南 Hunan	318501	298500	11128	8325
广东 Guangdong	392034	338242	45480	7876
广西 Guangxi	227396	195583	24912	6526
海南 Hainan	51376	43606	4669	3099
四川 Sichuan	496420	441424	34898	18668
贵州 Guizhou	181522	166526	12735	2158
云南 Yunnan	200252	184303	11310	4561
西藏 Tibet	14712	13916	347	448
陕西 Shaanxi	198460	181326	13688	3292
甘肃 Gansu	136670	129823	4505	2241
青海 Qinghai	29298	27350	1081	702
宁夏 Ningxia	33848	31343	1673	828
新疆 Xinjiang	131118	112149	9983	8805

工 数（总 计）

in Primary Schools (Regional Aggregates)

单位:人

工数 & Workers		代课教师 Substitute Teachers	临时工 Temporary Workers	兼任教师 Part-time Teachers
校办工厂、农场职工 Employees in School-run Factories & Farms				
计 Total	其中:由厂、场收入支付工资的职工 Employees maintained by income of school-run businesses			
23824	9787	771601	96217	11940
570	225	4466	4408	119
376	70	2096	722	223
461	83	110261	2507	76
226	48	19717	2340	147
801	173	9181	1169	59
4724	4461	10362	3704	756
769	349	9213	314	46
634	228	13307	3672	62
1266	0	543	1437	146
5208	2104	21376	3664	123
1072	225	16511	4635	222
557	48	15337	2203	41
138	6	25398	1513	1012
314	157	13433	3006	113
1318	337	20240	1396	148
530	77	34106	12495	284
1282	453	13219	3484	212
548	110	38306	4176	118
436	34	58036	7052	152
375	62	124086	1864	100
2	0	10217	907	264
1430	141	41892	12636	5255
103	73	39848	2767	263
78	20	52791	6506	50
1	1	1490	1086	87
154	22	39393	2734	145
101	67	7920	842	44
165	126	575	659	1
4	1	2340	1010	264
181	86	15941	1309	1408

小学教职

Number of Teachers, Staff & Workers

地区 Region	教职 Teachers, Staff			
	合计 Total	专任教师 Full-time Teachers	行政人员 Adm. Personnel	工勤人员 Workers
总计 Total	1026933	871149	101842	43044
北京 Beijing	37345	29961	5238	1700
天津 Tianjin	29411	23132	4275	1759
河北 Hebei	48812	42322	4353	1895
山西 Shanxi	31978	27002	3041	1852
内蒙古 Inner Mongolia	28340	23603	3102	1277
辽宁 Liaoning	67261	53876	8845	1908
吉林 Jilin	49647	39598	6726	2677
黑龙江 Heilongjiang	54648	44309	6667	3338
上海 Shanghai	37016	27781	7076	1858
江苏 Jiangsu	48931	41653	3928	1171
浙江 Zhejiang	28028	24867	1699	1064
安徽 Anhui	32950	29814	1989	972
福建 Fujian	19809	17983	1245	556
江西 Jiangxi	18791	17254	1067	448
山东 Shandong	72733	62833	6315	2671
河南 Henan	52259	45485	4585	1913
湖北 Hubei	76534	66178	6167	3683
湖南 Hunan	38448	34346	2419	1513
广东 Guangdong	63104	53258	7283	2420
广西 Guangxi	20515	18093	1625	740
海南 Hainan	3677	3193	215	269
四川 Sichuan	61793	52450	5613	3258
贵州 Guizhou	15723	13892	1295	477
云南 Yunnan	10803	9666	745	369
西藏 Tibet	1384	1255	70	59
陕西 Shaanxi	32523	27787	3371	1298
甘肃 Gansu	15572	13935	959	605
青海 Qinghai	3696	3430	190	72
宁夏 Ningxia	4174	3732	240	201
新疆 Xinjiang	21028	18461	1499	1021

工 数（城 市）

in Primary Schools (Urban)

单位：人

工 数 & Workers				
校办工厂、农场职工 Employees in School－run Factories & Farms		代课教师 Substitute Teachers	临时工 Temporary Workers	兼任教师 Part－time Teachers
计 Total	其中：由厂、场收入支付工资的职工 Employees maintained by income of school－run businesses			
10898	6152	27936	14677	2483
446	202	335	2665	92
245	39	116	423	204
242	52	2580	365	40
83	18	1720	639	99
358	71	344	335	42
2632	2530	186	1453	92
646	344	699	163	44
334	173	599	381	15
301	0	430	1093	112
2179	1692	1376	330	48
398	161	749	762	170
175	4	819	114	12
25	0	355	59	245
22	1	270	64	14
914	301	741	216	32
276	60	394	272	80
506	242	1894	782	167
170	51	884	160	56
143	12	5618	1534	104
57	18	2151	270	67
0	0	135	33	0
472	38	1148	1353	447
59	45	964	163	27
23	6	122	40	4
0	0	159	64	0
67	9	2462	539	114
73	64	77	104	10
4	0	43	62	0
1	0	94	61	2
47	19	472	178	144

小学教职

Number of Teachers, Staff & Workers

地区 Region	教职 Teachers, Staff			
	合计 Total	专任教师 Full-time Teachers	行政人员 Adm. Personnel	工勤人员 Workers
总计 Total	1189274	1054546	88114	40114
北京 Beijing	17939	15087	2009	778
天津 Tianjin	12478	10385	1588	433
河北 Hebei	50816	46329	3166	1234
山西 Shanxi	25166	22464	1788	836
内蒙古 Inner Mongolia	24961	21447	2051	1256
辽宁 Liaoning	25941	22186	2624	680
吉林 Jilin	37165	29642	5438	1981
黑龙江 Heilongjiang	44019	36386	4519	2901
上海 Shanghai	24130	17110	4529	1603
江苏 Jiangsu	117650	102304	9434	3991
浙江 Zhejiang	98909	90601	6226	1563
安徽 Anhui	27190	24984	1512	518
福建 Fujian	68526	61912	5530	1035
江西 Jiangxi	72658	68617	2682	1259
山东 Shandong	31146	28504	1487	1037
河南 Henan	66206	60901	3553	1622
湖北 Hubei	25617	23054	1151	1201
湖南 Hunan	76779	71901	2496	2280
广东 Guangdong	52355	46061	4756	1394
广西 Guangxi	26749	23104	1952	1613
海南 Hainan	7025	5866	395	764
四川 Sichuan	118290	101237	10720	5682
贵州 Guizhou	22244	20297	1515	423
云南 Yunnan	28843	25848	1986	995
西藏 Tibet	3112	2700	148	263
陕西 Shaanxi	43412	39626	2753	973
甘肃 Gansu	13205	12170	512	510
青海 Qinghai	5913	5450	247	210
宁夏 Ningxia	4583	4157	222	202
新疆 Xinjiang	16247	14216	1125	877

工 数（县 镇）

in Primary Schools (County Seats & Towns)

单位:人

工 数 & Workers		代课教师 Substitute Teachers	临 时 工 Temporary Workers	兼任教师 Part－time Teachers
校办工厂、农场职工 Employees in School－run Factories & Farms				
计 Total	其中:由厂、场收入支付工资的职工 Employees maintained by income of school－run businesses			
6500	1236	78551	14322	2375
65	6	1583	652	20
72	7	580	155	13
87	11	9444	435	2
78	10	1255	195	10
207	61	201	132	1
451	376	177	346	31
104	5	1184	68	2
213	45	1215	184	37
888	0	70	302	28
1921	329	8208	1521	31
519	53	9508	2639	23
176	4	653	191	2
49	4	8368	395	429
100	85	3350	819	28
118	24	309	85	18
130	6	4028	1568	5
211	73	638	141	16
102	6	6569	605	37
144	6	4566	685	3
80	11	2568	123	5
0	0	681	151	10
651	96	4000	1040	1478
9	0	1335	152	29
14	2	2169	683	1
1	1	116	295	28
60	9	5118	464	19
13	1	289	70	0
6	0	35	58	0
2	1	28	41	12
29	4	306	127	57

小学教职

Number of Teachers, Staff & Workers

地区 Region	教职 Teachers, Staff 合计 Total	专任教师 Full-time Teachers	行政人员 Adm. Personnel	工勤人员 Workers
总计 Total	4169575	3810095	267763	85291
北京 Beijing	20017	17000	2169	789
天津 Tianjin	20318	17685	2136	438
河北 Hebei	200749	188688	10499	1430
山西 Shanxi	131502	122071	7915	1451
内蒙古 Inner Mongolia	119504	108182	6039	5047
辽宁 Liaoning	141987	122346	16930	1070
吉林 Jilin	94080	84297	7840	1924
黑龙江 Heilongjiang	147365	132429	10590	4259
上海 Shanghai	10464	9101	874	412
江苏 Jiangsu	151890	135656	11492	3634
浙江 Zhejiang	36062	33042	2497	368
安徽 Anhui	230425	215061	13011	2147
福建 Fujian	97519	90896	5295	1264
江西 Jiangxi	151753	143336	5520	2705
山东 Shandong	359772	338008	15230	6248
河南 Henan	312738	293765	16098	2751
湖北 Hubei	243020	220572	11570	10313
湖南 Hunan	203274	192253	6213	4532
广东 Guangdong	276575	238923	33441	4062
广西 Guangxi	180132	154386	21335	4173
海南 Hainan	40674	34547	4059	2066
四川 Sichuan	316337	287737	18565	9728
贵州 Guizhou	143555	132337	9925	1258
云南 Yunnan	160606	148789	8579	3197
西藏 Tibet	10216	9961	129	126
陕西 Shaanxi	122525	113913	7564	1021
甘肃 Gansu	107893	103718	3034	1126
青海 Qinghai	19689	18470	644	420
宁夏 Ningxia	25091	23454	1211	425
新疆 Xinjiang	93843	79472	7359	6907

工 数（农 村）

in Primary Schools (Rural)

单位:人

工　数 & Workers		代课教师 Substitute Teachers	临时工 Temporary Workers	兼任教师 Part-time Teachers
校办工厂、农场职工 Employees in School-run Factories & Farms				
计 Total	其中:由厂、场收入支付工资的职工 Employees maintained by income of school-run businesses			
6426	2399	665114	67218	7082
59	17	2548	1091	7
59	24	1400	144	6
132	20	98237	1707	34
65	20	16742	1506	38
236	41	8636	702	16
1641	1555	9999	1905	633
19	0	7330	83	0
87	10	11493	3107	10
77	0	43	42	6
1108	83	11792	1813	44
155	11	6254	1234	29
206	40	13865	1898	27
64	2	16675	1059	338
192	71	9813	2123	71
286	12	19190	1095	98
124	11	29684	10655	199
565	138	10687	2561	29
276	53	30853	3411	25
149	16	47852	4833	45
238	33	119367	1471	28
2	0	9401	723	254
307	7	36744	10243	3330
35	28	37549	2452	207
41	12	50500	5783	45
0	0	1215	727	59
27	4	31813	1731	12
15	2	7554	668	34
155	126	497	539	1
1	0	2218	908	250
105	63	15163	1004	1207

小学教职工总数

Number of Primary School Teachers, Staff

地区 Region	教职 Teachers, Staff			
	合计 Total	专任教师 Full－time Teachers	行政人员 Adm. Personnel	工勤人员 Workers
总计 Total	29383	22140	1860	5360
北京 Beijing	692	364	163	160
天津 Tianjin	337	166	64	107
河北 Hebei	827	621	40	166
山西 Shanxi	1108	805	56	247
内蒙古 Inner Mongolia	604	554	16	29
辽宁 Liaoning	410	394	16	0
吉林 Jilin	61	47	9	5
黑龙江 Heilongjiang	1184	778	128	278
上海 Shanghai	277	155	89	33
江苏 Jiangsu	289	188	12	89
浙江 Zhejiang	1037	502	92	443
安徽 Anhui	482	408	20	51
福建 Fujian	749	340	69	340
江西 Jiangxi	1082	1068	9	5
山东 Shandong	739	479	52	208
河南 Henan	547	452	37	58
湖北 Hubei	923	560	78	285
湖南 Hunan	502	282	33	187
广东 Guangdong	3850	2201	353	1296
广西 Guangxi	2081	1771	144	164
海南 Hainan	626	393	42	191
四川 Sichuan	1850	1438	66	338
贵州 Guizhou	4285	4178	73	34
云南 Yunnan	294	230	18	46
西藏 Tibet	1684	1683	0	1
陕西 Shaanxi	2202	1513	158	531
甘肃 Gansu	610	528	22	60
青海 Qinghai	38	30	1	7
宁夏 Ningxia	13	12	0	1
新疆 Xinjiang	0	0	0	0

中民办教职工数

& Workers Maintained by the Communities

单位:人

工　数 & Workers		代课教师 Substitute Teachers	临时工 Temporary Workers	兼任教师 Part-time Teachers
校办工厂、农场职工 Employees in School-run Factories & Farms				
计 Total	其中:由厂、场收入支付工资的职工 Employees maintained by income of school-run businesses			
23	5	5960	1730	1015
5	5	6	66	31
0	0	6	13	166
0	0	2069	56	35
0	0	310	71	6
5	0	112	7	1
0	0	75	325	39
0	0	0	5	0
0	0	12	131	8
0	0	21	58	92
0	0	122	110	18
0	0	180	248	166
3	0	222	86	1
0	0	4	0	176
0	0	0	0	6
0	0	70	0	0
0	0	262	22	59
0	0	13	12	10
0	0	30	13	2
0	0	11	233	72
2	0	201	29	37
0	0	0	18	0
8	0	105	47	66
0	0	930	76	9
0	0	3	3	0
0	0	32	19	0
0	0	820	49	15
0	0	341	31	0
0	0	3	2	0
0	0	0	0	0
0	0	0	0	0

小学教职工总数

Number of Female Teachers, Staff &

地区 Region	教职 Teachers, Staff			
	合计 Total	专任教师 Full-time Teachers	行政人员 Adm. Personnel	工勤人员 Workers
总计 Total	2902344	2718842	102599	71390
北京 Beijing	54917	47379	5294	1968
天津 Tianjin	42142	36578	3949	1496
河北 Hebei	163968	158340	3871	1619
山西 Shanxi	111130	106389	2920	1729
内蒙古 Inner Mongolia	84569	78187	3420	2711
辽宁 Liaoning	142824	127862	10756	1592
吉林 Jilin	102665	92576	7064	2597
黑龙江 Heilongjiang	140957	127055	8958	4642
上海 Shanghai	49391	39708	7173	2136
江苏 Jiangsu	131127	121486	3809	3757
浙江 Zhejiang	86317	82490	1870	1627
安徽 Anhui	97314	93674	1929	1525
福建 Fujian	83746	81129	1108	1476
江西 Jiangxi	90889	87594	1450	1731
山东 Shandong	186769	178801	4455	2974
河南 Henan	182301	175706	4564	1853
湖北 Hubei	136699	127600	3553	5129
湖南 Hunan	145249	139554	2133	3453
广东 Guangdong	187236	177136	5338	4633
广西 Guangxi	85276	79457	2382	3299
海南 Hainan	17190	14948	372	1870
四川 Sichuan	207672	193671	6783	6821
贵州 Guizhou	59716	56979	1715	967
云南 Yunnan	73059	68628	1621	2783
西藏 Tibet	5026	4803	88	135
陕西 Shaanxi	84890	81442	2212	1201
甘肃 Gansu	42831	41298	602	876
青海 Qinghai	12401	11876	203	289
宁夏 Ningxia	14423	13817	241	365
新疆 Xinjiang	79650	72679	2766	4136

中女教职工数

Workers in Primary Schools

单位:人

工　数 & Workers		代课教师 Substitute Teachers	临时工 Temporary Workers	兼任教师 Part－time Teachers
校办工厂、农场职工 Employees in School－run Factories & Farms				
计 Total	其中:由厂、场收入支付工资的职工 Employees maintained by income of school－run businesses			
9513	5586	440194	47947	4497
276	130	3871	1929	83
119	18	1705	207	182
138	36	87155	1343	24
92	23	14947	1324	62
251	86	5558	490	30
2614	2526	7960	1330	562
428	223	5191	151	25
302	142	7746	1847	32
374	0	425	831	98
2075	1470	13239	1768	50
330	93	12619	3213	135
186	33	7786	1211	7
33	1	17080	914	380
114	100	6195	1258	23
539	200	11598	465	40
178	30	18934	6629	159
417	206	5969	1323	110
109	45	20131	1840	65
129	8	37411	4130	106
138	20	62009	1175	53
0	0	4038	529	96
397	34	16858	5232	1067
55	42	14134	1240	55
27	6	19705	3657	20
0	0	556	433	13
35	7	25016	1613	91
55	46	2613	410	24
33	23	170	186	0
0	0	942	673	166
69	38	8633	596	739

小学学龄儿童

Net Enrolment Rate of School－age

地　区 Region		校内外学龄儿童总数 Total Number of School－age Children	小学在校 Breakdown of		
			合　计 Total	不足七周岁 Under 7 years	七周岁 7 years
总　计	Total	128765252	127232868	1356133	23892478
北　京	Beijing	955680	954983	128663	159233
天　津	Tianjin	815873	813935	27413	135011
河　北	Hebei	8555233	8532468	11135	1539729
山　西	Shanxi	3176271	3152889	0	645491
内蒙古	Inner Mongolia	2136257	2111529	1075	377451
辽　宁	Liaoning	3628267	3602582	0	619861
吉　林	Jilin	2650881	2641786	0	455505
黑龙江	Heilongjiang	3489184	3457913	0	584871
上　海	Shanghai	1023240	1022051	141568	167446
江　苏	Jiangsu	6511350	6498836	254635	1287580
浙　江	Zhejiang	3474310	3468510	0	630302
安　徽	Anhui	5839085	5826597	58360	1219905
福　建	Fujian	3629025	3619807	25161	716966
江　西	Jiangxi	4042296	4027039	15269	832655
山　东	Shandong	9343783	9295565	148674	1844842
河　南	Henan	10382734	10333965	24608	2317446
湖　北	Hubei	6621339	6588020	429490	1223766
湖　南	Hunan	7296790	7166646	0	1351858
广　东	Guangdong	8684391	8662889	0	1437008
广　西	Guangxi	5966461	5883069	0	940579
海　南	Hainan	1000116	990273	0	167860
四　川	Sichuan	10232006	9826457	0	1754532
贵　州	Guizhou	4316151	4171431	0	773495
云　南	Yunnan	4398180	4303193	9849	755273
西　藏	Tibet	340467	250379	0	49034
陕　西	Shaanxi	4546599	4511915	80036	814409
甘　肃	Gansu	2591426	2520554	197	513620
青　海	Qinghai	444018	397835	0	78344
宁　夏	Ningxia	537503	518553	0	113423
新　疆	Xinjiang	2136336	2081199	0	384983

入学率情况

Children in Primary Schools

单位:人

学龄儿童年龄分组 Students by age 八周岁 8 years	九周岁 9 years	十周岁 10 years	十一周岁 11 years	十二周岁 12 years	十三周岁及以上 13 years and over	学龄儿童入学率(%) Net Enrolment Rate of School-age Children
24379758	24797590	22532853	19889906	10380270	3880	98.81
177989	178736	162597	147765	0	0	99.93
146759	154445	147876	138035	64396	0	99.76
1618434	1595076	1442941	1298115	1027038	0	99.73
635351	640722	599816	546384	85125	0	99.26
415299	433042	402643	392005	88667	1347	98.84
695583	749201	626735	509240	401962	0	99.29
479851	500155	449026	404314	352935	0	99.66
636730	665565	622484	565130	383133	0	99.10
182169	193222	184277	153369	0	0	99.88
1245733	1244770	1079116	920276	466726	0	99.81
667302	740636	606643	536566	287061	0	99.83
1206782	1213117	1076850	997265	54318	0	99.79
690842	697472	641282	612737	235347	0	99.75
831391	827439	772272	721409	26604	0	99.62
1997683	2001065	1762324	1402259	138718	0	99.48
2276239	2151410	1856159	1591469	116634	0	99.53
1215052	1221674	1107442	929572	461024	0	99.50
1333311	1304575	1207310	1103983	865609	0	98.22
1467735	1514113	1460274	1426238	1357521	0	99.75
1008171	1103937	1101928	1050272	678182	0	98.60
168069	164087	162720	162539	164998	0	99.02
1778271	2062020	1874461	1405179	951994	0	96.04
767388	753648	687816	623642	565442	0	96.65
771095	777299	729096	668581	592000	0	97.84
52109	49713	41104	33450	24969	0	73.54
825176	809233	749867	686144	547050	0	99.24
512115	493456	447973	394070	159122	1	97.27
78308	79311	72052	61844	25444	2532	89.60
110449	107396	98818	88467	0	0	96.47
388372	371055	358951	319587	258251	0	97.42

小学女学龄儿童

Net Enrolment Rate of Female School-age

地区 Region		校内外学龄儿童总数 Total Number of School-age Children	小学在校 Breakdown of		
			合计 Total	不足七周岁 Under 7 years	七周岁 7 years
总计	**Total**	61557046	60713090	653381	11456947
北京	Beijing	464416	464053	62017	77036
天津	Tianjin	397244	396333	13784	65780
河北	Hebei	4169314	4159736	5568	752142
山西	Shanxi	1530233	1519079	0	313877
内蒙古	Inner Mongolia	1024021	1013331	511	181150
辽宁	Liaoning	1755292	1742163	0	297687
吉林	Jilin	1289649	1285672	0	219971
黑龙江	Heilongjiang	1699029	1684318	0	286318
上海	Shanghai	496564	495950	68610	81481
江苏	Jiangsu	3108276	3102776	121089	615910
浙江	Zhejiang	1652723	1649609	0	296770
安徽	Anhui	2716349	2710697	28062	581452
福建	Fujian	1742447	1737157	11904	343729
江西	Jiangxi	1929432	1921072	7502	397639
山东	Shandong	4486668	4462798	71983	891682
河南	Henan	5010442	4976124	11939	1127636
湖北	Hubei	3170385	3154221	207245	588344
湖南	Hunan	3499401	3433975	0	650276
广东	Guangdong	4132433	4122088	0	684502
广西	Guangxi	2776133	2732440	0	438954
海南	Hainan	467671	460130	0	77580
四川	Sichuan	4887191	4670902	0	832487
贵州	Guizhou	2015279	1920376	0	360225
云南	Yunnan	2071859	2012845	5010	358963
西藏	Tibet	159031	110246	0	20753
陕西	Shaanxi	2163708	2147273	38053	390269
甘肃	Gansu	1226482	1178779	104	243008
青海	Qinghai	207975	183022	0	37456
宁夏	Ningxia	257017	241656	0	53719
新疆	Xinjiang	1050382	1024269	0	190151

入学率情况

Children in Primary Schools

单位:人

学龄儿童年龄分组 Students by age						学龄儿童入学率(%) Net Enrolment Rate of School-age Children
八周岁 8 years	九周岁 9 years	十周岁 10 years	十一周岁 11 years	十二周岁 12 years	十三周岁及以上 13 years and over	
11659248	11857010	10753601	9430981	4900535	1387	98.63
87222	87692	78663	71423	0	0	99.92
71947	75356	71542	66591	31333	0	99.77
792470	777600	703589	631847	496520	0	99.77
305338	309398	288859	261648	39959	0	99.27
200449	207375	193681	187373	42244	548	98.96
335440	363724	304689	247165	193458	0	99.25
233631	243932	219469	196231	172438	0	99.69
310463	323921	303162	273979	186475	0	99.13
88255	94159	89364	74081	0	0	99.88
591674	598483	514851	438977	221792	0	99.82
316753	352332	289538	255531	138685	0	99.81
564403	559013	499655	452936	25176	0	99.79
332859	335411	308006	293848	111400	0	99.70
395055	393633	369007	345619	12617	0	99.57
962130	966236	843851	661742	65174	0	99.47
1093105	1038171	892025	758264	54984	0	99.32
583155	585708	528512	443941	217316	0	99.49
642787	624947	577665	526580	411720	0	98.13
700720	722545	695417	674404	644500	0	99.75
470897	514037	513039	483003	312510	0	98.43
77824	76338	76172	74527	77689	0	98.39
847354	980309	895673	669290	445789	0	95.57
355326	350367	316607	285112	252739	0	95.29
363807	365083	340524	309319	270139	0	97.15
23505	22406	18602	14528	10452	0	69.32
392804	386062	357175	325880	257030	0	99.24
240227	231346	209042	181423	73629	0	96.11
36251	36571	33021	27961	10923	839	88.00
51810	50083	45469	40575	0	0	94.02
191587	184772	176732	157183	123844	0	97.51

特殊教育学校基本情况(包括盲

Basic Statistics of Special Education Schools (Including

地区 Region	学校数(所) Schools	班数(个) Classes		毕业生数 Graduates		
		小学 Primary Schools	初中 Junior Sec. Schools	计 Total	小学 Primary Schools	初中 Junior Sec. Schools
总计 Total	1428	14080	823	23795	20978	2817
北京 Beijing	31	334	49	1081	815	266
天津 Tianjin	21	144	19	475	424	51
河北 Hebei	78	645	26	963	894	69
山西 Shanxi	58	319	12	519	460	59
内蒙古 Inner Mongolia	19	157	3	82	78	4
辽宁 Liaoning	75	803	58	855	676	179
吉林 Jilin	60	927	23	1188	1154	34
黑龙江 Heilongjiang	71	798	31	928	807	121
上海 Shanghai	39	381	83	620	296	324
江苏 Jiangsu	127	1730	119	2737	2389	348
浙江 Zhejiang	60	835	57	1778	1493	285
安徽 Anhui	60	320	27	1172	1083	89
福建 Fujian	71	562	43	2107	2053	54
江西 Jiangxi	25	122	11	684	497	187
山东 Shandong	137	1017	105	1335	1082	253
河南 Henan	113	578	24	490	425	65
湖北 Hubei	62	364	27	702	611	91
湖南 Hunan	48	293	17	700	665	35
广东 Guangdong	51	362	24	1619	1517	102
广西 Guangxi	41	663	1	860	836	24
海南 Hainan	1	14	0	80	80	0
四川 Sichuan	94	513	25	749	720	29
贵州 Guizhou	23	1529	10	563	535	28
云南 Yunnan	12	150	14	681	619	62
西藏 Tibet	0	0	0	5	5	0
陕西 Shaanxi	25	206	5	553	504	49
甘肃 Gansu	11	96	5	121	117	4
青海 Qinghai	2	39	2	32	32	0
宁夏 Ningxia	6	133	0	77	77	0
新疆 Xinjiang	7	46	3	39	34	5

聋哑学校及弱智儿童辅读学校)

Schools for the Blind, the Deaf-mute & the Retarded)

单位：人

招生数 Students Admitted			在校学生数 Enrolment			教职工数 Teachers, Staff & Workers	
计 Total	小学 Primary Schools	初中 Junior Sec. Schools	计 Total	小学 Primary Schools	初中 Junior Sec. Schools	计 Total	其中：专任教师 Of which: Full-time Teachers
48160	43402	4758	321063	304842	16221	39695	27016
1050	702	348	7748	6387	1361	951	660
493	420	73	3310	3089	221	790	571
2231	2079	152	12761	12414	347	2165	1249
964	902	62	4853	4676	177	1060	787
303	289	14	1969	1931	38	583	409
1159	970	189	8044	7239	805	2756	1907
956	857	99	9330	8887	443	2343	1367
1024	972	52	7959	7644	315	2827	1963
910	689	221	6164	5135	1029	1512	929
5119	4628	491	39793	38057	1736	3807	2784
2261	1702	559	22691	20732	1959	1462	1169
3703	3495	208	19043	18436	607	1065	758
5453	4956	497	33257	31881	1376	1231	918
1915	1706	209	7328	6620	708	406	318
2634	2366	268	18237	17170	1067	4458	2796
1399	1296	103	8568	8273	295	2284	1743
1220	1008	212	5177	4784	393	1382	985
1557	1462	95	6725	6371	354	1017	676
3375	3052	323	33025	31535	1490	1026	778
2498	2376	122	15914	15628	286	1700	1067
147	147	0	949	938	11	72	47
1580	1502	78	9294	9026	268	1474	1113
2582	2537	45	12033	11905	128	1370	751
1697	1561	136	11577	11162	415	462	344
3	3	0	51	51	0	2	2
1450	1300	150	8685	8403	282	568	411
281	248	33	1523	1442	81	325	235
84	75	9	3994	3980	14	123	83
45	45	0	654	654	0	285	82
67	57	10	407	392	15	189	114

特殊教育学校中盲

Basic Statistics of Schools for

地区 Region	学校数(所) Schools	班数(个) Classes		毕业生数 Graduates		
		小学 Primary Schools	初中 Junior Sec. Schools	计 Total	小学 Primary Schools	初中 Junior Sec. Schools
总计 Total	980	6362	536	8051	6374	1677
北京 Beijing	7	82	38	160	68	92
天津 Tianjin	8	50	17	131	80	51
河北 Hebei	63	317	5	299	281	18
山西 Shanxi	21	172	9	287	228	59
内蒙古 Inner Mongolia	15	116	3	61	57	4
辽宁 Liaoning	51	383	51	543	396	147
吉林 Jilin	25	271	23	308	274	34
黑龙江 Heilongjiang	67	505	29	569	457	112
上海 Shanghai	21	83	49	263	103	160
江苏 Jiangsu	72	557	53	944	698	246
浙江 Zhejiang	43	365	12	448	367	81
安徽 Anhui	48	227	24	322	259	63
福建 Fujian	29	192	1	254	245	9
江西 Jiangxi	17	75	10	229	158	71
山东 Shandong	109	705	77	811	587	224
河南 Henan	95	489	22	363	311	52
湖北 Hubei	57	303	26	426	351	75
湖南 Hunan	44	220	17	312	282	30
广东 Guangdong	20	163	20	274	212	62
广西 Guangxi	15	94	1	110	110	0
海南 Hainan	1	14	0	36	36	0
四川 Sichuan	85	317	20	298	270	28
贵州 Guizhou	13	263	3	93	81	12
云南 Yunnan	10	90	14	181	139	42
西藏 Tibet	0	0	0	0	0	0
陕西 Shaanxi	22	141	2	134	134	0
甘肃 Gansu	8	71	5	90	90	0
青海 Qinghai	2	32	2	32	32	0
宁夏 Ningxia	5	25	0	37	37	0
新疆 Xinjiang	7	40	3	36	31	5

注:本表不包括普校附设的盲聋哑班的学生数

Nomber of students in the blind and deaf-mute classes attached to regular schools are not included.

聋哑学校基本情况

the Blind & the Deaf－mute

单位:人

招生数 Students Admitted			在校学生数 Enrolment			教职工数 Teachers Staff & Workers	
计 Total	小学 Primary Schools	初中 Junior Sec. Schools	计 Total	小学 Primary Schools	初中 Junior Sec. Schools	计 Total	其中:专任教师 Of which: Full－time Teachers
17794	15633	2161	90149	82948	7201	28462	19060
280	131	149	1451	943	508	462	289
155	82	73	741	534	207	455	315
996	966	30	4323	4190	133	1406	914
538	509	29	2589	2447	142	813	563
213	201	12	1202	1173	29	513	343
766	619	147	4815	4144	671	1907	1369
530	435	95	4119	3686	433	1548	955
672	632	40	4845	4567	278	2577	1741
295	170	125	1539	1003	536	893	471
1349	1146	203	8163	7516	647	2546	1645
778	730	48	4609	4486	123	1168	895
1178	1053	125	4755	4409	346	919	635
1077	1001	76	4424	4221	203	570	423
425	321	104	1650	1390	260	298	231
1692	1474	218	9041	8163	878	3726	2211
1167	1067	100	6185	5902	283	2051	1542
794	681	113	3345	3158	187	1279	889
1151	1060	91	3499	3221	278	920	625
814	675	139	6317	5846	471	567	406
448	441	7	2028	1966	62	638	399
72	72	0	188	188	0	71	46
900	827	73	3204	3013	191	1166	831
378	368	10	1737	1705	32	392	246
462	359	103	1898	1697	201	390	276
0	0	0	0	0	0	0	0
338	334	4	1639	1632	7	517	366
176	148	28	803	736	67	276	191
59	50	9	320	307	13	107	74
29	29	0	356	356	0	110	67
62	52	10	364	349	15	177	102

幼儿园基本

Basic Statistics of Kindergartens

地区 Region	园数(所) Kindergartens 计 Total	班数(个) Classes 计 Total	其中:小学附设学前班 Of which: Pre-school Classes Attached to Primary Schools	入园人数(人) Children Admitted 计 Total	其中:小学附设学前班 Of which: Pre-school Classes Attached to Primary Schools
总计 Total	187324	809394	462517	19516490	13992929
北京 Beijing	3056	9802	1507	112449	45791
天津 Tianjin	5063	10006	3821	193921	110979
河北 Hebei	3526	47284	40779	1400343	1273603
山西 Shanxi	9387	35221	20342	719349	427130
内蒙古 Inner Mongolia	1366	14994	10474	354956	283505
辽宁 Liaoning	9945	33659	15766	564749	363128
吉林 Jilin	4361	18515	10370	378087	281745
黑龙江 Heilongjiang	3993	23957	16063	520988	394869
上海 Shanghai	986	9212	2878	126062	35376
江苏 Jiangsu	18763	60091	16696	1166557	439062
浙江 Zhejiang	11915	32654	9864	580561	242920
安徽 Anhui	2361	26567	18380	805412	640826
福建 Fujian	13315	30355	11236	618946	282930
江西 Jiangxi	5084	16363	9574	462715	326674
山东 Shandong	47686	84644	39309	1710554	1080897
河南 Henan	3119	53807	44361	1931880	1741723
湖北 Hubei	3502	28126	19100	785659	630672
湖南 Hunan	2806	41175	35848	1118445	1005521
广东 Guangdong	8582	55001	28482	1390978	1022795
广西 Guangxi	3023	27136	21116	755244	656951
海南 Hainan	512	3594	2311	104618	85236
四川 Sichuan	17140	70238	30213	1620318	884439
贵州 Guizhou	1317	11202	8207	363797	307505
云南 Yunnan	1501	16750	11570	440620	360168
西藏 Tibet	46	158	73	3668	1689
陕西 Shaanxi	2378	26574	20615	695599	611652
甘肃 Gansu	1321	11247	7316	322789	256194
青海 Qinghai	192	2340	1749	62650	50668
宁夏 Ningxia	232	2353	1567	65743	55545
新疆 Xinjiang	846	6369	2930	138833	92736

情况（总计）

(Regional Aggregates)

在园幼儿数（人）Children Enrolled 计 Total	其中：小学附设学前班 Of which: Pre-school Classes Attached to Primary Schools	教职工数（人）Teachers, Staff & Workers 计 Total	其中：Of which 园长 Kindergarten Heads	教师 Teachers	保健员 Health Nurses
26663270	15723282	1173807	72957	888596	59495
271752	46765	33586	2216	14792	1161
284768	110979	20355	1172	10825	472
1573627	1368833	58489	1604	51037	2610
1061310	565322	47238	2522	38389	1982
432436	301643	21168	1105	15469	1696
936111	450591	64877	6077	43103	3185
540223	327124	33182	3164	22844	3653
645365	416483	40868	3355	27659	1999
271496	69839	30058	1807	18555	1278
2061426	627125	99009	6539	83119	4005
989519	320509	50389	3296	40678	2104
1049434	740856	26325	1985	22432	901
1026349	369854	48008	2736	41409	1946
584601	349880	23757	1501	19822	1555
2447263	1262360	125594	8118	106063	4843
2345674	1961700	30624	1852	18880	937
1015997	701827	47279	2836	34690	2504
1172659	1013562	51818	1646	43898	3563
2018878	1095220	96599	7453	64339	6231
891942	701207	30270	1791	22939	1511
133663	88508	6160	543	4103	1343
2382507	1022763	91770	4186	76163	3870
417933	315543	14878	891	12218	1147
533492	360168	23158	1259	17254	1416
5141	2377	416	30	271	51
795222	647781	21725	1143	16310	1058
403714	276657	13281	877	8758	835
70467	50483	2443	173	1690	216
78662	55808	3766	216	2400	501
221639	101515	16717	864	8487	922

成人高等学校基本情况(总计)(不包

Basic Statistics of Adult Higher Educational

(Evening Schools & Divisions of Correspondence run by Regular

地区 Region	学校数(所) Schools		本专科学生数 Undergraduate Students						
	计 Total	其中:中央部委所属学校数 Inst. Under Central Ministries & Agencies	毕业生数 Graduates	招生数 Students Admitted	在校学生数 Enrolment	合计 Total	校 Teachers,		
							计 Subtotal	专任 Full-time	
								小计 Subtotal	教授 Prof.
总计 Total	1138	268	427541	464085	1226555	214149	203813	98711	1665
北京 Beijing	84	42	18040	28733	80576	20631	19695	8185	387
天津 Tianjin	44	5	12129	13391	38508	8528	8343	4108	61
河北 Hebei	37	12	16069	19300	49711	8613	8067	3459	58
山西 Shanxi	36	6	8168	10068	25046	6355	6088	2811	24
内蒙古 Inner Mongolia	23	3	6412	8028	20336	3937	3894	1829	14
辽宁 Liaoning	61	25	25595	21335	65155	12570	12153	5984	85
吉林 Jilin	44	10	13276	15123	39122	7444	7194	3552	70
黑龙江 Heilongjiang	71	18	19218	20079	56890	13529	12950	6824	58
上海 Shanghai	66	11	7625	8131	25326	11777	10983	4816	138
江苏 Jiangsu	59	10	17219	23027	56782	11683	11048	5763	50
浙江 Zhejiang	36	4	10418	15024	43534	4666	4552	2376	27
安徽 Anhui	27	6	12219	14478	38060	4711	4480	2119	12
福建 Fujian	20	1	8141	10500	25341	2659	2548	1266	13
江西 Jiangxi	23	4	10763	12723	33585	4245	3519	1807	22
山东 Shandong	54	15	37693	32161	88866	13308	12693	6495	97
河南 Henan	52	14	20322	23108	54973	8590	8049	3983	42
湖北 Hubei	60	16	21231	23438	62137	11541	11119	5548	86
湖南 Hunan	40	8	33706	28046	67634	6550	6056	2826	38
广东 Guangdong	62	6	31593	28535	76338	11552	11268	5611	156
广西 Guangxi	23	0	11622	12696	32179	5249	4822	2530	22
海南 Hainan	4	0	784	1366	3357	424	405	217	1
四川 Sichuan	79	20	34686	40506	108534	12869	12332	6062	85
贵州 Guizhou	17	3	7832	9483	23226	2814	2732	1312	12
云南 Yunnan	17	3	5267	6760	14745	2968	2822	1386	21
西藏 Tibet	0	0	0	0	0	0	0	0	0
陕西 Shaanxi	40	15	16102	14693	37635	7271	6828	3262	45
甘肃 Gansu	20	8	5162	6182	13970	2744	2618	1388	12
青海 Qinghai	3	0	1031	1504	3552	663	657	311	4
宁夏 Ningxia	6	0	2299	2799	6843	588	572	331	13
新疆 Xinjiang	30	3	12919	12868	34594	5670	5326	2550	12

括普通高等学校函授部、夜大学)

Institutions (Regional Aggregates)
Institutions of Higher Education are not included in Aggregates)

单位:人

教职工数 Teachers, Staff & Workers										兼任教师 Part-time Teachers
本部教职工 Staff & Workers in the School Proper							科研机构人员 Personnel in Affiliated Research Org.	校办厂、场职工 Employees in School-run Factories, Farms	附设机构人员 Personnel in Other Subsidiary Units	
教师 Teachers				教辅人员 Supporting Staff	行政人员 Adm. Personnel	工勤人员 Workers				
副教授 Asso. Prof.	讲师 Lecturers	助教 Assistants	教员 Instructors							
22090	47499	21976	5481	24059	50206	30837	1524	4983	3829	30226
1826	3597	1440	935	2898	5633	2979	283	406	247	1487
1154	1932	873	88	1146	1957	1132	51	89	45	1876
750	1507	899	245	937	1996	1675	55	390	101	527
499	1306	831	151	659	1550	1068	25	104	138	268
393	934	405	83	559	939	567	11	29	3	327
1469	3058	1167	205	1334	2998	1837	83	225	109	1469
928	1662	757	135	867	1779	996	23	58	169	506
1749	3463	1262	292	1383	2619	2124	222	163	194	1558
1199	2822	534	123	1538	2569	2060	120	427	247	837
1056	2790	1379	488	1101	2620	1564	27	392	216	1804
468	1192	562	127	589	1012	575	0	88	26	1345
531	1084	387	105	476	1197	688	18	51	162	1014
281	595	319	58	243	783	256	4	59	48	900
379	844	477	85	361	799	552	45	512	169	975
1300	2703	1984	411	1261	3050	1887	60	283	272	1225
798	1954	990	199	967	2017	1082	40	343	158	1355
1269	2441	1361	391	1527	2506	1538	112	237	73	1130
716	1348	573	151	585	1687	958	14	59	421	1532
1124	2727	1349	255	1280	2967	1410	93	85	106	2696
505	1285	598	120	495	1054	743	74	258	95	1363
35	88	82	11	38	85	65	0	19	0	48
1559	3028	1138	252	1274	3232	1764	48	186	303	3221
261	692	288	59	325	751	344	14	38	30	528
232	725	296	112	319	651	466	48	47	51	257
0	0	0	0	0	0	0	0	0	0	0
737	1594	738	148	798	1747	1021	20	253	170	1021
288	667	354	67	273	543	414	3	83	40	130
49	163	84	11	94	146	106	0	6	0	126
53	175	68	22	67	107	67	1	10	5	327
482	1123	781	152	665	1212	899	30	83	231	374

成人高等学校本、专科学生数(总计)

Number of Students in Adult Higher Educational (Evening Schools & Divisions of Correspondence run by

地 区 Region	毕业生数 Graduates			招生数 Students Admitted		
	计 Total	本 科 Normal Courses	专 科 Short-cycle Courses	计 Total	本 科 Normal Courses	专 科 Short-cycle Courses
总 计 Total	427541	21118	406423	464085	18722	445363
北 京 Beijing	18040	354	17686	28733	948	27785
天 津 Tianjin	12129	195	11934	13391	685	12706
河 北 Hebei	16069	382	15687	19300	503	18797
山 西 Shanxi	8168	1807	6361	10068	676	9392
内蒙古 Inner Mongolia	6412	176	6236	8028	432	7596
辽 宁 Liaoning	25595	1490	24105	21335	289	21046
吉 林 Jilin	13276	443	12833	15123	669	14454
黑龙江 Heilongjiang	19218	393	18825	20079	363	19716
上 海 Shanghai	7625	341	7284	8131	703	7428
江 苏 Jiangsu	17219	274	16945	23027	1254	21773
浙 江 Zhejiang	10418	411	10007	15024	947	14077
安 徽 Anhui	12219	1055	11164	14478	1063	13415
福 建 Fujian	8141	173	7968	10500	526	9974
江 西 Jiangxi	10763	362	10401	12723	577	12146
山 东 Shandong	37693	6406	31287	32161	1325	30836
河 南 Henan	20322	820	19502	23108	847	22261
湖 北 Hubei	21231	1052	20179	23438	895	22543
湖 南 Hunan	33706	1263	32443	28046	1513	26533
广 东 Guangdong	31593	1381	30212	28535	1342	27193
广 西 Guangxi	11622	190	11432	12696	272	12424
海 南 Hainan	784	54	730	1366	225	1141
四 川 Sichuan	34686	874	33812	40506	909	39597
贵 州 Guizhou	7832	350	7482	9483	363	9120
云 南 Yunnan	5267	161	5106	6760	132	6628
西 藏 Tibet						
陕 西 Shaanxi	16102	280	15822	14693	603	14090
甘 肃 Gansu	5162	107	5055	6182	233	5949
青 海 Qinghai	1031	0	1031	1504	60	1444
宁 夏 Ningxia	2299	147	2152	2799	238	2561
新 疆 Xinjiang	12919	177	12742	12868	130	12738

(不包括普通高等学校函授部、夜大学)

Institutions by Type of Courses (Regional Aggregates)

Institutions of Higher Education are not included in Aggregates)

单位:人

在校学生数 Enrolment			毕业班学生数 Graduates for Next Year		
计 Total	本科 Normal Courses	专科 Short-cycle Courses	计 Total	本科 Normal Courses	专科 Short-cycle Courses
1226555	48457	1178098	472720	17793	454927
80576	1936	78640	35396	354	35042
38508	1522	36986	15261	287	14974
49711	1409	48302	20830	369	20461
25046	2571	22475	9786	1395	8391
20336	734	19602	7285	247	7038
65155	2866	62289	24440	1650	22790
39122	1944	37178	14365	742	13623
56890	653	56237	22509	164	22345
25326	1734	23592	9407	435	8972
56782	2652	54130	18718	421	18297
43534	2088	41446	14689	711	13978
38060	2566	35494	14748	1126	13622
25341	1030	24311	9126	238	8888
33585	1430	32155	12645	557	12088
88866	4308	84558	36208	2216	33992
54973	1983	52990	19750	650	19100
62137	2066	60071	23976	881	23095
67634	3977	63657	30175	1544	28631
76338	3406	72932	29093	880	28213
32179	452	31727	9465	113	9352
3357	337	3020	1130	28	1102
108534	2203	106331	41649	832	40817
23226	1143	22083	9385	595	8790
14745	303	14442	5806	167	5639
37635	1569	36066	14904	507	14397
13970	473	13497	5762	240	5522
3552	107	3445	1454	47	1407
6843	558	6285	2053	124	1929
34594	437	34157	12705	273	12432

广播电视大

Basic Statistics of

地区 Region	学校数(所) Schools: 计 Total	其中:中央部委所属学校数 Inst. under Central Ministries & Agencies	本专科学生数 Undergraduate Students: 毕业生数 Graduates	招生数 Students Admitted	在校学生数 Enrolment	合计 Total	校 Teachers, 计 Subtotal	专任 Full-time: 小计 Subtotal	教授 Prof.
总计 Total	46	1	187891	197121	526583	47725	46195	21849	144
北京 Beijing	2	1	2271	2080	5455	1005	963	375	4
天津 Tianjin	1	0	4448	4616	12470	2186	2174	998	5
河北 Hebei	1	0	7578	8050	20859	1085	1081	376	5
山西 Shanxi	1	0	1546	2935	7077	825	822	302	1
内蒙古 Inner Mongolia	1	0	2444	3173	7738	1093	1074	415	2
辽宁 Liaoning	3	0	8870	9422	28173	2689	2601	1270	9
吉林 Jilin	2	0	6046	8320	17888	1525	1525	788	10
黑龙江 Heilongjiang	2	0	9798	8360	24730	3720	3626	1687	7
上海 Shanghai	1	0	1638	1415	4090	341	289	57	3
江苏 Jiangsu	2	0	10935	11813	30551	4782	4518	2288	2
浙江 Zhejiang	2	0	7532	10687	32938	1945	1906	967	4
安徽 Anhui	1	0	4381	5254	14452	764	762	224	1
福建 Fujian	2	0	5478	6639	16866	839	787	340	0
江西 Jiangxi	1	0	6112	6070	18582	801	792	395	4
山东 Shandong	3	0	14525	11578	31178	5519	5238	2920	5
河南 Henan	1	0	9679	10302	24326	1599	1525	625	2
湖北 Hubei	2	0	11074	11075	27653	4165	4073	2217	6
湖南 Hunan	1	0	19384	13255	33027	1162	1162	455	2
广东 Guangdong	3	0	12024	11559	33843	3222	3153	1618	34
广西 Guangxi	1	0	3495	4457	11484	832	830	330	3
海南 Hainan	1	0	178	281	783	94	94	54	1
四川 Sichuan	3	0	16767	18411	57286	1579	1492	517	8
贵州 Guizhou	1	0	2732	5300	11551	832	805	360	2
云南 Yunnan	1	0	3615	4882	10364	813	751	347	1
西藏 Tibet	0	0	0	0	0	0	0	0	0
陕西 Shaanxi	2	0	5748	6394	16859	2179	2130	1085	21
甘肃 Gansu	1	0	2311	2500	5270	176	176	69	2
青海 Qinghai	1	0	228	500	1199	216	216	89	0
宁夏 Ningxia	1	0	873	1059	2569	163	163	68	0
新疆 Xinjiang	2	0	6181	6734	17322	1574	1467	613	0

学基本情况

Radio/TV Universities

单位:人

教职工数 Teachers, Staff & Workers										兼任教师 Part-time Teachers
本部教职工 Staff & Workers in the School Proper							科研机构人员 Personnel in Affiliated Research Org.	校办厂、场职工 Employees in School-run Factories, Farms	附设机构人员 Personnel in Other Subsidiary Units	
教师 Teachers				教辅人员 Supporting Staff	行政人员 Adm. Personnel	工勤人员 Workers				
副教授 Asso. Prof.	讲师 Lecturers	助教 Assistants	教员 Instructors							
3623	10007	6447	1628	6075	12895	5376	158	667	705	15892
93	209	49	20	84	405	99	12	6	24	318
228	478	263	24	323	584	269	5	6	1	698
59	183	92	37	184	384	137	0	1	3	237
48	152	86	15	92	296	132	0	3	0	32
75	194	121	23	180	322	157	0	19	0	181
244	618	318	81	347	730	254	6	42	40	458
147	368	227	36	238	407	92	0	0	0	249
278	786	491	125	515	893	531	0	12	82	656
13	36	3	2	106	95	31	11	41	0	0
294	1001	746	245	415	1235	580	3	115	146	1286
131	462	269	101	325	443	171	0	36	3	813
45	134	41	3	140	330	68	0	0	2	639
51	153	117	19	97	284	66	0	4	48	503
63	197	120	11	110	204	83	9	0	0	778
434	1102	1128	251	496	1145	677	24	146	111	857
107	290	168	58	230	540	130	28	35	11	829
381	925	689	216	556	822	478	10	70	12	591
90	236	98	29	126	428	153	0	0	0	926
204	723	531	126	311	869	355	12	53	4	1562
66	194	50	17	97	311	92	0	2	0	695
9	23	15	6	8	22	10	0	0	0	0
93	288	99	29	242	563	170	0	21	66	1892
64	197	91	6	81	302	62	0	12	15	362
53	194	76	23	98	193	113	32	25	5	116
0	0	0	0	0	0	0	0	0	0	0
233	504	280	47	333	542	170	6	13	30	705
19	35	13	0	36	56	15	0	0	0	0
10	47	27	5	40	53	34	0	0	0	117
10	46	10	2	21	64	10	0	0	0	200
81	232	229	71	244	373	237	0	5	102	172

广播电视大学

Number of Students in Radio/TV

地区 Region	毕业生数 Graduates			招生数 Students Admitted		
	计 Total	本科 Normal Courses	专科 Short－cycle Courses	计 Total	本科 Normal Courses	专科 Short－cycle Courses
总计 Total	187891	0	187891	197121	773	196348
北京 Beijing	2271	0	2271	2080	237	1843
天津 Tianjin	4448	0	4448	4616	200	4416
河北 Hebei	7578	0	7578	8050	0	8050
山西 Shanxi	1546	0	1546	2935	0	2935
内蒙古 Inner Mongolia	2444	0	2444	3173	0	3173
辽宁 Liaoning	8870	0	8870	9422	0	9422
吉林 Jilin	6046	0	6046	8320	0	8320
黑龙江 Heilongjiang	9798	0	9798	8360	0	8360
上海 Shanghai	1638	0	1638	1415	0	1415
江苏 Jiangsu	10935	0	10935	11813	246	11567
浙江 Zhejiang	7532	0	7532	10687	0	10687
安徽 Anhui	4381	0	4381	5254	0	5254
福建 Fujian	5478	0	5478	6639	0	6639
江西 Jiangxi	6112	0	6112	6070	0	6070
山东 Shandong	14525	0	14525	11578	0	11578
河南 Henan	9679	0	9679	10302	0	10302
湖北 Hubei	11074	0	11074	11075	0	11075
湖南 Hunan	19384	0	19384	13255	0	13255
广东 Guangdong	12024	0	12024	11559	0	11559
广西 Guangxi	3495	0	3495	4457	90	4367
海南 Hainan	178	0	178	281	0	281
四川 Sichuan	16767	0	16767	18411	0	18411
贵州 Guizhou	2732	0	2732	5300	0	5300
云南 Yunnan	3615	0	3615	4882	0	4882
西藏 Tibet						
陕西 Shaanxi	5748	0	5748	6394	0	6394
甘肃 Gansu	2311	0	2311	2500	0	2500
青海 Qinghai	228	0	228	500	0	500
宁夏 Ningxia	873	0	873	1059	0	1059
新疆 Xinjiang	6181	0	6181	6734	0	6734

本、专科学生数

Universities by Type of Courses

单位: 人

在校学生数 Enrolment			毕业班学生数 Graduates for Next Year		
计 Total	本科 Normal Courses	专科 Short-cycle Courses	计 Total	本科 Normal Courses	专科 Short-cycle Courses
526583	773	525810	204021	0	204021
5455	237	5218	1663	0	1663
12470	200	12270	4816	0	4816
20859	0	20859	10218	0	10218
7077	0	7077	2514	0	2514
7738	0	7738	2418	0	2418
28173	0	28173	10110	0	10110
17888	0	17888	6206	0	6206
24730	0	24730	10816	0	10816
4090	0	4090	1523	0	1523
30551	246	30305	10985	0	10985
32938	0	32938	11553	0	11553
14452	0	14452	5499	0	5499
16866	0	16866	6684	0	6684
18582	0	18582	7113	0	7113
31178	0	31178	13588	0	13588
24326	0	24326	8416	0	8416
27653	0	27653	11275	0	11275
33027	0	33027	15915	0	15915
33843	0	33843	11753	0	11753
11484	90	11394	3270	0	3270
783	0	783	284	0	284
57286	0	57286	23052	0	23052
11551	0	11551	4998	0	4998
10364	0	10364	3861	0	3861
16859	0	16859	6673	0	6673
5270	0	5270	2094	0	2094
1199	0	1199	459	0	459
2569	0	2569	917	0	917
17322	0	17322	5348	0	5348

职工高等学

Basic Statistics of

地区 Region	学校数(所) Schools 计 Total	其中:中央部委所属学校数 Inst. Under Central Ministries & Agencies	本专科学生数 Undergraduate Students 毕业生数 Graduates	招生数 Students Admitted	在校学生数 Enrolment	合计 Total	校 Teachers, 计 Subtotal	专任 Full-time 小计 Subtotal	教授 Prof.
总计 Total	680	200	93275	114721	326165	83081	78399	39238	557
北京 Beijing	46	11	6749	12805	45350	9928	9555	4321	154
天津 Tianjin	34	2	5205	5605	18041	4466	4382	2422	42
河北 Hebei	16	5	2800	4059	10953	3498	3338	1370	17
山西 Shanxi	18	4	2003	2849	7373	2644	2466	1230	10
内蒙古 Inner Mongolia	9	3	1159	1235	3221	801	792	387	2
辽宁 Liaoning	49	24	6869	7705	22758	7248	6971	3359	43
吉林 Jilin	25	7	3842	3717	13226	2549	2390	1164	5
黑龙江 Heilongjiang	43	16	6667	7827	22876	6209	5963	3212	30
上海 Shanghai	48	11	4912	4965	16220	7454	6994	2994	42
江苏 Jiangsu	37	7	3436	5016	11732	3096	2878	1649	10
浙江 Zhejiang	26	3	1053	1282	3015	1180	1141	630	11
安徽 Anhui	15	6	2394	2934	8734	1882	1826	949	2
福建 Fujian	9	0	628	649	1918	369	369	219	1
江西 Jiangxi	15	4	1562	2837	6984	1493	1407	841	1
山东 Shandong	30	13	7689	9557	26053	3749	3528	1586	10
河南 Henan	29	10	3308	5283	13966	2580	2397	1309	9
湖北 Hubei	37	13	3277	4562	13410	3432	3264	1520	31
湖南 Hunan	28	7	6996	7172	15562	3193	2719	1380	17
广东 Guangdong	32	5	5709	5849	14945	3233	3098	1617	66
广西 Guangxi	9	0	1923	2578	6045	1617	1340	754	4
海南 Hainan	2	0	26	41	200	167	148	81	0
四川 Sichuan	48	18	5868	6454	15883	5070	4756	2680	30
贵州 Guizhou	6	3	1315	1241	3021	494	473	249	0
云南 Yunnan	9	3	365	475	1424	736	730	357	1
西藏 Tibet	0	0	0	0	0	0	0	0	0
陕西 Shaanxi	27	15	2274	2519	7515	2714	2369	1128	3
甘肃 Gansu	14	8	1226	1916	4781	1577	1486	854	0
青海 Qinghai	1	0	283	398	922	136	130	102	2
宁夏 Ningxia	4	0	888	890	2423	425	409	263	13
新疆 Xinjiang	14	2	2849	2301	7614	1141	1080	611	1

校基本情况

Workers' Colleges

单位:人

教职工数 Teachers, Staff & Workers										兼任教师 Part－time Teachers
本部教职工 Staff & Workers in the School Proper							科研机构人员 Personnel in Affiliated Research Org.	校办厂、场职工 Employees in School－run Factories, Farms	附设机构人员 Personnel in Other Subsidiary Units	
教师 Teachers				教辅人员 Supporting Staff	行政人员 Adm. Personnel	工勤人员 Workers				
副教授 Asso. Prof.	讲师 Lecturers	助教 Assistants	教员 Instructors							
8602	19569	8379	2131	8940	17774	12447	586	2168	1928	10673
761	1733	899	774	1498	2475	1261	191	141	41	711
692	1142	505	41	505	889	566	20	51	13	1079
284	604	372	93	359	772	837	33	49	78	207
206	569	389	56	291	470	475	2	43	133	194
100	222	47	16	98	207	100	0	9	0	112
804	1805	609	98	789	1664	1159	55	174	48	787
291	590	220	58	324	520	382	0	12	147	240
835	1688	557	102	527	1122	1102	49	121	76	782
493	1988	389	82	758	1864	1378	70	276	114	724
283	888	350	118	274	587	368	5	159	54	510
154	334	123	8	104	256	151	0	25	14	447
247	451	205	44	176	394	307	3	18	35	348
32	122	56	8	28	106	16	0	0	0	105
170	382	246	42	109	297	160	12	41	33	148
350	762	404	60	448	897	597	30	47	144	279
276	651	327	46	277	441	370	10	64	109	438
363	724	334	68	470	781	493	11	150	7	127
334	680	273	76	252	673	414	4	53	417	500
395	751	359	46	446	728	307	38	19	78	922
130	383	201	36	119	253	214	7	231	39	353
7	22	47	5	19	21	27	0	19	0	45
629	1346	574	101	363	1044	669	30	78	206	852
58	121	65	5	44	96	84	0	21	0	120
71	173	88	24	87	160	126	0	0	6	129
0	0	0	0	0	0	0	0	0	0	0
273	547	260	45	202	584	455	7	222	116	182
157	437	220	40	159	240	233	3	83	5	114
20	49	31	0	8	16	4	0	6	0	9
43	129	58	20	46	43	57	1	10	5	127
144	276	171	19	160	174	135	5	46	10	82

职工高等学校

Number of Students in Workers'

地区 Region	毕业生数 Graduates			招生数 Students Admitted		
	计 Total	本科 Normal Courses	专科 Short-cycle Courses	计 Total	本科 Normal Courses	专科 Short-cycle Courses
总计 Total	93275	551	92724	114721	884	113837
北京 Beijing	6749	36	6713	12805	51	12754
天津 Tianjin	5205	13	5192	5605	0	5605
河北 Hebei	2800	60	2740	4059	57	4002
山西 Shanxi	2003	52	1951	2849	70	2779
内蒙古 Inner Mongolia	1159	0	1159	1235	0	1235
辽宁 Liaoning	6869	145	6724	7705	16	7689
吉林 Jilin	3842	11	3831	3717	53	3664
黑龙江 Heilongjiang	6667	45	6622	7827	67	7760
上海 Shanghai	4912	137	4775	4965	327	4638
江苏 Jiangsu	3436	0	3436	5016	0	5016
浙江 Zhejiang	1053	0	1053	1282	0	1282
安徽 Anhui	2394	0	2394	2934	0	2934
福建 Fujian	628	0	628	649	0	649
江西 Jiangxi	1562	0	1562	2837	0	2837
山东 Shandong	7689	0	7689	9557	84	9473
河南 Henan	3308	0	3308	5283	28	5255
湖北 Hubei	3277	52	3225	4562	56	4506
湖南 Hunan	6996	0	6996	7172	0	7172
广东 Guangdong	5709	0	5709	5849	0	5849
广西 Guangxi	1923	0	1923	2578	0	2578
海南 Hainan	26	0	26	41	0	41
四川 Sichuan	5868	0	5868	6454	34	6420
贵州 Guizhou	1315	0	1315	1241	0	1241
云南 Yunnan	365	0	365	475	0	475
西藏 Tibet						
陕西 Shaanxi	2274	0	2274	2519	41	2478
甘肃 Gansu	1226	0	1226	1916	0	1916
青海 Qinghai	283	0	283	398	0	398
宁夏 Ningxia	888	0	888	890	0	890
新疆 Xinjiang	2849	0	2849	2301	0	2301

本、专科学生数

Colleges by Type of Courses

单位:人

在校学生数 Enrolment			毕业班学生数 Graduates for Next Year		
计 Total	本科 Normal Courses	专科 Short-cycle Courses	计 Total	本科 Normal Courses	专科 Short-cycle Courses
326165	2644	323521	118510	882	117628
45350	204	45146	23202	93	23109
18041	47	17994	7016	47	6969
10953	209	10744	3327	79	3248
7373	102	7271	2331	32	2299
3221	0	3221	1106	0	1106
22758	379	22379	7004	132	6872
13226	176	13050	4612	72	4540
22876	67	22809	8094	0	8094
16220	934	15286	6043	251	5792
11732	0	11732	3421	0	3421
3015	0	3015	900	0	900
8734	0	8734	2936	0	2936
1918	0	1918	575	0	575
6984	0	6984	2277	0	2277
26053	84	25969	8782	0	8782
13966	52	13914	4181	0	4181
13410	198	13212	4548	108	4440
15562	0	15562	6405	0	6405
14945	0	14945	4669	0	4669
6045	0	6045	1867	0	1867
200	0	200	109	0	109
15883	55	15828	5147	20	5127
3021	0	3021	1199	0	1199
1424	0	1424	524	0	524
7515	137	7378	2575	48	2527
4781	0	4781	1736	0	1736
922	0	922	326	0	326
2423	0	2423	546	0	546
7614	0	7614	3052	0	3052

农民高等学

Basic Statistics

地区 Region	学校数(所) Schools 计 Total	其中:中央部委所属学校数 Inst. Under Central Ministries & Agencies	本专科学生数 Undergraduate Students 毕业生数 Graduates	招生数 Students Admitted	在校学生数 Enrolment	合计 Total	校 Teachers, 计 Subtotal	专任 Full-time 小计 Subtotal	教授 Prof.
总计 Total	4	0	389	451	999	263	258	149	0
吉林 Jilin	4	0	389	451	999	263	258	149	0

注:农民高等学校都是专科学校学生数。

Note: All students in Peasants' colleges are enrolled in short-cycle courses.

独立函授学

Basic Statistics of

地区 Region	学校数(所) Schools 计 Total	其中:中央部委所属学校数 Inst. Under Central Ministries & Agencies	本专科学生数 Undergraduate Students 毕业生数 Graduates	招生数 Students Admitted	在校学生数 Enrolment	合计 Total	校 Teachers, 计 Subtotal	专任 Full-time 小计 Subtotal	教授 Prof.
总计 Total	4	2	3535	4549	13621	1360	1228	664	27
北京 Beijing	2	2	616	735	2469	812	680	348	22
湖北 Hubei	1	0	512	826	2652	40	40	34	1
四川 Sichuan	1	0	2407	2988	8500	508	508	282	4

独立函授学院

Number of Students in Independent

地区 Region	毕业生数 Graduates 计 Total	本科 Normal Courses	专科 Short-cycle Courses	招生数 Students Admitted 计 Total	本科 Normal Courses	专科 Short-cycle Courses
总计 Total	3535	109	3426	4549	39	4510
北京 Beijing	616	109	507	735	39	696
湖北 Hubei	512	0	512	826	0	826
四川 Sichuan	2407	0	2407	2988	0	2988

校基本情况
of Peasants ' Colleges

单位：人

教职工数 Teachers, Staff & Workers										
本部教职工 Staff & Workers in the School Proper							科研机构人员 Personnel in Affiliated Research Org.	校办厂、场职工 Employees in School-run Factories, Farms	附设机构人员 Personnel in Other Subsidiary Units	兼任教师 Part-time Teachers
教师 Teachers				教辅人员 Supporting Staff	行政人员 Adm. Personnel	工勤人员 Workers				
副教授 Asso. Prof.	讲师 Lecturers	助教 Assistants	教员 Instructors							
13	63	57	16	11	58	40	0	5	0	15
13	63	57	16	11	58	40	0	5	0	15

院基本情况
Independent Correspondence Colleges

单位：人

教职工数 Teachers, Staff & Workers										
本部教职工 Staff & Workers in the School Proper							科研机构人员 Personnel in Affiliated Research Org.	校办厂、场职工 Employees in School-run Factories, Farms	附设机构人员 Personnel in Other Subsidiary Units	兼任教师 Part-time Teachers
教师 Teachers				教辅人员 Supporting Staff	行政人员 Adm. Personnel	工勤人员 Workers				
副教授 Asso. Prof.	讲师 Lecturers	助教 Assistants	教员 Instructors							
173	323	99	42	171	287	106	25	26	81	366
96	161	50	19	67	182	83	25	26	81	43
12	13	8	0	3	3	0	0	0	0	323
65	149	41	23	101	102	23	0	0	0	0

本、专科学生数
Correspondence Colleges by Type of Courses

单位：人

在校学生数 Enrolment			毕业班学生数 Graduates for Next Year		
计 Total	本科 Normal Courses	专科 Short-cycle Courses	计 Total	本科 Normal Courses	专科 Short-cycle Courses
13621	297	13324	4217	16	4201
2469	297	2172	470	16	454
2652	0	2652	1019	0	1019
8500	0	8500	2728	0	2728

教 育 学 院

Basic Statistics of

地区 Region	学校数(所) Schools		本专科学生数 Undergraduate Students				校 Teachers,		
								专任 Full-time	
	计 Total	其中:中央部委所属学校数 Inst. Under Central Ministries & Agencies	毕业生数 Graduates	招生数 Students Admitted	在校学生数 Enrolment	合计 Total	计 Subtotal	小计 Subtotal	教授 Prof.
总 计 Total	240	7	80649	80045	205396	44181	42385	22285	443
北 京 Beijing	1	0	511	2113	5723	576	534	231	10
天 津 Tianjin	1	0	546	1150	3127	427	414	186	5
河 北 Hebei	12	1	2083	3027	9315	1700	1686	893	10
山 西 Shanxi	11	0	3168	2360	6623	1819	1743	809	8
内蒙古 Inner Mongolia	10	0	1576	2702	6812	1655	1640	867	7
辽 宁 Liaoning	2	0	6199	503	4258	888	888	589	15
吉 林 Jilin	7	0	487	619	1897	1338	1316	842	25
黑龙江 Heilongjiang	19	2	1294	1599	5502	2618	2427	1493	11
上 海 Shanghai	12	0	450	856	2251	2759	2668	1338	75
江 苏 Jiangsu	11	0	1498	3889	9356	2379	2241	1171	19
浙 江 Zhejiang	6	0	1434	2835	7023	1030	994	557	10
安 徽 Anhui	9	0	3992	4662	11444	1596	1432	772	9
福 建 Fujian	5	0	632	1082	2403	716	661	376	5
江 西 Jiangxi	5	0	1622	2127	4675	939	847	400	13
山 东 Shandong	16	2	11389	7324	19310	2741	2699	1513	63
河 南 Henan	18	1	5262	4955	11502	3004	2762	1493	16
湖 北 Hubei	12	0	2561	3293	8197	1947	1873	983	26
湖 南 Hunan	8	0	2896	4675	11730	1240	1236	562	9
广 东 Guangdong	13	0	8061	4582	14010	2708	2686	1338	20
广 西 Guangxi	9	0	4577	4029	10009	1865	1762	1008	12
海 南 Hainan	1	0	580	1044	2374	163	163	82	0
四 川 Sichuan	16	0	6229	8809	19094	3253	3212	1620	17
贵 州 Guizhou	6	0	1857	1675	4165	789	776	372	9
云 南 Yunnan	6	0	1047	1132	2335	1209	1136	580	17
西 藏 Tibet	0	0	0	0	0	0	0	0	0
陕 西 Shaanxi	6	0	5932	3653	9244	1346	1309	620	13
甘 肃 Gansu	4	0	930	1063	2291	756	721	354	9
青 海 Qinghai	1	0	520	606	1431	311	311	120	2
宁 夏 Ningxia	1	0	538	850	1851	0	0	0	0
新 疆 Xinjiang	12	1	2778	2831	7444	2409	2248	1116	8

基本情况

Educational Colleges

单位:人

教职工数 Teachers, Staff & Workers										兼任教师 Part-time Teachers
本部教职工 Staff & Workers in the School Proper							科研机构人员 Personnel in Affiliated Research Org.	校办厂、场职工 Employees in School-run Factories, Farms	附设机构人员 Personnel in Other Subsidiary Units	
教师 Teachers				教辅人员 Supporting Staff	行政人员 Adm. Personnel	工勤人员 Workers				
副教授 Asso. Prof.	讲师 Lecturers	助教 Assistants	教员 Instructors							
6054	10417	4289	1082	4580	9255	6265	461	777	558	1465
91	89	25	16	86	156	61	6	31	5	0
68	77	29	7	86	94	48	3	6	4	0
193	362	271	57	192	346	255	0	14	0	69
158	357	233	53	172	493	269	13	58	5	22
184	429	213	34	213	306	254	11	1	3	8
246	231	97	0	40	132	127	0	0	0	0
286	374	144	13	107	244	123	22	0	0	0
493	773	173	43	233	425	276	158	4	29	41
600	552	81	30	549	380	401	10	81	0	65
331	566	161	94	231	446	393	19	103	16	8
132	260	138	17	126	174	137	0	27	9	85
199	420	105	39	134	286	240	6	33	125	7
127	188	54	2	54	167	64	0	55	0	253
106	187	63	31	89	181	177	0	0	92	7
399	591	370	90	227	547	412	2	23	17	44
308	694	391	84	227	732	310	2	234	6	4
301	420	151	85	266	388	236	73	1	0	89
177	259	90	27	126	340	208	4	0	0	28
302	720	238	58	260	713	375	14	0	8	10
200	499	248	49	152	317	285	67	9	27	244
19	43	20	0	11	42	28	0	0	0	3
506	760	287	50	295	816	481	17	24	0	319
82	201	54	26	141	184	79	2	5	6	11
91	309	98	65	112	260	184	13	22	38	12
0	0	0	0	0	0	0	0	0	0	0
132	322	115	38	141	349	199	0	18	19	0
92	147	86	20	62	175	130	0	0	35	16
19	67	26	6	46	77	68	0	0	0	0
0	0	0	0	0	0	0	0	0	0	0
212	520	328	48	202	485	445	19	28	114	120

教育学院本、

Number of Students in Educational

地区 Region	毕业生数 Graduates			招生数 Students Admitted		
	计 Total	本科 Normal Courses	专科 Short-cycle Courses	计 Total	本科 Normal Courses	专科 Short-cycle Courses
总计 Total	80649	19133	61516	80045	14515	65530
北京 Beijing	511	0	511	2113	0	2113
天津 Tianjin	546	158	388	1150	434	716
河北 Hebei	2083	306	1777	3027	336	2691
山西 Shanxi	3168	1755	1413	2360	606	1754
内蒙古 Inner Mongolia	1576	176	1400	2702	432	2270
辽宁 Liaoning	6199	1114	5085	503	159	344
吉林 Jilin	487	274	213	619	457	162
黑龙江 Heilongjiang	1294	279	1015	1599	82	1517
上海 Shanghai	450	204	246	856	376	480
江苏 Jiangsu	1498	270	1228	3889	994	2895
浙江 Zhejiang	1434	411	1023	2835	947	1888
安徽 Anhui	3992	1055	2937	4662	1063	3599
福建 Fujian	632	171	461	1082	399	683
江西 Jiangxi	1622	361	1261	2127	545	1582
山东 Shandong	11389	6087	5302	7324	1041	6283
河南 Henan	5262	797	4465	4955	597	4358
湖北 Hubei	2561	970	1591	3293	674	2619
湖南 Hunan	2896	1056	1840	4675	1148	3527
广东 Guangdong	8061	1381	6680	4582	1342	3240
广西 Guangxi	4577	190	4387	4029	182	3847
海南 Hainan	580	54	526	1044	225	819
四川 Sichuan	6229	842	5387	8809	819	7990
贵州 Guizhou	1857	350	1507	1675	363	1312
云南 Yunnan	1047	161	886	1132	132	1000
西藏 Tibet						
陕西 Shaanxi	5932	280	5652	3653	501	3152
甘肃 Gansu	930	107	823	1063	233	830
青海 Qinghai	520	0	520	606	60	546
宁夏 Ningxia	538	147	391	850	238	612
新疆 Xinjiang	2778	177	2601	2831	130	2701

专科学生数

Colleges by Type of Courses

单位:人

在校学生数 Enrolment			毕业班学生数 Graduates for Next Year		
计 Total	本科 Normal Courses	专科 Short－cycle Courses	计 Total	本科 Normal Courses	专科 Short－cycle Courses
205396	39347	166049	80641	14997	65644
5723	0	5723	1673	0	1673
3127	1113	2014	1098	240	858
9315	1072	8243	3695	272	3423
6623	2469	4154	3360	1363	1997
6812	734	6078	2352	247	2105
4258	2062	2196	2494	1297	1197
1897	1457	440	609	518	91
5502	238	5264	1894	31	1863
2251	800	1451	857	184	673
9356	2346	7010	2563	380	2183
7023	2088	4935	1922	711	1211
11444	2566	8878	4798	1126	3672
2403	822	1581	637	203	434
4675	1393	3282	1888	552	1336
19310	3584	15726	7583	1776	5807
11502	1520	9982	5120	632	4488
8197	1600	6597	3224	732	2492
11730	3003	8727	4083	1104	2979
14010	3406	10604	7311	880	6431
10009	362	9647	2927	113	2814
2374	337	2037	737	28	709
19094	2018	17076	7224	738	6486
4165	1143	3022	1802	595	1207
2335	303	2032	1091	167	924
9244	1336	7908	3800	424	3376
2291	473	1818	1193	240	953
1431	107	1324	669	47	622
1851	558	1293	590	124	466
7444	437	7007	3447	273	3174

管理干部学

Basic Statistics of

地　区 Region	学校数(所) Schools 计 Total	 其中:中央部委所属学校数 Inst. Under Central Ministries & Agencies	本专科学生数 Undergraduate Students 毕业生数 Graduates	 招生数 Students Admitted	 在校学生数 Enrolment	 合　计 Total	校 Teachers, 计 Subtotal	专任 Full-time 小计 Subtotal	 教授 Prof.
总　计　Total	164	58	61802	67198	153791	37539	35348	14526	494
北　京　Beijing	33	28	7893	11000	21579	8310	7963	2910	197
天　津　Tianjin	8	3	1930	2020	4870	1449	1373	502	9
河　北　Hebei	8	6	3608	4164	8584	2330	1962	820	26
山　西　Shanxi	6	2	1451	1924	3973	1067	1057	470	5
内蒙古　Inner Mongolia	3	0	1233	918	2565	388	388	160	3
辽　宁　Liaoning	7	1	3657	3705	9966	1745	1693	766	18
吉　林　Jilin	6	3	2512	2016	5112	1769	1705	609	30
黑龙江　Heilongjiang	7	0	1459	2293	3782	982	934	432	10
上　海　Shanghai	5	0	625	895	2765	1223	1032	427	18
江　苏　Jiangsu	9	3	1350	2309	5143	1426	1411	655	19
浙　江　Zhejiang	2	1	399	220	558	511	511	222	2
安　徽　Anhui	2	0	1452	1628	3430	469	460	174	0
福　建　Fujian	4	1	1403	2130	4154	735	731	331	7
江　西　Jiangxi	2	0	1467	1689	3344	1012	473	171	4
山　东　Shandong	5	0	4090	3702	12325	1299	1228	476	19
河　南　Henan	4	3	2073	2568	5179	1407	1365	556	15
湖　北　Hubei	8	3	3807	3682	10225	1957	1869	794	22
湖　南　Hunan	3	1	4430	2944	7315	955	939	429	10
广　东　Guangdong	14	1	5799	6545	13540	2389	2331	1038	36
广　西　Guangxi	4	0	1627	1632	4641	935	890	438	3
海　南　Hainan	0	0	0	0	0	0	0	0	0
四　川　Sichuan	11	2	3415	3844	7771	2459	2364	963	26
贵　州　Guizhou	4	0	1928	1267	4489	699	678	331	1
云　南　Yunnan	1	0	240	271	622	210	205	102	2
西　藏　Tibet	0	0	0	0	0	0	0	0	0
陕　西　Shaanxi	5	0	2148	2127	4017	1032	1020	429	8
甘　肃　Gansu	1	0	695	703	1628	235	235	111	1
青　海　Qinghai	0	0	0	0	0	0	0	0	0
宁　夏　Ningxia	0	0	0	0	0	0	0	0	0
新　疆　Xinjiang	2	0	1111	1002	2214	546	531	210	3

院基本情况

Institutes for Administration

单位:人

教职工数 Teachers, Staff & Workers										
本部教职工 Staff & Workers in the School Proper							科研机构人员 Personnel in Affiliated Research Org.	校办厂、场职工 Employees in School-run Factories, Farms	附设机构人员 Personnel in Other Subsidiary Units	兼任教师 Part-time Teachers
教师 Teachers				教辅人员 Supporting Staff	行政人员 Adm. Personnel	工勤人员 Workers				
副教授 Asso. Prof.	讲师 Lecturers	助教 Assistants	教员 Instructors							
3625	7120	2705	582	4282	9937	6603	294	1340	557	1815
785	1405	417	106	1163	2415	1475	49	202	96	415
166	235	76	16	232	390	249	23	26	27	99
214	358	164	58	202	494	446	22	326	20	14
87	228	123	27	104	291	192	10	0	0	20
34	89	24	10	68	104	56	0	0	0	26
175	404	143	26	158	472	297	22	9	21	224
191	267	109	12	187	550	359	1	41	22	2
143	216	41	22	108	179	215	15	26	7	79
93	246	61	9	125	230	250	29	29	133	48
148	335	122	31	181	352	223	0	15	0	0
51	136	32	1	34	139	116	0	0	0	0
40	79	36	19	26	187	73	9	0	0	0
71	132	92	29	64	226	110	4	0	0	39
40	78	48	1	53	117	132	24	471	44	42
117	248	82	10	90	461	201	4	67	0	45
107	319	104	11	233	304	272	0	10	32	84
212	359	179	22	232	512	331	18	16	54	0
115	173	112	19	81	246	183	6	6	4	78
223	533	221	25	263	657	373	29	13	16	202
109	209	99	18	127	173	152	0	16	29	71
0	0	0	0	0	0	0	0	0	0	0
266	485	137	49	273	707	421	1	63	31	158
57	173	78	22	59	169	119	12	0	9	35
17	49	34	0	22	38	43	3	0	2	0
0	0	0	0	0	0	0	0	0	0	0
99	221	83	18	122	272	197	7	0	5	134
20	48	35	7	16	72	36	0	0	0	0
0	0	0	0	0	0	0	0	0	0	0
0	0	0	0	0	0	0	0	0	0	0
45	95	53	14	59	180	82	6	4	5	0

管理干部学院

Number of Students in Institutes for

地区 Region	毕业生数 Graduates			招生数 Students Admitted		
	计 Total	本科 Normal Courses	专科 Short-cycle Courses	计 Total	本科 Normal Courses	专科 Short-cycle Courses
总计 Total	61802	1325	60477	67198	2511	64687
北京 Beijing	7893	209	7684	11000	621	10379
天津 Tianjin	1930	24	1906	2020	51	1969
河北 Hebei	3608	16	3592	4164	110	4054
山西 Shanxi	1451	0	1451	1924	0	1924
内蒙古 Inner Mongolia	1233	0	1233	918	0	918
辽宁 Liaoning	3657	231	3426	3705	114	3591
吉林 Jilin	2512	158	2354	2016	159	1857
黑龙江 Heilongjiang	1459	69	1390	2293	214	2079
上海 Shanghai	625	0	625	895	0	895
江苏 Jiangsu	1350	4	1346	2309	14	2295
浙江 Zhejiang	399	0	399	220	0	220
安徽 Anhui	1452	0	1452	1628	0	1628
福建 Fujian	1403	2	1401	2130	127	2003
江西 Jiangxi	1467	1	1466	1689	32	1657
山东 Shandong	4090	319	3771	3702	200	3502
河南 Henan	2073	23	2050	2568	222	2346
湖北 Hubei	3807	30	3777	3682	165	3517
湖南 Hunan	4430	207	4223	2944	365	2579
广东 Guangdong	5799	0	5799	6545	0	6545
广西 Guangxi	1627	0	1627	1632	0	1632
四川 Sichuan	3415	32	3383	3844	56	3788
贵州 Guizhou	1928	0	1928	1267	0	1267
云南 Yunnan	240	0	240	271	0	271
陕西 Shaanxi	2148	0	2148	2127	61	2066
甘肃 Gansu	695	0	695	703	0	703
新疆 Xinjiang	1111	0	1111	1002	0	1002

本、专科学生数

Administration by Type of Courses

单位:人

在校学生数 Enrolment			毕业班学生数 Graduates for Next Year		
计 Total	本科 Normal Courses	专科 Short-cycle Courses	计 Total	本科 Normal Courses	专科 Short-cycle Courses
153791	5396	148395	64783	1898	62885
21579	1198	20381	8388	245	8143
4870	162	4708	2331	0	2331
8584	128	8456	3590	18	3572
3973	0	3973	1581	0	1581
2565	0	2565	1409	0	1409
9966	425	9541	4832	221	4611
5112	311	4801	2390	152	2238
3782	348	3434	1705	133	1572
2765	0	2765	984	0	984
5143	60	5083	1749	41	1708
558	0	558	314	0	314
3430	0	3430	1515	0	1515
4154	208	3946	1230	35	1195
3344	37	3307	1367	5	1362
12325	640	11685	6255	440	5815
5179	411	4768	2033	18	2015
10225	268	9957	3910	41	3869
7315	974	6341	3772	440	3332
13540	0	13540	5360	0	5360
4641	0	4641	1401	0	1401
7771	130	7641	3498	74	3424
4489	0	4489	1386	0	1386
622	0	622	330	0	330
4017	96	3921	1856	35	1821
1628	0	1628	739	0	739
2214	0	2214	858	0	858

普通高等学校举办函授

Number of Students by Type of Courses in Correspondence Divisions、Evening School

地区 Region	函授部、夜大学 Divisions of Correspondence and Evening Schools								
	毕业生数 Graduates			招生数 Students Admitted			在校学生数 Enrolment		
	计 Total	本科 Normal Courses	专科 Short-cycle Courses	计 Total	本科 Normal Courses	专科 Short-cycle Courses	计 Total	本科 Normal Courses	专科 Short-cycle Courses
总计 Total	279632	61066	218566	390877	67741	323136	1213117	221279	991838
北京 Beijing	25287	4766	20521	40988	5258	35730	120630	19655	100975
天津 Tianjin	3856	1148	2708	7161	1768	5393	20920	4848	16072
河北 Hebei	6835	1443	5392	11980	2445	9535	39436	7309	32127
山西 Shanxi	5117	1426	3691	7182	1357	5825	24952	4321	20631
内蒙古 Inner Mongolia	3017	316	2701	4468	409	4059	14744	2310	12434
辽宁 Liaoning	17295	4398	12897	27887	6413	21474	85206	19429	65777
吉林 Jilin	13372	4568	8804	16545	4024	12521	54209	14347	39862
黑龙江 Heilongjiang	11845	2762	9083	13824	2914	10910	47502	11995	35507
上海 Shanghai	9958	2617	7341	17218	3173	14045	51416	11557	39859
江苏 Jiangsu	12288	2538	9750	34155	7077	27078	90491	17535	72956
浙江 Zhejiang	5914	2106	3808	12677	4344	8333	36023	8805	27218
安徽 Anhui	7301	1605	5696	10090	1253	8837	33723	3867	29856
福建 Fujian	2169	549	1620	6322	1131	5191	22566	2713	19853
江西 Jiangxi	3735	684	3051	8285	892	7393	23363	2886	20477
山东 Shandong	25924	9000	16924	26499	4686	21813	100975	23334	77641
河南 Henan	22734	3199	19535	23137	2518	20619	80450	8476	71974
湖北 Hubei	24455	6581	17874	24917	5379	19538	85389	18187	67202
湖南 Hunan	18088	1112	16976	20823	1594	19229	59874	4127	55747
广东 Guangdong	10291	835	9456	14982	1506	13476	37106	3632	33474
广西 Guangxi	4180	776	3404	7589	1259	6330	17234	2938	14296
海南 Hainan	879	103	776	749	151	598	2419	399	2020
四川 Sichuan	19909	4388	15521	17831	3930	13901	57165	12966	44199
贵州 Guizhou	3333	392	2941	795	166	629	7026	986	6040
云南 Yunnan	5076	878	4198	5862	424	5438	21803	2882	18921
西藏 Tibet	0	0	0	0	0	0	0	0	0
陕西 Shaanxi	9495	2014	7481	18466	2612	15854	49563	8864	40699
甘肃 Gansu	4158	781	3377	6176	815	5361	17395	2397	14998
青海 Qinghai	0	0	0	0	0	0	0	0	0
宁夏 Ningxia	361	0	361	514	0	514	1614	0	1614
新疆 Xinjiang	2760	81	2679	3755	243	3512	9923	514	9409

部、夜大学、成人脱产班分本专科学生数

s & Short－cycle Courses for Adults run by Regular Institutions of Higher Education

单位：人

成人脱产班 Short－cycle courses for Adults								
毕业生数 Graduates			招生数 Students Admitted			在校学生数 Enrolment		
计 Total	本科 Normal Courses	专科 Short-cycle Courses	计 Total	本科 Normal Courses	专科 Short-cycle Courses	计 Total	本科 Normal Courses	专科 Short-cycle Courses
64425	917	63508	90360	1040	89320	215903	2976	212927
2704	24	2680	3720	0	3720	8114	59	8055
593	0	593	1304	0	1304	2552	0	2552
1723	0	1723	1474	0	1474	5260	0	5260
645	0	645	1424	0	1424	2921	0	2921
392	0	392	253	0	253	1511	0	1511
360	0	360	1923	0	1923	3535	0	3535
566	0	566	1410	0	1410	2501	0	2501
3610	0	3610	3565	0	3565	7385	189	7196
597	0	597	984	0	984	2737	47	2690
2903	49	2854	7779	84	7695	13213	204	13009
2159	79	2080	3808	61	3747	8087	106	7981
4195	65	4130	3710	0	3710	10257	129	10128
374	7	367	2864	0	2864	5275	11	5264
706	0	706	1048	0	1048	2507	0	2507
1587	28	1559	1190	30	1160	4613	69	4544
3678	54	3624	6486	52	6434	14691	52	14639
4577	199	4378	8533	248	8285	20447	483	19964
2079	0	2079	1532	0	1532	5878	0	5878
4211	0	4211	4085	0	4085	12336	0	12336
2453	0	2453	2260	0	2260	5900	0	5900
2044	0	2044	1309	0	1309	3086	0	3086
11348	334	11014	17229	228	17001	40124	662	39462
1622	42	1580	3418	152	3266	6734	419	6315
899	0	899	1330	0	1330	2980	0	2980
0	0	0	66	0	66	137	0	137
2615	0	2615	3643	185	3458	11942	546	11396
480	20	460	828	0	828	2220	0	2220
239	0	239	280	0	280	646	0	646
171	0	171	168	0	168	483	0	483
4895	16	4879	2737	0	2737	7831	0	7831

成人高等学校其

Number of Other Students in Adult Higher

地区 Region	招生数 Entrants									
	学历教育学生总数中双招班 Total formal students	第二学科学历 Students for secand diploms	证书教育 Certificate-oriented education		岗位培训 Job-specific training		大学后继续教育 Post-collegiate continuing education	基础学院	成人中专班 Spec. Sec. Classes for Adult	其他 Others
			单科班 Single subject courses	专业证书班 Classes for certificate-oriented trainees	资格性培训 Qualification-oriented training	适应性培训 Adaptation training				
总计 Total	5381	34328	69806	115602	331445	669066	47355	3217	127240	100120
北京 Beijing	490	8978	2668	40057	27806	20157	5619	572	455	2473
天津 Tianjin	512	2551	5547	2250	10403	13990	3443	0	1139	2388
河北 Hebei	587	4544	0	1780	768	2277	120	244	9340	928
山西 Shanxi	315	140	62	1034	6702	2451	3533	0	1058	5517
内蒙古 Inner Mongolia	385	707	97	63	709	1094	660	0	4268	2537
辽宁 Liaoning	192	756	617	14426	6998	2598	1031	0	8287	11622
吉林 Jilin	14	1064	80	5531	13916	126	430	0	4707	215
黑龙江 Heilongjiang	40	212	304	3506	8240	6413	1269	96	5019	11187
上海 Shanghai	292	1286	8881	4900	132059	488060	10023	0	1633	16785
江苏 Jiangsu	170	1258	2412	6359	24470	21402	3822	0	5224	2817
浙江 Zhejiang	0	743	8002	4168	8085	7411	2702	0	0	6999
安徽 Anhui	208	811	0	1282	3107	1558	377	0	3061	737
福建 Fujian	0	407	867	957	7056	3648	1279	0	3877	2187
江西 Jiangxi	34	406	3	0	1762	2475	452	0	1338	401
山东 Shandong	927	1148	1424	4877	16392	16820	309	2073	11141	5523
河南 Henan	290	861	1800	1124	3666	1345	2071	0	7569	7518
湖北 Hubei	13	223	7682	1610	6532	16169	6018	0	6715	3026
湖南 Hunan	0	620	839	2871	15087	19910	364	0	12393	746
广东 Guangdong	0	5049	5534	9493	24913	4906	1618	0	5928	3150
广西 Guangxi	261	493	0	938	617	395	0	0	1875	3449
海南 Hainan	0	15	280	52	0	30	0	0	901	15
四川 Sichuan	52	1372	14139	6498	7866	27467	1428	91	19862	4361
贵州 Guizhou	0	138	182	230	1934	680	77	0	20	1719
云南 Yunnan	228	16	1316	40	389	1377	246	141	4474	294
西藏 Tibet	0	0	0	0	0	0	0	0	0	0
陕西 Shaanxi	83	71	1234	1213	1801	2339	334	0	308	1083
甘肃 Gansu	111	59	1000	148	0	3722	0	0	5539	193
青海 Qinghai	0	53	0	195	0	0	0	0	553	0
宁夏 Ningxia	117	49	4836	0	167	246	0	0	556	0
新疆 Xinjiang	60	298	0	0	0	0	130	0	0	2250

他学生数(总计)

Educational Institutions (Regional Aggregates)

单位:人

在校学生数 Enrolment									
学历教育学生总数中双招班 Total formal students	第二学科学历 Students for secand diploms	证书教育 Certificate－oriented education		岗位培训 Job－specific training		大学后继续教育 Post－collegiate continuing education	基础学院	成人中专班 Spec. Sec. Classes for Adult	其他 Others
		单科班 Single subject courses	专业证书班 Classes for certificate-oriented trainees	资格性培训 Qualifica-tion－oriented training	适应性培训 Adaptation training				
13809	72203	102587	141215	161111	135221	42346	20738	325042	215113
965	15347	1490	29271	8346	2760	6948	6509	1295	3167
1718	5601	6644	4372	3492	4755	2548	103	2257	3407
1226	8333	6	3872	559	3079	120	269	26469	17404
778	214	62	3047	4566	2806	3583	0	5538	11925
641	4604	0	63	357	3222	283	1240	11430	3762
494	1690	902	11973	3426	5880	607	648	21134	34074
80	2482	80	14176	15423	716	582	0	12430	233
82	556	2885	4223	7399	5087	1009	112	10635	29272
993	2961	7876	4971	36608	18821	4974	1072	4194	22971
531	2516	3246	5989	13742	19462	2125	0	15533	4043
0	2806	4833	7972	4960	2967	3983	0	0	5770
694	2112	0	3409	1277	502	292	0	7487	812
0	732	2295	1178	5599	1939	1349	0	11435	2213
97	735	11	0	2082	1812	310	0	3681	1121
2367	3006	2401	6668	14450	3520	569	4315	29812	7080
400	787	4557	3595	3334	734	5790	3417	16493	13831
52	692	14619	1931	1674	13570	934	0	16676	10093
0	739	1311	506	3479	3488	307	0	28192	806
0	9787	5990	19206	14382	3893	2019	0	14941	9215
546	671	0	2725	2735	224	57	0	10340	7947
0	62	280	52	0	30	0	0	2355	15
197	2724	30181	9477	8065	26782	2863	508	44447	16595
28	284	160	169	2213	340	77	0	83	4061
612	39	2081	40	449	1781	370	228	11008	344
0	0	0	0	0	0	0	0	0	0
702	140	2695	1726	2104	1878	252	0	569	1747
273	170	3146	173	96	5173	0	0	13802	344
0	29	0	373	0	0	0	71	1068	0
273	135	4836	0	167	0	0	26	1738	0
60	2249	0	58	127	0	395	2220	0	2861

成人中等专业学校基本情况

Basic Statistics of Adult Specialized
(Limited to State-planned enrolment

地　　区 Region	学校数(所) Schools	毕业生数 Graduates	招生数 Students Admitted			在校学生数 Enrolment
			合　计 Total	招高中毕业起点 Graduates From Senior Sec. School	招初中毕业起点 Graduates From Junior Sec. School	
总　计 Total	5070	852445	1050960	333686	717274	2577317
北　京 Beijing	137	25007	29324	5856	23468	104161
天　津 Tianjin	101	16328	18176	2800	15376	45834
河　北 Hebei	228	39440	35140	21026	14114	89046
山　西 Shanxi	189	18809	15365	10939	4426	34100
内蒙古 Inner Mongolia	117	13352	20366	0	20366	51607
辽　宁 Liaoning	237	31980	34218	3646	30572	96133
吉　林 Jilin	166	17655	27024	13120	13904	66598
黑龙江 Heilongjiang	361	47002	39291	7565	31726	102271
上　海 Shanghai	108	18031	23421	9465	13956	67316
江　苏 Jiangsu	246	45636	68156	29086	39070	165362
浙　江 Zhejiang	152	25120	34622	11677	22945	83799
安　徽 Anhui	155	17700	26470	5279	21191	54923
福　建 Fujian	198	22177	30138	10416	19722	78920
江　西 Jiangxi	120	9473	12183	4224	7959	23648
山　东 Shandong	346	130081	88969	46881	42088	224190
河　南 Henan	244	42703	83924	15018	68906	183034
湖　北 Hubei	308	43330	51223	7617	43606	133343
湖　南 Hunan	283	57573	74679	24891	49788	136092
广　东 Guangdong	317	88108	98392	30221	68171	235712
广　西 Guangxi	148	33124	41836	9176	32660	107439
海　南 Hainan	28	3503	5951	904	5047	10697
四　川 Sichuan	338	44251	80498	16082	64416	196566
贵　州 Guizhou	34	11864	17499	0	17499	67566
云　南 Yunnan	143	8576	13444	1381	12063	48412
西　藏 Tibet	0	0	0	0	0	0
陕　西 Shaanxi	129	13182	43555	33398	10157	80539
甘　肃 Gansu	94	9919	13968	5360	8608	32161
青　海 Qinghai	19	2515	4786	3506	1280	11356
宁　夏 Ningxia	28	1404	2602	873	1729	6524
新　疆 Xinjiang	96	14602	15740	3279	12461	39968

注:本表未包括普通中等专业学校举办的成人中专学生。
Note: Adult student enroled in specialized secondary schools are not included.

(总计)(列入计划，学制两年以上)

Secondary Schools (Regional Aggregates) and Courses Lasting 2 Years and Over)

单位：人

毕业班学生数 Graduates for Nert Year	教职工数 Teachers, Staff & Workers					兼任教师 Part-time Teachers
	合计 Total	专任教师 Full-time Teachers	教辅人员 Supportin Staff	行政人员 Adm. Personnel	工勤人员 Workers	
882699	224920	121339	24347	45663	33571	58583
31703	9251	4115	1254	2385	1497	2883
15694	5257	2545	628	1241	843	1199
36298	7662	4509	685	1435	1033	397
16061	4831	2721	445	951	714	122
15131	6529	3416	783	1428	902	803
34486	13277	7997	1112	2553	1615	1697
23312	10772	5986	1562	1988	1236	827
44773	16454	9354	1607	2939	2554	1749
19770	5214	2547	619	1121	927	3001
52970	12701	6599	1168	2534	2400	3344
23572	4718	2459	441	1044	774	3450
14824	4171	2099	485	929	658	1774
23042	5536	3259	533	1090	654	1905
7318	3108	1755	184	543	626	1526
99282	18936	10472	1800	4060	2604	2890
54695	16333	9004	2368	2677	2284	3264
44504	13855	7852	1389	2250	2364	1978
49517	10912	6223	933	1873	1883	2629
87839	12038	7108	776	2217	1937	4513
32114	7707	4240	624	1408	1435	1451
4128	1140	559	52	195	334	167
58374	13799	6078	2707	3258	1756	8650
26843	2421	1358	170	676	217	2631
12776	3612	1664	387	1013	548	1392
0	0	0	0	0	0	0
19740	5122	2434	455	1731	502	1216
11686	3705	1900	522	855	428	1404
3369	686	329	93	183	81	313
2162	747	396	75	151	125	83
16716	4426	2361	490	935	640	1325

广播电视中等专业学校基本

Basic Statistics of Radio/TV

(Limited to State－planned enrolment

地　　区 Region	学校数(所) Schools	毕业生数 Graduates	招　生　数 Students Admitted			在校学生数 Enrolment
			合　计 Total	招高中毕业起点 Graduates From Senior Sec. School	招初中毕业起点 Graduates From Junior Sec. School	
总　计 Total	173	161477	249379	65625	183754	612370
北　京 Beijing	1	9181	5415	1076	4339	29481
天　津 Tianjin	2	4835	2236	219	2017	6389
河　北 Hebei	6	3861	4093	955	3138	11833
山　西 Shanxi	3	642	532	180	352	2960
内蒙古 Inner Mongolia	2	2637	5956	0	5956	14796
辽　宁 Liaoning	6	14437	18788	1810	16978	44675
吉　林 Jilin	2	5053	4657	1302	3355	11456
黑龙江 Heilongjiang	4	6898	3730	426	3304	10345
上　海 Shanghai	2	8401	9801	3811	5990	29512
江　苏 Jiangsu	3	9261	14484	6146	8338	38515
浙　江 Zhejiang	16	7147	10838	2825	8013	27772
安　徽 Anhui	10	3337	4242	1191	3051	7511
福　建 Fujian	3	4962	6266	1396	4870	17831
江　西 Jiangxi	1	2673	2374	2050	324	4110
山　东 Shandong	15	14921	11042	7786	3256	24693
河　南 Henan	4	3443	22900	1500	21400	40848
湖　北 Hubei	6	2343	2656	1356	1300	8869
湖　南 Hunan	26	6435	17691	4375	13316	33344
广　东 Guangdong	3	3814	7440	636	6804	20191
广　西 Guangxi	3	3527	4191	343	3848	13466
海　南 Hainan	1	272	369	268	101	0
四　川 Sichuan	7	19848	44151	7698	36453	101145
贵　州 Guizhou	3	5892	5685	0	5685	18817
云　南 Yunnan	4	3688	5569	12	5557	28123
西　藏 Tibet	0	0	0	0	0	0
陕　西 Shaanxi	3	6255	21527	13991	7536	32571
甘　肃 Gansu	2	1941	5376	735	4641	13356
青　海 Qinghai	1	536	1574	1453	121	3491
宁　夏 Ningxia	1	389	716	360	356	1446
新　疆 Xinjiang	33	4848	5080	1725	3355	14824

情况 (列入计划，学制两年以上)

Specialized Secondary Schools and Courses Lasting 2 Years and Over)

单位：人

毕业班学生数 Graduates for Next Year	教职工数 Teachers, Staff & Workers					兼任教师 Part－time Teachers
	合计 Total	专任教师 Full－time Teachers	教辅人员 Supportin Staff	行政人员 Adm. Personnel	工勤人员 Workers	
172556	16527	8091	3149	3790	1497	20687
11107	913	480	123	261	49	746
3258	184	70	62	31	21	255
5201	294	172	43	52	27	112
598	154	82	7	38	27	13
3561	533	277	131	92	33	375
14177	872	466	150	213	43	849
5383	0	0	0	0	0	0
6901	376	170	55	111	40	254
7626	74	26	0	42	6	26
13542	645	346	30	252	17	1263
7622	634	343	79	179	33	1525
1472	318	132	86	92	8	475
4730	88	48	2	26	12	266
1518	29	15	2	10	2	538
12660	884	467	153	213	51	710
2151	1610	648	543	309	110	2177
5592	715	375	161	83	96	102
5352	1307	849	38	254	166	1675
6220	12	0	0	9	3	153
1181	841	410	137	190	104	542
300	43	14	2	10	17	72
23485	1558	693	520	223	122	5455
5009	665	334	110	151	70	309
7371	502	159	176	134	33	801
0	0	0	0	0	0	0
5916	1022	426	173	341	82	821
3778	656	259	196	129	72	994
750	141	90	16	14	21	19
313	16	6	2	6	2	0
5782	1441	734	152	325	230	160

职工中等专业学校基本情

Basic Statistics of Specialized

(Limited to State－planned enrolment

地区 Region	学校数(所) Schools	毕业生数 Graduates	招生数 Students Admitted 合计 Total	招高中毕业起点 Graduates From Senior Sec. School	招初中毕业起点 Graduates From Junior Sec. School	在校学生数 Enrolment
总计 Total	1978	276857	333624	78557	255067	855604
北京 Beijing	88	8766	12946	2052	10894	43457
天津 Tianjin	58	6315	9367	1595	7772	24023
河北 Hebei	43	5280	9332	1930	7402	23648
山西 Shanxi	56	4598	4425	2053	2372	9080
内蒙古 Inner Mongolia	42	6395	10333	0	10333	24586
辽宁 Liaoning	111	11573	8792	860	7932	30932
吉林 Jilin	73	8561	11785	3901	7884	28650
黑龙江 Heilongjiang	187	26809	22933	3797	19136	61578
上海 Shanghai	95	8945	13028	5352	7676	36390
江苏 Jiangsu	155	17394	21415	4106	17309	62633
浙江 Zhejiang	73	13036	16552	4466	12086	42721
安徽 Anhui	64	3211	6456	536	5920	14929
福建 Fujian	71	3807	8451	1856	6595	19894
江西 Jiangxi	22	3238	3913	1375	2538	7807
山东 Shandong	134	55441	38753	20044	18709	93391
河南 Henan	63	3377	9066	929	8137	22404
湖北 Hubei	174	21042	27006	1637	25369	69612
湖南 Hunan	81	18560	14101	350	13751	37616
广东 Guangdong	159	25845	40894	6986	33908	100011
广西 Guangxi	26	3858	4525	114	4411	16176
海南 Hainan	6	621	734	51	683	1833
四川 Sichuan	75	8358	13277	1785	11492	30546
贵州 Guizhou	18	2952	2924	0	2924	7301
云南 Yunnan	10	630	2332	10	2322	6448
西藏 Tibet	0	0	0	0	0	0
陕西 Shaanxi	36	2267	13124	10644	2480	20643
甘肃 Gansu	32	3977	3816	792	3024	10142
青海 Qinghai	14	1156	1549	840	709	4409
宁夏 Ningxia	12	845	1795	496	1299	4744
新疆 Xinjiang	0	0	0	0	0	0

况（列入计划，学制两年以上）

Secondary Schools for Staff & Workers and Courses Lasting 2 Years and Over)

单位：人

毕业班学生数 Graduates for Next Year	教职工数 Teachers, Staff & Workers 合计 Total	专任教师 Full-time Teachers	教辅人员 Supportin Staff	行政人员 Adm. Personnel	工勤人员 Workers	兼任教师 Part-time Teachers
287409	83592	43333	7724	18443	14092	20362
12304	4533	1845	687	1119	882	1401
6666	3070	1551	320	650	549	728
6856	2228	1128	200	524	376	136
4978	1837	993	163	383	298	36
6987	2843	1305	374	776	388	313
12744	4906	2503	423	1170	810	541
9936	3864	1903	410	830	721	267
25355	8705	4596	693	1690	1726	1210
11714	3784	1704	432	947	701	2935
20984	6402	3419	445	1383	1155	1323
12343	2026	1073	187	474	292	1237
3665	2033	1053	211	436	333	797
6042	1746	909	135	442	260	1084
2487	767	458	34	184	91	81
41940	7372	3916	596	1757	1103	1433
5190	2460	1264	150	652	394	219
20128	7504	4299	691	1273	1241	711
14495	3514	1763	344	665	742	667
32453	5577	3368	446	1042	721	2914
5217	1311	667	69	302	273	264
635	175	94	17	29	35	59
9557	2824	1396	313	706	409	1143
2731	867	508	35	211	113	216
1734	223	122	13	48	40	0
0	0	0	0	0	0	0
3027	909	431	114	215	149	180
3996	1376	706	146	349	175	261
1603	347	166	49	95	37	123
1642	389	193	27	91	78	83
0	0	0	0	0	0	0

农民中等专业学校基本情

Basic Statistics of Specialized

(Limited to State－planned enrolment

地区 Region	学校数(所) Schools	毕业生数 Graduates	招生数 Students Admitted			在校学生数 Enrolment
			合计 Total	招高中毕业起点 Graduates From Senior Sec. School	招初中毕业起点 Graduates From Junior Sec. School	
总计 Total	519	71744	94480	17762	76718	227402
北京 Beijing	16	4923	5612	203	5409	16608
天津 Tianjin	9	2036	1711	97	1614	6188
河北 Hebei	18	943	1416	304	1112	3187
山西 Shanxi	2	0	0	0	0	0
内蒙古 Inner Mongolia	3	60	75	0	75	75
辽宁 Liaoning	26	4328	5048	321	4727	13242
吉林 Jilin	15	2215	8090	6030	2060	19003
黑龙江 Heilongjiang	52	7043	7864	1313	6551	18596
上海 Shanghai	1	141	82	0	82	82
江苏 Jiangsu	0	0	0	0	0	0
浙江 Zhejiang	3	180	644	30	614	1464
安徽 Anhui	7	138	949	148	801	1996
福建 Fujian	12	469	1257	9	1248	2163
江西 Jiangxi	1	0	0	0	0	0
山东 Shandong	45	13573	13610	4663	8947	32382
河南 Henan	44	8037	9970	429	9541	24786
湖北 Hubei	62	5412	6218	348	5870	15907
湖南 Hunan	43	5063	7977	467	7510	13492
广东 Guangdong	47	9982	13148	1583	11565	33518
广西 Guangxi	17	2468	4351	753	3598	10596
海南 Hainan	3	102	118	0	118	345
四川 Sichuan	30	2324	3990	379	3611	8728
贵州 Guizhou	0	0	0	0	0	0
云南 Yunnan	0	0	0	0	0	0
西藏 Tibet	0	0	0	0	0	0
陕西 Shaanxi	0	0	0	0	0	0
甘肃 Gansu	3	70	89	24	65	223
青海 Qinghai	0	0	0	0	0	0
宁夏 Ningxia	1	0	0	0	0	0
新疆 Xinjiang	59	2237	2261	661	1600	4821

况（列入计划，学制两年以上）
Secondary Schools for Peasants
and Courses Lasting 2 Years and Over）

单位：人

毕业班学生数 Graduates for Next Year	教职工数 Teachers, Staff & Workers 合计 Total	专任教师 Full-time Teachers	教辅人员 Supportin Staff	行政人员 Adm. Personnel	工勤人员 Workers	兼任教师 Part-time Teachers
82769	20793	12507	1621	3172	3493	2614
4792	1011	446	138	247	180	484
3088	396	197	44	117	38	126
931	398	215	28	83	72	76
0	0	0	0	0	0	0
0	38	28	0	6	4	0
5174	1200	705	51	214	230	223
4944	1373	809	230	246	88	305
7443	1765	1105	104	309	247	179
85	61	18	1	11	31	2
0	0	0	0	0	0	0
441	67	46	3	12	6	16
453	82	54	16	10	2	84
394	322	186	38	54	44	109
0	0	0	0	0	0	0
13239	2442	1541	153	434	314	224
10502	1975	1222	129	231	393	92
6237	1662	1032	144	204	282	117
4603	1878	1210	149	196	323	53
12198	2503	1629	116	225	533	319
2971	751	460	71	85	135	72
101	110	56	8	7	39	1
3171	970	558	75	146	191	99
0	0	0	0	0	0	0
0	0	0	0	0	0	0
0	0	0	0	0	0	
0	0	0	0	0	0	0
80	98	61	1	12	24	9
0	0	0	0	0	0	0
0	28	9	3	11	5	0
1922	1663	920	119	312	312	24

教师进修学校基本情况

Basic Statistics of In-service

(Limited to State-planned enrolment

地区 Region		学校数(所) Schools	毕业生数 Graduates	招生数 Students Admitted			在校学生数 Enrolment
				合计 Total	招高中毕业起点 Graduates From Senior Sec. School	招初中毕业起点 Graduates From Junior Sec. School	
总计	**Total**	2088	235083	230470	114448	116022	529778
北京	Beijing	23	823	2610	1926	684	7233
天津	Tianjin	17	152	112	0	112	408
河北	Hebei	153	28227	17843	17350	493	44801
山西	Shanxi	118	12745	9523	8133	1390	19760
内蒙古	Inner Mongolia	64	3043	3149	0	3149	9175
辽宁	Liaoning	92	1590	1590	655	935	5707
吉林	Jilin	70	493	421	382	39	1413
黑龙江	Heilongjiang	116	6129	4178	1932	2246	11056
上海	Shanghai	10	544	510	302	208	1332
江苏	Jiangsu	80	10466	22458	12549	9909	41011
浙江	Zhejiang	52	2848	40	0	40	50
安徽	Anhui	46	8587	9752	2282	7470	18495
福建	Fujian	74	7215	7218	2621	4597	22881
江西	Jiangxi	92	1716	901	362	539	2160
山东	Shandong	123	26279	11649	6119	5530	42659
河南	Henan	130	11783	23678	4858	18820	54279
湖北	Hubei	46	7068	8623	2277	6346	23670
湖南	Hunan	107	25491	31908	19532	12376	45297
广东	Guangdong	102	44356	32199	18709	13490	65268
广西	Guangxi	73	14693	13819	5083	8736	38482
海南	Hainan	18	2508	4730	585	4145	8519
四川	Sichuan	196	6610	9350	3966	5384	30227
贵州	Guizhou	3	247	124	0	124	487
云南	Yunnan	127	1005	1264	257	1007	2184
西藏	Tibet	0	0	0	0	0	0
陕西	Shaanxi	85	2016	3211	3155	56	9976
甘肃	Gansu	53	697	977	382	595	2302
青海	Qinghai	0	65	143	121	22	289
宁夏	Ningxia	14	170	91	17	74	334
新疆	Xinjiang	4	7517	8399	893	7506	20323

(列入计划，学制两年以上)
Teacher Training Schools
and Courses Lasting 2 Years and Over)

单位：人

毕业班学生数 Graduates for Next Year	教职工数 Teachers, Staff & Workers					兼任教师 Part-time Teachers
	合计 Total	专任教师 Full-time Teachers	教辅人员 Supportin Staff	行政人员 Adm. Personnel	工勤人员 Workers	
212168	79817	46395	7621	13802	11999	3395
1152	2148	1172	236	487	253	1
141	882	467	90	234	91	22
21811	4226	2696	386	681	463	39
9658	2671	1551	258	483	379	61
3340	2797	1639	258	474	426	108
2141	6184	4255	485	926	518	18
639	4726	2978	574	783	391	157
4964	5466	3446	738	772	510	81
345	1295	799	186	121	189	38
9255	4522	2327	423	706	1066	62
10	1841	919	166	319	437	170
6212	1216	600	98	263	255	163
7113	2675	1718	317	402	238	159
785	2227	1236	148	317	526	82
16931	6313	3429	713	1171	1000	139
21088	5487	3314	522	780	871	17
6092	2142	1198	209	296	439	99
23568	3417	2019	323	525	550	115
31939	3493	1906	213	705	669	105
12864	2910	1705	169	416	620	45
3092	812	395	25	149	243	35
14183	5429	2851	446	1282	850	363
179	75	57	1	13	4	0
696	1954	1002	158	339	455	76
0	0	0	0	0	0	0
3579	2250	1201	148	633	268	28
1160	1023	620	69	184	150	28
12	0	0	0	0	0	43
207	314	188	43	43	40	0
9012	1322	707	219	298	98	1141

干部中等专业学校基本情

Basic Statistics of Specialized

(Limited to State－planned enrolment

地区 Region	学校数(所) Schools	毕业生数 Graduates	招生数 Students Admitted			在校学生数 Enrolment
			合计 Total	招高中毕业起点 Graduates From Senior Sec. School	招初中毕业起点 Graduates From Junior Sec. School	
总计 Total	231	45916	61846	16359	45487	142513
北京 Beijing	8	247	1127	49	1078	2848
天津 Tianjin	15	2990	4750	889	3861	8826
河北 Hebei	7	959	2166	347	1819	4937
山西 Shanxi	4	224	135	23	112	500
内蒙古 Inner Mongolia	5	448	534	0	534	1418
辽宁 Liaoning	1	0	0	0	0	88
吉林 Jilin	4	244	570	120	450	989
黑龙江 Heilongjiang	2	110	556	75	481	666
上海 Shanghai	0	0	0	0	0	0
江苏 Jiangsu	6	1895	1816	1276	540	4767
浙江 Zhejiang	2	403	1181	501	680	2761
安徽 Anhui	15	1360	2497	568	1929	5243
福建 Fujian	30	3619	3050	1662	1388	7123
江西 Jiangxi	3	63	170	0	170	228
山东 Shandong	25	12815	12395	6848	5547	27048
河南 Henan	1	8016	6967	512	6455	16019
湖北 Hubei	10	1474	1529	81	1448	4860
湖南 Hunan	25	1747	2636	167	2469	5955
广东 Guangdong	4	243	487	120	367	3040
广西 Guangxi	23	5511	11344	1150	10194	26906
海南 Hainan	0	0	0	0	0	0
四川 Sichuan	24	2120	4550	1037	3513	11203
贵州 Guizhou	8	392	1005	0	1005	1780
云南 Yunnan	0	644	1652	602	1050	3813
西藏 Tibet	0	0	0	0	0	0
陕西 Shaanxi	3	34	80	0	80	177
甘肃 Gansu	3	222	333	72	261	560
青海 Qinghai	3	136	316	260	56	758
宁夏 Ningxia	0	0	0	0	0	0
新疆 Xinjiang	0	0	0	0	0	0

况(列入计划，学制两年以上)
Secondary Schools for Cadres and Courses Lasting 2 Years and Over)

单位：人

毕业班学生数 Graduates for Next Year	教职工数 Teachers, Staff & Workers 合计 Total	专任教师 Full-time Teachers	教辅人员 Supportin Staff	行政人员 Adm. Personnel	工勤人员 Workers	兼任教师 Part-time Teachers
47272	11955	5972	1036	3116	1831	1878
867	479	135	70	161	113	106
2541	725	260	112	209	144	68
1199	516	298	28	95	95	34
267	107	53	11	37	6	12
745	274	130	17	77	50	7
30	94	60	0	21	13	0
419	142	67	14	39	22	0
110	138	37	17	55	29	21
0	0	0	0	0	0	0
1770	477	179	28	168	102	21
826	0	0	0	0	0	165
1277	409	228	33	93	55	108
2234	555	318	29	133	75	228
44	65	37	0	21	7	16
12064	1771	1011	173	456	131	236
7556	1819	957	150	447	265	60
1909	458	279	31	61	87	37
1111	758	374	53	231	100	115
477	104	52	0	43	9	7
6574	1380	744	112	235	289	356
0	0	0	0	0	0	0
3520	1166	505	105	378	178	206
780	233	112	18	75	28	30
388	0	0	0	0	0	0
0	0	0	0	0	0	0
95	71	32	5	31	3	2
194	88	49	10	22	7	19
275	126	55	20	28	23	24
0	0	0	0	0	0	0
0	0	0	0	0	0	0

成人中学基

Basic Statistics of General Secondary

地区 Region	学校数(所) Schools	教学班(点)(个) External Teaching Sites (Classes)	毕业生数 Graduates 合计 Total	 其中:女生 Of which Female Students	招 Students 合计 Total
总　计 Total	5383	14296	457913	191955	516020
北　京 Beijing	0	378	4561	2574	7545
天　津 Tianjin	44	225	7866	4429	11028
河　北 Hebei	254	419	18107	8592	24739
山　西 Shanxi	621	763	71229	14238	31445
内蒙古 Inner Mongolia	91	204	5353	2262	6253
辽　宁 Liaoning	279	542	18959	9626	21930
吉　林 Jilin	121	188	5920	2711	4901
黑龙江 Heilongjiang	226	398	10860	5225	11880
上　海 Shanghai	20	200	6403	2737	7829
江　苏 Jiangsu	851	1915	54191	27217	60122
浙　江 Zhejiang	347	1120	15561	8306	32210
安　徽 Anhui	97	195	14643	5140	14093
福　建 Fujian	227	554	6032	3463	7197
江　西 Jiangxi	183	439	16369	8860	19756
山　东 Shandong	163	303	31796	6195	32965
河　南 Henan	27	86	3233	1805	3672
湖　北 Hubei	124	261	19490	8772	20777
湖　南 Hunan	401	1255	33139	16054	39509
广　东 Guangdong	532	1873	37548	20022	57835
广　西 Guangxi	270	1269	21209	9426	25082
海　南 Hainan	4	11	301	144	345
四　川 Sichuan	371	1107	20032	8972	34446
贵　州 Guizhou	5	20	113	40	611
云　南 Yunnan	1	18	294	181	851
西　藏 Tibet	0	0	0	0	0
陕　西 Shaanxi	97	163	27853	11925	30400
甘　肃 Gansu	2	7	200	123	173
青　海 Qinghai	1	18	261	127	293
宁　夏 Ningxia	0	0	0	0	0
新　疆 Xinjiang	24	365	6390	2789	8133

本 情 况 （总 计）

Schools for Adults (Regional Aggregates)

单位:人

生数 Admitted	在校学生数 Enrolment		教职工数 Teachers, Staff & Workers		兼任教师 Part-time Teachers
其中女生 Of which Female Students	合计 Total	其中女生 Of shich Female Students	合计 Total	其中:专任教师 Of which: Full-time Teachers	
237319	600145	286731	38675	21084	38446
4283	12570	6605	7698	2913	8410
5916	10476	5472	500	229	358
11779	27066	12923	1373	844	820
11307	33164	12013	1198	130	1194
2249	10932	4419	560	313	249
10955	28725	13167	2195	1412	1112
2014	4735	1873	537	342	343
5842	9383	4976	3399	1926	1434
4053	6747	3466	1489	856	0
31388	76616	40111	5819	4255	6912
16276	46144	23305	1681	963	2845
4243	15214	5074	832	474	501
4230	11591	7247	355	132	1164
10544	20758	10964	668	309	1000
6728	16147	7890	1113	543	777
1948	3769	2054	136	85	91
6695	22444	7893	644	410	371
19238	25410	12283	1873	1230	1695
29860	85656	43333	2431	1107	3769
12380	39913	18657	1130	589	2191
189	415	293	13	13	15
17413	46341	21939	2199	1492	2268
230	1112	444	97	54	31
522	1158	652	9	5	60
0	0	0	0	0	0
12908	29313	13091	245	146	385
137	396	268	38	5	33
163	784	412	66	62	8
0	0	0	0	0	0
3829	13166	5907	377	245	410

职 工 中 学

Basic Statistics of General Secondary

地区 Region	学校数(所) Schools	教学班(点)(个) External Teaching Sites (Classes)	毕业生数 Graduates 合计 Total	其中:女生 Of which Female Students	招 Students 合计 Total
总计 Total	1650	4927	146642	75663	179055
北京 Beijing	0	279	2923	1712	5960
天津 Tianjin	20	164	4791	2458	6528
河北 Hebei	142	232	6042	3021	11548
山西 Shanxi	63	82	7630	4749	4525
内蒙古 Inner Mongolia	32	107	2261	1262	3302
辽宁 Liaoning	109	209	12927	6344	14874
吉林 Jilin	47	90	3062	1393	2809
黑龙江 Heilongjiang	184	308	9432	4529	10162
上海 Shanghai	20	200	6403	2737	7829
江苏 Jiangsu	290	930	29989	14484	30838
浙江 Zhejiang	115	545	9812	5154	17043
安徽 Anhui	62	55	2947	1225	3585
福建 Fujian	40	86	1067	587	1932
江西 Jiangxi	64	134	6196	3193	4429
山东 Shandong	25	120	2986	1694	3163
河南 Henan	21	71	2143	1171	2487
湖北 Hubei	32	101	3073	1345	3460
湖南 Hunan	132	225	5104	2329	6031
广东 Guangdong	146	489	14723	9236	16806
广西 Guangxi	7	51	2273	1544	3007
海南 Hainan	4	11	301	144	345
四川 Sichuan	65	227	6623	3193	11375
贵州 Guizhou	3	19	71	29	415
云南 Yunnan	1	18	294	181	851
西藏 Tibet	0	0	0	0	0
陕西 Shaanxi	13	35	995	490	1768
甘肃 Gansu	2	7	200	123	173
青海 Qinghai	1	18	261	127	293
宁夏 Ningxia	0	0	0	0	0
新疆 Xinjiang	10	114	2113	1209	3517

基本情况

Schools for Staff & Workers

单位:人

生数 Admitted	在校学生数 Enrolment		教职工数 Teachers, Staff & Workers		兼任教师 Part-time Teachers
其中女生 Of which Female Students	合计 Total	其中女生 Of which Female Students	合计 Total	其中:专任教师 Of which: Full-time Teachers	
90091	230606	116488	22685	12944	15116
3170	9175	4595	4799	2374	3266
3099	9051	4566	302	133	292
5442	12934	6184	727	391	531
1874	4986	2130	253	45	225
1423	6424	3601	395	256	147
6975	16004	6447	1179	737	744
1292	2548	1113	334	216	119
5039	7685	3998	2933	1669	1218
4053	6747	3466	1489	856	0
15941	40455	21448	3707	2526	2986
9110	24315	12754	596	316	1148
976	4006	1437	563	457	210
1092	2824	1705	212	111	196
2156	6112	3146	420	245	435
1682	5135	2549	400	222	235
1303	2684	1449	136	85	76
1457	5698	2233	418	259	174
2691	9205	4302	690	419	533
9475	26953	14926	1501	709	1237
2212	2487	1629	101	40	184
189	415	293	13	13	15
5652	14794	7022	936	487	897
168	736	332	72	52	10
522	1158	652	9	5	60
0	0	0	0	0	0
767	1961	951	77	47	29
137	396	268	38	5	33
163	784	412	66	62	8
0	0	0	0	0	0
2031	4934	2880	319	207	108

农 民 中 学

Basic Statistics of General Secondary

地 区 Region	学校数(所) Schools	教学班(点)(个) External Teaching Sites (Classes)	毕业生数 Graduates		招 Students
			合 计 Total	其中:女生 Of which Female Student	合 计 Total
总 计 Total	3733	9369	311271	116292	336965
北 京 Beijing	0	99	1638	862	1585
天 津 Tianjin	24	61	3075	1971	4500
河 北 Hebei	112	187	12065	5571	13191
山 西 Shanxi	558	681	63599	9489	26920
内蒙古 Inner Mongolia	59	97	3092	1000	2951
辽 宁 Liaoning	170	333	6032	3282	7056
吉 林 Jilin	74	98	2858	1318	2092
黑龙江 Heilongjiang	42	90	1428	696	1718
上 海 Shanghai	0	0	0	0	0
江 苏 Jiangsu	561	985	24202	12733	29284
浙 江 Zhejiang	232	575	5749	3152	15167
安 徽 Anhui	35	140	11696	3915	10508
福 建 Fujian	187	468	4965	2876	5265
江 西 Jiangxi	119	305	10173	5667	15327
山 东 Shandong	138	183	28810	4501	29802
河 南 Henan	6	15	1090	634	1185
湖 北 Hubei	92	160	16417	7427	17317
湖 南 Hunan	269	1030	28035	13725	33478
广 东 Guangdong	386	1384	22825	10786	41029
广 西 Guangxi	263	1218	18936	7882	22075
海 南 Hainan	0	0	0	0	0
四 川 Sichuan	306	880	13409	5779	23071
贵 州 Guizhou	2	1	42	11	196
云 南 Yunnan	0	0	0	0	0
西 藏 Tibet	0	0	0	0	0
陕 西 Shaanxi	84	128	26858	11435	28632
甘 肃 Gansu	0	0	0	0	0
青 海 Qinghai	0	0	0	0	0
宁 夏 Ningxia	0	0	0	0	0
新 疆 Xinjiang	14	251	4277	1580	4616

基本情况

Schools for Peasants

单位:人

招生数 Admitted		在校学生数 Enrolment		教职工数 Teachers, Staff & Workers		兼任教师 Part-time Teachers
其中女生 Of which Female Students		合计 Total	其中女生 Of which Female Students	合计 Total	其中:专任教师 Of which: Full-time Teachers	
147228		369539	170243	15990	8140	23330
1113		3395	2010	2899	539	5144
2817		1425	906	198	96	66
6337		14132	6739	646	453	289
9433		28178	9883	945	85	969
826		4508	818	165	57	102
3980		12721	6720	1016	675	368
722		2187	760	203	126	224
803		1698	978	466	257	216
0		0	0	0	0	0
15447		36161	18663	2112	1729	3926
7166		21829	10551	1085	647	1697
3267		11208	3637	269	17	291
3138		8767	5542	143	21	968
8388		14646	7818	248	64	565
5046		11012	5341	713	321	542
645		1085	605	0	0	15
5238		16746	5660	226	151	197
16547		16205	7981	1183	811	1162
20385		58703	28407	930	398	2532
10168		37426	17028	1029	549	2007
0		0	0	0	0	0
11761		31547	14917	1263	1005	1371
62		376	112	25	2	21
0		0	0	0	0	0
0		0	0	0	0	0
12141		27352	12140	168	99	356
0		0	0	0	0	0
0		0	0	0	0	0
0		0	0	0	0	0
1798		8232	3027	58	38	302

成人技术培训学

Basic Statistics of Technical Training

地区 Region	学校数(所) Schools	毕业生数 Graduates 合计 Total	其中: Of which 长班 A	短班 B	招 Students 合计 Total
总计 **Total**	442768	83370243	8638323	74731920	71015474
北京 Beijing	720	1995068	1995068	0	2205097
天津 Tianjin	3476	654205	171985	482220	685866
河北 Hebei	42819	6696900	561852	6135048	5235054
山西 Shanxi	29707	2543675	92343	2451332	1967511
内蒙古 Inner Mongolia	8274	1400000	30000	1370000	1260000
辽宁 Liaoning	13553	4290122	301709	3988413	4791405
吉林 Jilin	8624	2584999	93709	2491290	2373675
黑龙江 Heilongjiang	12161	3478866	343396	3135470	3603063
上海 Shanghai	1777	757075	233170	523905	954550
江苏 Jiangsu	30554	5234425	651060	4583365	4391134
浙江 Zhejiang	22163	2334536	178847	2155689	2432717
安徽 Anhui	12395	3007041	88230	2918811	2539404
福建 Fujian	12803	2283608	222169	2061439	2311538
江西 Jiangxi	11994	1505514	114792	1390722	1390727
山东 Shandong	60390	8350445	454410	7896035	8197221
河南 Henan	28923	5850705	471406	5379299	5820097
湖北 Hubei	10845	2286528	153296	2133232	1942347
湖南 Hunan	31389	2099059	121266	1977793	2149676
广东 Guangdong	2482	817075	90905	726170	519046
广西 Guangxi	11194	2908735	117948	2790787	2738115
海南 Hainan	847	262567	21536	241031	368783
四川 Sichuan	39415	11044148	1616044	9428104	6089987
贵州 Guizhou	6652	1342524	16037	1326487	1396899
云南 Yunnan	9055	4630710	182801	4447909	1420824
西藏 Tibet	0	0	0	0	0
陕西 Shaanxi	19943	2158316	74430	2083886	1712010
甘肃 Gansu	6220	1390812	81012	1309800	1241297
青海 Qinghai	652	127491	2230	125261	197750
宁夏 Ningxia	1151	155094	46672	108422	229681
新疆 Xinjiang	2590	1180000	110000	1070000	850000

A. Lengthy courses (total teaching time no less than 150h.)

B. Short courses (total leaching time less than 150h.)

校基本情况（总计）

Schools for Adults (Regional Aggregates)

单位：人

生数 Admitted 其中: Of which 长班 A	短班 B	在校学生数 Enrolment 合计 Total	其中: Of which 长班 A	短班 B	教职工数 Teachers, Staff & Workers 合计 Total	其中: 专任教师 Of which: Full-time Teachers	兼任教师 Part-time Teachers
8323092	62692382	56488694	5298132	51190562	425662	169364	967344
2205097	0	210029	210029	0	7698	2913	8410
178952	506914	140549	44305	96244	2315	1254	5470
363707	4871347	4075693	302028	3773665	30486	11700	70504
75598	1891913	1830336	80293	1750043	39935	7425	53637
30000	1230000	1320000	20000	1300000	9611	3654	18727
284988	4506417	3717331	302549	3414782	23018	9752	40081
120464	2253211	1389750	135545	1254205	10706	4250	23530
353367	3249696	2589105	148324	2440781	26470	12789	40190
323506	631044	383512	148558	234954	7474	5660	8507
635016	3756118	4109337	546709	3562628	24719	14424	67290
251374	2181343	1764620	236483	1528137	11261	3912	50512
46922	2492482	2192877	48694	2144183	6748	1708	32450
223727	2087811	1974336	202563	1771773	7230	1944	30723
72015	1318712	1403136	67392	1335744	8078	2428	28667
474652	7722569	5665831	436805	5229026	58931	28715	95858
492636	5327461	3138188	287843	2850345	10040	7877	59890
260945	1681402	1388067	98093	1289974	20376	9465	34144
194597	1955079	1982268	213746	1768522	38750	11702	59742
90970	428076	654086	66705	587381	1921	529	6796
137980	2600135	2771372	143152	2628220	15556	3029	33996
22722	346061	410758	32882	377876	67	55	3185
1072238	5017749	6097370	1074329	5023041	26988	13752	77537
11233	1385666	1439710	18279	1421431	6555	758	25273
31474	1389350	1514771	41072	1473699	1950	990	26700
0	0	0	0	0	0	0	0
114834	1597176	1634162	107093	1527069	17633	5390	39267
63080	1178217	1281636	80400	1201236	7588	1690	13863
10634	187116	161428	2988	158440	138	49	1191
30364	199317	238436	41273	197163	683	178	3068
150000	700000	1010000	160000	850000	2737	1372	8136

职工技术培训

Basic Statistics of Technical Training

地区 Region	学校数(所) Schools	毕业生数 Graduates 合计 Total	其中: Of which 长班 A	短班 B	招 Students 合计 Total
总计 Total	12755	6886583	2837817	4048766	7348743
北京 Beijing	439	1532249	1532249	0	1722567
天津 Tianjin	462	52684	17148	35536	38674
河北 Hebei	1282	414461	104533	309928	454369
山西 Shanxi	529	75796	8467	67329	63742
内蒙古 Inner Mongolia	341	70000	10000	60000	60000
辽宁 Liaoning	674	549259	124394	424865	550275
吉林 Jilin	304	214964	31020	183944	234910
黑龙江 Heilongjiang	1038	691515	258964	432551	713677
上海 Shanghai	505	603161	194720	408441	783205
江苏 Jiangsu	1825	737073	185804	551269	749781
浙江 Zhejiang	960	212201	49962	162239	259560
安徽 Anhui	162	63589	6927	56662	53463
福建 Fujian	258	88208	18472	69736	110992
江西 Jiangxi	170	39805	6254	33551	17756
山东 Shandong	285	124343	25104	99239	137015
河南 Henan	908	438740	83452	355288	456424
湖北 Hubei	432	160585	36456	124129	157518
湖南 Hunan	545	197779	15671	182108	218989
广东 Guangdong	93	139686	22397	117289	146384
广西 Guangxi	224	83196	5954	77242	76814
海南 Hainan	42	11746	1060	10686	16411
四川 Sichuan	566	197533	59047	138486	179655
贵州 Guizhou	52	3371	50	3321	3922
云南 Yunnan	54	44143	11670	32473	7911
西藏 Tibet	0	0	0	0	0
陕西 Shaanxi	252	65995	11788	54207	73675
甘肃 Gansu	301	28257	2794	25463	28900
青海 Qinghai	5	652	390	262	672
宁夏 Ningxia	9	5592	3070	2522	1482
新疆 Xinjiang	38	40000	10000	30000	30000

学校基本情况

Schools for Staff & Workers

单位:人

生数 Admitted 其中: Of which 长班 A	短班 B	在校学生数 Enrolment 合计 Total	其中: Of which 长班 A	短班 B	教职工数 Teachers, Staff & Workers 合计 Total	其中:专任教师 Of which: Full-time Teachers	兼任教师 Part-time Teachers
3175928	4172815	4050983	1168717	2882266	76888	42838	92364
1722567	0	190318	190318	0	4799	2374	3266
15011	23663	19565	10281	9284	395	213	566
116043	338326	202609	45327	157282	6046	2468	6642
7010	56732	66894	7763	59131	2010	743	1563
10000	50000	30000	10000	20000	1436	816	1164
112607	437668	628480	147131	481349	7774	3999	13555
28065	206845	196769	41205	155564	2808	1569	2417
263370	450307	308833	54545	254288	8789	4836	14507
270828	512377	336695	130655	206040	6952	5254	7564
226014	523767	637508	164530	472978	7086	4475	10049
62595	196965	214717	64730	149987	2498	999	5065
9435	44028	35292	7229	28063	1739	867	1417
20107	90885	88798	22240	66558	1020	470	1740
2619	15137	16613	3489	13124	899	681	1322
32718	104297	61482	25439	36043	2919	1814	918
103621	352803	215812	62770	153042	3389	1984	5194
37107	120411	91436	23102	68334	2899	2121	1205
18497	200492	138593	24886	113707	4182	2060	4186
19620	126764	97843	18360	79483	376	177	324
6327	70487	91048	7645	83403	1301	615	1464
1925	14486	46356	9250	37106	57	45	137
62333	117322	186895	64281	122614	3796	2299	4736
224	3698	3974	909	3065	81	52	64
1954	5957	8517	2508	6009	658	257	650
0	0	0	0	0	0	0	0
11042	62633	78096	12510	65586	1764	916	1329
2983	25917	20445	3495	16950	468	282	546
410	262	1066	804	262	61	47	0
896	586	6329	3315	3014	99	82	64
10000	20000	30000	10000	20000	587	323	710

农民技术培训

Basic Statistics of Technical

地区 Region		学校数(所) Schools	毕业生数 Graduates 合计 Total	其中: Of which 长班 A	短班 B	招 Students 合计 Total
总计	Total	430013	76483660	5800506	70683154	63666731
北京	Beijing	281	462819	462819	0	482530
天津	Tianjin	3014	601521	154837	446684	647192
河北	Hebei	41537	6282439	457319	5825120	4780685
山西	Shanxi	29178	2467879	83876	2384003	1903769
内蒙古	Inner Mongolia	7933	1330000	20000	1310000	1200000
辽宁	Liaoning	12879	3740863	177315	3563548	4241130
吉林	Jilin	8320	2370035	62689	2307346	2138765
黑龙江	Heilongjiang	11123	2787351	84432	2702919	2889386
上海	Shanghai	1272	153914	38450	115464	171345
江苏	Jiangsu	28729	4497352	465256	4032096	3641353
浙江	Zhejiang	21203	2122335	128885	1993450	2173157
安徽	Anhui	12233	2943452	81303	2862149	2485941
福建	Fujian	12545	2195400	203697	1991703	2200546
江西	Jiangxi	11824	1465709	108538	1357171	1372971
山东	Shandong	60105	8226102	429306	7796796	8060206
河南	Henan	28015	5411965	387954	5024011	5363673
湖北	Hubei	10413	2125943	116840	2009103	1784829
湖南	Hunan	30844	1901280	105595	1795685	1930687
广东	Guangdong	2389	677389	68508	608881	372662
广西	Guangxi	10970	2825539	111994	2713545	2661301
海南	Hainan	805	250821	20476	230345	352372
四川	Sichuan	38849	10846615	1556997	9289618	5910332
贵州	Guizhou	6600	1339153	15987	1323166	1392977
云南	Yunnan	9001	4586567	171131	4415436	1412913
西藏	Tibet	0	0	0	0	0
陕西	Shaanxi	19691	2092321	62642	2029679	1638335
甘肃	Gansu	5919	1362555	78218	1284337	1212397
青海	Qinghai	647	126839	1840	124999	197078
宁夏	Ningxia	1142	149502	43602	105900	228199
新疆	Xinjiang	2552	1140000	100000	1040000	820000

学校基本情况

Training Schools for Peasants

单位:人

生数 Admitted		在校学生数 Enrolment			教职工数 Teachers, Staff & Workers		兼任教师 Part－time Teachers
其中: Of which		合计 Total	其中: Of which		合计 Total	其中:专任教师 Of which: Full－time Teachers	
长班 A	短班 B		长班 A	短班 B			
5147164	58519567	52437711	4129415	48308296	348774	126526	874980
482530	0	19711	19711	0	2899	539	5144
163941	483251	120984	34024	86960	1920	1041	4904
247664	4533021	3873084	256701	3616383	24440	9232	63862
68588	1835181	1763442	72530	1690912	37925	6682	52074
20000	1180000	1290000	10000	1280000	8175	2838	17563
172381	4068749	3088851	155418	2933433	15244	5753	26526
92399	2046366	1192981	94340	1098641	7898	2681	21113
89997	2799389	2280272	93779	2186493	17681	7953	25683
52678	118667	46817	17903	28914	522	406	943
409002	3232351	3471829	382179	3089650	17633	9949	57241
188779	1984378	1549903	171753	1378150	8763	2913	45447
37487	2448454	2157585	41465	2116120	5009	841	31033
203620	1996926	1885538	180323	1705215	6210	1474	28983
69396	1303575	1386523	63903	1322620	7179	1747	27345
441934	7618272	5604349	411366	5192983	56012	26901	94940
389015	4974658	2922376	225073	2697303	6651	5893	54696
223838	1560991	1296631	74991	1221640	17477	7344	32939
176100	1754587	1843675	188860	1654815	34568	9642	55556
71350	301312	556243	48345	507898	1545	352	6472
131653	2529648	2680324	135507	2544817	14255	2414	32532
20797	331575	364402	23632	340770	10	10	3048
1009905	4900427	5910475	1010048	4900427	23192	11453	72801
11009	1381968	1435736	17370	1418366	6474	706	25209
29520	1383393	1506254	38564	1467690	1292	733	26050
0	0	0	0	0	0	0	0
103792	1534543	1556066	94583	1461483	15869	4474	37938
60097	1152300	1261191	76905	1184286	7120	1408	13317
10224	186854	160362	2184	158178	77	2	1191
29468	198731	232107	37958	194149	584	96	3004
140000	680000	980000	150000	830000	2150	1049	7426

成人小学

Basic Statistics of

地区 Region	学校数(所) Schools	教学班(点)(个) External Teaching Sites (Classes)	毕业生数 Graduates 合计 Total	其中:女生 Of which Female Students	招 Students 合计 Total
总计 Total	163139	361478	6638642	4033259	5946895
北京 Beijing	0	1	0	0	0
天津 Tianjin	90	306	2776	1227	4066
河北 Hebei	11269	13273	189650	101503	166538
山西 Shanxi	12282	15986	215329	104978	155381
内蒙古 Inner Mongolia	3645	8572	103287	50248	168853
辽宁 Liaoning	1708	3871	78194	47895	73155
吉林 Jilin	2409	4807	98835	52948	115304
黑龙江 Heilongjiang	6711	14459	110652	66438	114497
上海 Shanghai	0	0	0	0	0
江苏 Jiangsu	5948	12561	358552	227387	274698
浙江 Zhejiang	5096	8123	141871	104593	192270
安徽 Anhui	7167	21824	684860	446945	580977
福建 Fujian	8242	11392	197472	169367	199631
江西 Jiangxi	12577	18403	322276	233495	240022
山东 Shandong	16425	23792	452091	263882	455366
河南 Henan	12050	26447	482367	273604	491998
湖北 Hubei	7558	11265	166107	102136	148134
湖南 Hunan	14565	27184	326522	200065	374042
广东 Guangdong	2316	4863	256756	132229	291685
广西 Guangxi	3690	7412	70899	44422	77332
海南 Hainan	327	981	30056	23201	23207
四川 Sichuan	9002	31667	759436	446258	576224
贵州 Guizhou	1776	19934	261797	172385	333940
云南 Yunnan	1	27614	541934	333822	25951
西藏 Tibet	0	0	0	0	0
陕西 Shaanxi	14491	19822	274753	170312	361323
甘肃 Gansu	2010	13733	229622	137677	284563
青海 Qinghai	631	2180	43506	20076	37093
宁夏 Ningxia	472	1949	24641	14717	43470
新疆 Xinjiang	681	9057	214401	91449	137175

基本情况

Adults Primary Schools

单位:人

生数 Admitted	在校学生数 Enrolment		教职工数 Teachers, Staff & Workers		兼任教师 Part-time Teachers
其中女生 Of which Female Students	合计 Total	其中女生 Of which Female Students	合计 Total	其中:专任教师 Of which: Full-time Teachers	
3506658	6731343	3978545	198353	59499	466610
0	30	0	0	0	0
2061	1915	1297	251	102	382
81808	171582	99769	6567	1458	21466
86578	200650	109075	14490	1727	19625
54230	170567	59765	2837	1013	10553
41631	71692	39496	2703	759	6012
65650	60282	33315	3972	1679	6846
69720	134845	81272	15816	7540	19906
0	0	0	0	0	0
170412	312505	194697	5785	2889	13026
112896	193148	111925	1799	907	13509
381853	670458	438307	3486	524	25587
169792	218186	185006	2479	374	14278
172341	275902	202190	6816	1730	32703
266894	509877	271142	19498	7192	26035
282470	357848	201470	2237	1978	24792
87688	142833	89258	6521	3916	13113
225572	407214	251491	25249	7802	35432
150504	243365	121048	3785	602	6716
50590	87486	60557	8639	907	13320
19489	29651	24571	137	135	1533
315504	617530	333076	10569	5017	37137
202631	327922	209550	17522	2414	31542
11652	499351	300303	1088	316	27763
0	0	0	0	0	0
214221	405123	227417	21033	5611	35482
172169	319632	196586	11964	2030	19400
20917	38991	17977	478	103	2415
21703	47589	23546	595	192	1439
55682	215169	94439	2037	582	6598

职工小学

Basic Statistics of

地区 Region	学校数(所) Schools	教学班(点)(个) External Teaching Sites (Classes)	毕业生数 Graduates 合计 Total	毕业生数 Graduates 其中:女生 Of which Female Students	招 Students 合计 Total
总计 Total	1546	3091	119468	66248	128242
北京 Beijing	0	1	0	0	0
天津 Tianjin	4	8	350	215	380
河北 Hebei	64	78	3352	1645	3543
山西 Shanxi	62	74	6567	3298	7415
内蒙古 Inner Mongolia	30	217	2314	1058	3687
辽宁 Liaoning	53	122	4123	1834	2725
吉林 Jilin	14	29	1463	679	660
黑龙江 Heilongjiang	42	134	1710	824	2643
上海 Shanghai	0	0	0	0	0
江苏 Jiangsu	780	1523	60753	34953	52487
浙江 Zhejiang	40	92	1956	944	2666
安徽 Anhui	1	3	45	30	40
福建 Fujian	38	82	2348	1342	2640
江西 Jiangxi	21	19	165	110	706
山东 Shandong	0	0	0	0	0
河南 Henan	36	75	5182	2582	6112
湖北 Hubei	49	116	8405	4719	7692
湖南 Hunan	52	116	2232	1284	2666
广东 Guangdong	82	250	13363	7423	26918
广西 Guangxi	120	32	2388	1913	1581
海南 Hainan	0	0	0	0	0
四川 Sichuan	41	62	971	490	1522
贵州 Guizhou	1	8	727	365	815
云南 Yunnan	0	7	150	95	0
西藏 Tibet	0	0	0	0	0
陕西 Shaanxi	11	22	754	363	985
甘肃 Gansu	0	0	0	0	0
青海 Qinghai	0	0	0	0	0
宁夏 Ningxia	0	0	0	0	0
新疆 Xinjiang	5	21	150	82	359

基本情况

Worker Primary Schools

单位:人

生数 Admitted	在校学生数 Enrolment		教职工数 Teachers, Staff & Workers		兼任教师 Part-time Teachers
其中女生 Of which Female Students	合计 Total	其中女生 Of which Female Students	合计 Total	其中:专任教师 Of which: Full-time Teachers	
69755	144480	79000	4240	2092	3943
0	30	0	0	0	0
276	330	269	52	40	28
1777	3022	1267	72	54	131
4777	4871	3527	111	2	121
348	5172	3228	524	79	319
1096	4648	1746	257	169	178
402	665	405	54	23	104
1405	2343	1419	164	67	195
0	0	0	0	0	0
32050	68219	39946	1690	1000	1053
1242	3096	1614	46	30	160
30	40	30	0	0	3
1650	2827	1945	36	7	116
503	814	566	2	1	49
0	0	0	0	0	0
2850	5706	2358	0	0	80
4790	4034	2516	172	103	322
1494	4074	2514	251	104	356
11990	29654	12609	361	112	472
1190	1574	1182	83	73	52
0	0	0	0	0	0
765	1670	901	187	147	115
392	243	96	30	15	15
0	0	0	0	0	13
0	0	0	0	0	0
539	1089	673	95	37	53
0	0	0	0	0	0
0	0	0	0	0	0
0	0	0	0	0	0
189	359	189	53	29	8

农民小学

Basic Statistics of

地区 Region		学校数(所) Schools	教学班(点)(个) External Teaching Sites (Classes)	毕业生数 Graduates		招 Students
				合计 Total	其中:女生 Of which Female Students	合计 Total
总计	**Total**	161593	358387	6519174	3967011	5818653
北京	Beijing	0	0	0	0	0
天津	Tianjin	86	298	2426	1012	3686
河北	Hebei	11205	13195	186298	99858	162995
山西	Shanxi	12220	15912	208762	101680	147966
内蒙古	Inner Mongolia	3615	8355	100973	49190	165166
辽宁	Liaoning	1655	3749	74071	46061	70430
吉林	Jilin	2395	4778	97372	52269	114644
黑龙江	Heilongjiang	6669	14325	108942	65614	111854
上海	Shanghai	0	0	0	0	0
江苏	Jiangsu	5168	11038	297799	192434	222211
浙江	Zhejiang	5056	8031	139915	103649	189604
安徽	Anhui	7166	21821	684815	446915	580937
福建	Fujian	8204	11310	195124	168025	196991
江西	Jiangxi	12556	18384	322111	233385	239316
山东	Shandong	16425	23792	452091	263882	455366
河南	Henan	12014	26372	477185	271022	485886
湖北	Hubei	7509	11149	157702	97417	140442
湖南	Hunan	14513	27068	324290	198781	371376
广东	Guangdong	2234	4613	243393	124806	264767
广西	Guangxi	3570	7380	68511	42509	75751
海南	Hainan	327	981	30056	23201	23207
四川	Sichuan	8961	31605	758465	445768	574702
贵州	Guizhou	1775	19926	261070	172020	333125
云南	Yunnan	1	27607	541784	333727	25951
西藏	Tibet	0	0	0	0	0
陕西	Shaanxi	14480	19800	273999	169949	360338
甘肃	Gansu	2010	13733	229622	137677	284563
青海	Qinghai	631	2180	43506	20076	37093
宁夏	Ningxia	472	1949	24641	14717	43470
新疆	Xinjiang	676	9036	214251	91367	136816

基本情况

Peasant Primary Schools

单位:人

生数 Admitted	在校学生数 Enrolment		教职工数 Teachers, Staff & Workers		兼任教师 Part－time Teachers
其中女生 Of which Female Students	合计 Total	其中女生 Of which Female Students	合计 Total	其中:专任教师 Of which: Full－time Teachers	
3436903	6586863	3899545	194113	57407	462667
0	0	0	0	0	0
1785	1585	1028	199	62	354
80031	168560	98502	6495	1404	21335
81801	195779	105548	14379	1725	19504
53882	165395	56537	2313	934	10234
40535	67044	37750	2446	590	5834
65248	59617	32910	3918	1656	6742
68315	132502	79853	15652	7473	19711
0	0	0	0	0	0
138362	244286	154751	4095	1889	11973
111654	190052	110311	1753	877	13349
381823	670418	438277	3486	524	25584
168142	215359	183061	2443	367	14162
171838	275088	201624	6814	1729	32654
266894	509877	271142	19498	7192	26035
279620	352142	199112	2237	1978	24712
82898	138799	86742	6349	3813	12791
224078	403140	248977	24998	7698	35076
138514	213711	108439	3424	490	6244
49400	85912	59375	8556	834	13268
19489	29651	24571	137	135	1533
314739	615860	332175	10382	4870	37022
202239	327679	209454	17492	2399	31527
11652	499351	300303	1088	316	27750
0	0	0	0	0	0
213682	404034	226744	20938	5574	35429
172169	319632	196586	11964	2030	19400
20917	38991	17977	478	103	2415
21703	47589	23546	595	192	1439
55493	214810	94250	1984	553	6590

农民小学中扫

Basic Statistics of Literacy Classes

地区 Region	学校数(所) Schools	教学班(点)(个) External Teaching Sites (Classes)	毕业生数 Graduates 合计 Total	其中:女生 Of which Female Students	招 Students 合计 Total
总计 Total	113143	268967	4067833	2573592	3387072
北京 Beijing	0	0	0	0	0
天津 Tianjin	0	0	0	0	0
河北 Hebei	9302	10950	137097	78533	122075
山西 Shanxi	6984	9556	26765	13958	31304
内蒙古 Inner Mongolia	2733	5648	61828	32099	42263
辽宁 Liaoning	640	1836	18013	12341	10742
吉林 Jilin	1172	2575	24574	14247	22030
黑龙江 Heilongjiang	3733	8998	43021	28092	48188
上海 Shanghai	0	0	0	0	0
江苏 Jiangsu	1516	5158	67087	48584	44527
浙江 Zhejiang	4171	6367	103270	77697	150372
安徽 Anhui	6484	19374	590915	385766	453426
福建 Fujian	5200	6978	106376	93725	107744
江西 Jiangxi	10524	15732	285963	206604	201811
山东 Shandong	9448	14766	208011	136838	177166
河南 Henan	9522	19425	301905	175000	306455
湖北 Hubei	6675	9902	133074	84247	115160
湖南 Hunan	8786	18954	202886	134813	236343
广东 Guangdong	87	337	5981	4025	7676
广西 Guangxi	2314	4426	32412	22784	36114
海南 Hainan	170	715	27562	21434	20115
四川 Sichuan	4849	20342	340668	197999	243431
贵州 Guizhou	1738	19839	258942	171150	330787
云南 Yunnan	0	24864	489234	305896	0
西藏 Tibet	0	0	0	0	0
陕西 Shaanxi	13903	19096	184652	111976	259546
甘肃 Gansu	1830	13161	218104	128878	271642
青海 Qinghai	631	2114	43168	19859	35440
宁夏 Ningxia	449	1822	24641	14717	42977
新疆 Xinjiang	282	6032	131684	52330	69738

盲班基本情况

in Peasant Primary Schools

单位:人

生数 Admitted	在校学生数 Enrolment		教职工数 Teachers, Staff & Workers		兼任教师 Part-time Teachers
其中女生 Of which Female Students	合计 Total	其中女生 Of which Female Students	合计 Total	其中:专任教师 Of which: Full-time Teachers	
2074177	4097920	2514242	138884	39149	356233
0	0	0	0	0	0
0	0	0	0	0	0
60704	120986	74599	5388	989	18384
20151	49734	28345	7783	839	11083
20775	43890	23005	1790	571	7840
6615	11270	6835	221	121	2322
12299	20359	11565	2749	897	4426
30823	55952	34927	10248	4641	13089
0	0	0	0	0	0
30634	52898	38541	1671	876	5949
84431	142769	77140	1423	741	10417
300749	551371	362840	2758	465	22689
91332	128174	108471	1300	180	8509
141511	230111	165929	5328	1571	27429
109868	211388	105828	10260	3701	14096
178562	193605	113288	1505	1346	19392
68736	111489	71276	5385	3027	11632
149518	264966	170660	17642	5265	26313
5408	7669	5367	293	70	546
25461	38805	27880	4427	453	8465
17304	22494	18931	2	1	1388
138717	249504	142057	5691	2900	25233
201187	323645	207564	17330	2295	31446
0	464300	284928	1023	285	26044
0	0	0	0	0	0
153754	303274	165896	20553	5496	32761
162267	303454	184156	11616	1844	18840
19722	37338	16782	478	103	2389
21462	44299	22087	450	48	1439
22187	114176	45345	1570	424	4112

附表：1990－1995年全国教育统计概要

APPENDIX TABLES: Basic Statistics of Education in China from 1990－1995

各级普通学校校数

Number of Regular Schools by Level & Type

单位：所

	1990	1991	1992	1993	1994	1995	1995年比1990年增、减 Increase or Reduce from the Year 1990 to 1995
普通高等学校 Reg. Inst. of Higher Education	1075	1075	1053	1065	1080	1054	−21
普通中等学校 Reg. Secondary Schools	105060	103714	102271	101316	101087	99737	−5323
中等专业学校 Specialized Sec. Schools	3982	3925	3903	3964	3987	4049	67
中等技术学校 Sec. Technical Schools	2956	2977	2984	3046	3093	3152	196
中等师范学校 Teachers Training Schools	1026	948	919	918	894	897	−129
技工学校 Skilled Worker Schools	4184	4269	4392	4477	4430	4507	323
普通中学 General Sec. Schools	87631	85851	84021	82795	82358	81020	−6611
高中 Senior	15678	15243	14850	14380	14242	13991	−1687
初中 Junior	71953	70608	69171	68415	68116	67029	−4924
职业中学 Vocational Schools	9164	9572	9860	9985	10217	10147	983
高中 Senior	7655	8016	8267	8403	8679	8612	957
初中 Junior	1509	1556	1593	1582	1538	1535	26
工读学校 Correctional Work－study Schools	99	97	95	95	95	91	−8
小学 Primary Schools	766072	729158	712973	696681	682588	668685	−97387
特殊教育学校 Special Education Schools	746	886	1027	1123	1241	1379	633
幼儿园 Kindergartens	172322	164465	172506	165197	174657	180438	8116

各级普通学校在校学生数

Enrolment of Regular Schools by Level & Type

单位:万人
in 10 thousand

	1990	1991	1992	1993	1994	1995	1995年比1990年递增(%) Average Increase Rate from the Year 1990 to 1995
研究生 Graduate Education	9.31	8.81	9.42	10.68	12.79	14.54	9.33
普通高等学校 Reg. Inst. of Higher Education Undergraduates	206.27	204.37	218.44	253.55	279.86	290.64	7.10
本科 Normal Courses	132.01	132.00	132.94	141.73	151.69	163.82	4.41
专科 Short-cycle Course	74.26	72.37	85.50	111.82	128.17	126.82	11.30
普通中等学校 Reg. Secondary Schools	5239.19	5369.56	5510.49	5558.14	5894.70	6379.18	4.02
中等专业学校 Specialized Sec. Schools	224.44	227.74	240.84	282.03	319.79	372.15	10.64
中等技术学校 Sec. Technical Schools	156.71	161.60	174.28	209.83	241.40	287.36	12.89
中等师范学校 Teacher Training Schools	67.73	66.14	66.56	72.20	78.39	84.8	4.60
技工学校 Skilled Worker Schools	133.17	142.21	155.60	173.90	187.09	188.59	7.20
普通中学 General Sec. Schools	4585.96	4683.50	4770.80	4739.11	4981.66	5370.98	3.21
高中 Senior	717.31	722.85	704.89	656.91	664.80	713.16	-0.12
初中 Junior	3868.65	3960.65	4065.91	4082.20	4316.86	4657.82	3.78
职业中学 Vocational Schools	295.01	315.55	342.76	362.59	405.61	448.32	8.73
高中 Senior	247.13	263.22	286.38	306.35	342.56	378.63	8.91
初中 Junior	47.88	52.33	56.38	56.24	63.05	69.69	7.80
工读学校 Correctional Work-study Schools	0.61	0.56	0.49	0.51	0.55	0.64	0.96
小学 Primary Schools	12241.38	12164.15	12201.28	12421.24	12822.62	13195.15	1.51
特殊教育学校 Special Education Schools	7.2	8.50	12.95	16.86	21.14	29.56	32.64
幼儿园 Kindergartens	1972.23	2209.29	2428.21	2552.54	2630.27	2711.23	6.57

各级普通学校毕业生数

Graduate of Regular Schools by Level & Type

单位:万人
in 10 thousand

	1990	1991	1992	1993	1994	1995	1995年比1990年递增(%) Average Increase Rate from the Year 1990 to 1995
研究生 Graduate Education	3.54	3.25	2.57	2.82	2.80	3.19	−2.06
普通高等学校 Reg. Inst. of Higher Education Undergraduates	61.36	61.43	60.42	57.07	63.74	80.54	5.59
本科 Normal Courses	30.79	32.35	33.21	29.90	31.03	32.55	1.12
专科 Short−cycle Course	30.57	29.08	27.21	27.17	32.71	47.99	9.44
普通中等学校 Reg. Secondary Schools	1539.10	1522.64	1545.31	1591.89	1598.30	1692.91	1.92
中等专业学校 Specialized Sec. Schools	66.13	74.03	74.30	73.55	72.91	83.92	4.88
中等技术学校 Sec. Technical Schools	42.76	49.64	50.73	50.73	50.35	59.44	6.81
中等师范学校 Teacher Training Schools	23.37	24.39	23.57	22.82	22.56	24.48	0.93
技工学校 Skilled Worker Schools	41.43	45.42	45.70	49.74	55.68	68.15	10.47
普通中学 General Sec. Schools	1342.06	1308.46	1328.38	1365.88	1361.90	1429.02	1.26
高中 Senior	232.96	222.95	226.13	231.71	209.30	201.64	−2.85
初中 Junior	1109.10	1085.51	1102.25	1134.17	1152.60	1227.38	2.05
职业中学 Vocational Schools	89.25	94.54	96.72	102.51	107.62	123.98	6.79
高中 Senior	75.34	80.86	82.62	87.99	93.82	107.02	7.27
初中 Junior	13.91	13.68	14.10	14.52	13.80	16.96	4.04
工读学校 Correctional Work−study Schools	0.23	0.19	0.21	0.21	0.19	0.31	6.15
小学 Primary Schools	1863.11	1846.74	1872.35	1841.51	1899.59	1961.52	1.03
特殊教育学校 Special Education Schools	0.51	0.58	0.89	1.17	1.43	1.90	30.09

各级普通学校招生数

Entrants of Regular Schools by Level & Type

单位:万人
in 10 thousand

	1990	1991	1992	1993	1994	1995	1995年比1990年递增(%) Average Increase Rate from the Year 1990 to 1995
研究生 Graduate Education	2.97	2.97	3.34	4.21	5.09	5.11	11.46
普通高等学校 Reg. Inst. of Higher Education Undergraduates	60.89	61.99	75.42	92.40	89.98	92.59	8.74
本科 Normal Courses	31.72	32.95	34.99	38.65	40.96	44.78	7.14
专科 Short-cycle Course	29.17	29.04	40.43	53.75	49.02	47.81	10.39
普通中等学校 Reg. Secondary Schools	1866.51	1925.64	2000.19	2050.28	2229.2	2425.84	5.38
中等专业学校 Specialized Sec. Schools	73.01	78.00	87.92	114.89	122.54	138.09	13.59
中等技术学校 Sec. Technical Schools	50.28	55.07	63.84	86.54	93.47	107.26	16.36
中等师范学校 Teacher Training Schools	22.73	22.93	24.08	28.35	29.07	30.83	6.29
技工学校 Skilled Worker Schools	50.43	54.45	60.18	66.35	71.44	74.05	6.67
普通中学 General Sec. Schools	1619.62	1655.15	1699.74	1707.28	1859.75	2025.93	4.58
高中 Senior	249.76	243.82	234.73	228.34	243.39	273.65	1.84
初中 Junior	1369.86	1411.33	1465.01	1478.94	1616.36	1752.28	5.05
职业中学 Vocational Schools	123.19	137.82	152.14	161.53	175.28	190.04	9.06
高中 Senior	103.83	114.00	125.46	134.88	146.77	161.20	9.20
初中 Junior	19.36	23.82	26.68	26.65	28.51	28.84	8.30
工读学校 Correctional Work-study Schools	0.26	0.22	0.21	0.23	0.26	0.34	5.51
小学 Primary Schools	2063.97	2072.74	2183.20	2353.48	2537.03	2531.82	4.17
特殊教育学校 Special Education Schools	1.60	1.98	2.95	3.35	3.98	5.63	28.61

各级普通学校教职工数

Number of Regular School Teachers, Staff & Workers by Level & Type

单位:万人 in 10 thousand

	1990	1991	1992	1993	1994	1995	1995年比1990年递增(%) Average Increase Rate from the Year 1990 to 1995
普通高等学校 Reg. Inst. of Higher Education Undergraduates	100.47	100.89	101.36	102.13	104.03	104.06	0.70
普通中等学校 Reg. Secondary Schools	513.71	523.55	533.20	537.96	546.58	560.21	1.75
中等专业学校 Specialized Sec. Schools	49.22	49.39	50.30	51.13	51.65	53.00	1.49
中等技术学校 Sec. Technical Schools	38.48	38.81	39.66	40.29	40.65	41.80	1.67
中等师范学校 Teacher Training Schools	10.74	10.58	10.64	10.84	11.00	11.19	0.82
技工学校 Skilled Worker Schools	30.77	32.52	33.65	33.52	34.01	33.67	1.82
普通中学 General Sec. Schools	399.10	405.45	411.26	413.32	419.07	429.48	1.48
职业中学 Vocational Schools	34.27	35.84	37.63	39.66	41.53	43.40	4.84
工读学校 Correctional Work-study Schools	0.35	0.35	0.36	0.33	0.32	0.32	−1.78
小学 Primary Schools	624.00	619.35	619.90	621.84	627.14	632.42	0.27
特殊教育学校 Special Education Schools	2.03	2.33	2.70	2.96	3.32	3.68	12.63
幼儿园 Kindergartens	105.21	106.24	112.14	112.63	114.92	116.03	1.98

各级普通学校专任教师数

Number of Regular School Full-time Teachers by Level & Type

单位:万人 in 10 thousand

	1990	1991	1992	1993	1994	1995	1995年比1990年递增(%) Average Increase Rate from the Year 1990 to 1995
普通高等学校 Reg. Inst. of Higher Education Undergraduates	39.46	39.08	38.76	38.78	39.64	40.07	0.31
普通中等学校 Reg. Secondary Schools	362.83	370.22	377.47	381.97	391.18	403.76	2.16
中等专业学校 Specialized Sec. Schools	23.45	23.23	23.51	23.93	24.70	25.68	1.83
中等技术学校 Sec. Technical Schools	17.6	17.51	17.81	18.12	18.70	19.51	2.08
中等师范学校 Teacher Training Schools	5.85	5.72	5.70	5.81	6.00	6.17	1.07
技工学校 Skilled Worker Schools	13.55	14.36	14.89	15.03	15.29	11.54	
普通中学 General Sec. Schools	303.26	309.00	314.11	316.68	323.37	333.42	1.91
高中 Senior	56.23	57.33	57.61	55.90	54.68	55.05	−0.42
初中 Junior	247.03	251.67	256.50	260.78	268.69	278.37	2.42
职业中学 Vocational Schools	22.4	23.47	24.80	26.17	27.66	29.21	5.45
高中 Senior	19.53	20.46	21.60	22.86	24.12	25.49	5.47
初中 Junior	2.87	3.01	3.20	3.31	3.54	3.72	5.33
工读学校 Correctional Work-study Schools	0.17	0.16	0.16	0.16	0.16	0.16	−1.21
小学 Primary Schools	558.18	553.22	552.65	555.16	561.13	566.41	0.29
特殊教育学校 Special Education Schools	1.38	1.60	1.85	2.04	2.27	2.52	12.80
幼儿园 Kindergartens	74.96	76.89	81.50	83.60	86.18	87.51	3.14

各级普通学校女学生数

Number of Female Students of Regular Schools by Level & Type

单位:万人
in 10 thousand

	1990	1991	1992	1993	1994	1995	1995年比1990年递增(%) Average Increase Rate from the Year 1990 to 1995
研究生 Graduate Education		2.04	2.34	2.75	3.40	4.01	
普通高等学校 Reg. Inst. of Higher Education Undergraduates	69.51	68.25	73.6	85.2	96.4	102.90	8.16
中等专业学校 Specialized Sec. Schools	101.99	103.82	111.1	133.7	156.2	187.10	12.90
中等技术学校 Sec. Technical Schools	66.48	68.63	74.5	92.3	109.5	135.20	15.25
中等师范学校 Teacher Training Schools	35.51	35.19	36.6	41.4	46.7	51.90	7.89
普通中学 General Sec. Schools	1920.11	1997.64	2056.5	2071.7	2207.0	2407.50	4.63
职业中学 Vocational Schools	133.65	143.63	158.2	169.4	193.8	218.20	10.30
工读学校 Correctional Work-study Schools	0.05	0.045	0.05	0.06	0.06	0.06	3.71
小学 Primary Schools	5655.52	5654.64	5685.6	5815.9	6035.3	6241.10	1.99
特殊教育学校 Special Education Schools	2.76	3.28	5.0	6.4	7.8	10.85	31.49
幼儿园 Kindergartens	936.92	1038.36	1140.9	1197.6	1230.1	1267.60	6.23

各级普通学校女教师数

Female Teachers of Regular Schools by Level & Type

单位:万人
in 10 thousand

	1990	1991	1992	1993	1994	1995	1995年比1990年递增(%) Average Increase Rate from the Year 1990 to 1995
普通高等学校 Reg. Inst. of Higher Education Undergraduates	11.48	11.58	11.6	12.0	12.7	13.20	2.83
中等专业学校 Specialized Sec. Schools	8.87	9.00	9.3	9.7	10.2	10.70	3.82
中等技术学校 Sec. Technical Schools	6.85	6.98	7.2	7.5	7.9	8.30	3.91
中等师范学校 Teacher Training Schools	2.02	2.02	2.1	2.2	2.3	2.40	3.51
普通中学 General Sec. Schools	95.57	99.99	104.5	107.8	112.1	119.20	4.52
职业中学 Vocational Schools	7.05	7.70	8.3	9.0	9.9	10.80	8.90
工读学校 Correctional Work-study Schools	0.04	0.04	0.04	0.04	0.04	0.04	0.00
小学 Primary Schools	240.88	242.27	245.9	250.7	257.0	264.00	1.85
特殊教育学校 Special Education Schools	1.00	1.15	1.3	1.4	1.6	1.73	11.59
幼儿园 Kindergartens	72.17	72.62	77.0	78.7	81.6	82.70	2.76

各级普通学校少数民族学生数

Number of Students from Minorities Enrolled of Regular Schools by Level & Type

单位:万人
in 10 thousand

	1990	1991	1992	1993	1994	1995	1995年比1990年递增(%) Average Increase Rate from the Year 1990 to 1995
普通高等学校 Reg. Inst. of Higher Education Undergraduates	13.67	14.18	15.3	16.3	17.8	18.60	6.35
中等专业学校 Specialized Sec . Schools	18.18	18.63	19.8	22.0	23.2	27.26	8.44
中等技术学校 Sec . Technical Schools	11.41	11.93	12.7	14.3	15.7	18.43	10.06
中等师范学校 Teacher Training Schools	6.77	6.70	7.10	7.70	7.50	8.83	5.46
普通中学 General Sec . Schools	293.03	308.59	320.9	313.69	324.2	346.60	3.41
职业中学 Vocational Schools	15.06	16.51	18.4	18.62	19.0	23.80	9.58
小学 Primary Schools	1069.52	980.65	1122.3	1140.17	1149.2	1196.00	2.26
特殊教育学校 Special Education Schools	0.14	0.18	0.3	0.28	0.5	4.92	103.78
幼儿园 Kindergartens	75.33	63.08	79.4	72.30	83.0	100.20	5.87

各级普通学校少数民族教师数

Number of Minority Teachers of Regular Schools by Level & Type

单位:万人
in 10 thousand

	1990	1991	1992	1993	1994	1995	1995年比1990年递增(%) Average Increase Rate from the Year 1990 to 1995
普通高等学校 Reg. Inst. of Higher Education Undergraduates	1.75	1.89	1.9	1.9	2.1	2.20	4.68
中等专业学校 Specialized Sec . Schools	1.48	1.54	1.6	1.5	1.6	1.80	3.99
中等技术学校 Sec . Technical Schools	0.97	1.01	1.1	1.0	1.1	1.20	4.35
中等师范学校 Teacher Training Schools	0.51	0.53	0.5	0.5	0.5	0.60	3.30
普通中学 General Sec . Schools	18.20	19.21	20.0	20.21	20.8	22.30	4.15
职业中学 Vocational Schools	1.09	1.19	1.3	1.39	1.4	1.50	6.59
小学 Primary Schools	45.87	46.41	47.6	47.72	47.9	50.10	1.78
特殊教育学校 Special Education Schools	0.04	0.06	0.06	0.06	0.1	0.20	37.97
幼儿园 Kindergartens	6.53	2.44	2.5	2.42	3.1	3.00	−14.41

成人学校校数

Number of Adult Schools

单位:所

	1990	1991	1992	1993	1994	1995	1995年比1990年增、减 Increase or Reduce from the Year 1990 to 1995
成人高等学校 Higher Educational Institutions for Adults	1321	1256	1198	1183	1172	1156	−165
广播电视大学 Radio/TV Universities	40	42	44	45	46	46	6
职工高等学校 Workers'Colleges	835	776	726	714	703	694	−141
农民高等学校 Peasants'Colleges	5	5	5	5	4	4	−1
管理干部学院 Institutes for Administration	172	175	168	166	170	166	−6
教育学院 Educational Colleges	265	254	251	249	245	242	−23
独立函授学院 Independent Correspondence Colleges	4	4	4	4	4	4	0
成人中等学校 Sec. Education for Adults	58501	240076	294959	308957	354396	409720	351219
成人中等专业学校 Specialized Sec.	4942	4721	4776	4783	4811	4904	−38
成人中学 General Sec. Schools for Adults	6968	6731	6071	5879	4756	6020	−948
成人技术培训学校 Technical Schools for Adult	46591	228624	284112	298295	344829	398796	352205
成人初等学校 Adult Primary Schools	258134	155461	157038	159435	163423	168151	−89983
职工初等学校 Worker Primary Schools	3744	2171	1385	1959	1115	1078	−2666
农民初等学校 Peasant Primary Schools	254390	153290	155653	157476	162308	167073	−87317

成人学校在校学生数

Enrolment of Adult Schools

单位: 万人
in 10 thousand

	1990	1991	1992	1993	1994	1995	1995年比1990年递增(%) Average Increase Rate from the Year 1990 to 1995
成人高等学校 Higher Educational Institutions for Adults	166.64	147.60	147.87	186.29	235.20	257.01	9.05
成人中等专业学校 Specialized Sec.	158.79	168.04	174.43	206.76	263.81	290.79	12.86
成人中学 General Sec. Schools for Adults	88.47	89.87	68.82	68.64	60.62	74.23	−3.45
成人技术培训学校 Technical Schools for Adult	1282.18	3165.69	3691.20	4172.51	4757.83	5329.15	32.97
成人小学 Adult Primary Schools	2282.09	853.60	828.89	787.69	761.34	778.25	−19.36
其中:扫盲班 of which: Literacy Classes	559.81	562.90	552.71	507.42	463.36	487.63	−2.72

成人学校毕业生数
Graduate of Adult Schools

单位：万人
in 10 thousand

	1990	1991	1992	1993	1994	1995	1995年比1990年递增(%) Average Increase Rate from the Year 1990 to 1995
成人高等学校 Higher Educational Institutions for Adults	48.88	62.08	51.77	44.12	45.53	63.61	5.41
成人中等专业学校 Specialized Sec.	57.68	61.83	48.66	54.03	70.11	89.34	9.15
成人中学 General Sec. Schools for Adults	53.94	71.01	48.55	52.79	56.16	63.99	3.48
成人技术培训学校 Technical Schools for Adult	1545.38	4260.67	4958.51	5706.80	6625.38	7698.19	37.87
成人小学 Adult Primary Schools	2051.49	800.62	755.35	774.00	789.59	765.33	−17.90
其中：扫盲班 of which: Literacy Classes	399	530.34	523.31	548.17	486.18	476.13	3.60

成人学校招生数
Entrants of Adult Schools

单位：万人
in 10 thousand

	1990	1991	1992	1993	1994	1995	1995年比1990年递增(%) Average Increase Rate from the Year 1990 to 1995
成人高等学校 Higher Educational Institutions for Adults	49.24	46.55	59.17	86.27	101.72	91.38	13.16
成人中等专业学校 Specialized Sec.	58.79	65.20	71.31	85.67	115.21	125.24	16.33
成人中学 General Sec. Schools for Adults	69.67	76.17	54.00	60.30	50.52	61.17	−2.57
成人技术培训学校 Technical Schools for Adult	1331.48	3467.63	4541.84	5006.14	5583.03	6112.46	35.64
成人小学 Adult Primary Schools	2120.52	710.91	727.78	737.11	710.97	681.63	−20.31

毛入学率、毕业生升学率(%)
Gross Entrance & Promotion Rate

		1990	1991	1992	1993	1994	1995	1995年比1990年增、减 Increase or Reduce from the Year 1990 to 1995
毛入学率 Gross Entrance Rate	小学(净) Primary Schools (Net)	96.3	96.8	97.2	97.7	98.4	98.5	2.20
	小学 Primary Schools	106.4	105.7	109.4	107.3	108.7	106.6	0.20
	初中 Junior Sec. Schools	66.73	69.7	71.8	73.1	73.8	78.4	11.67
	高中阶段 Senior Sec. Schoos	21.94	23.93	26	28.4	30.7	33.6	11.66
	大学 College & University	3.42	3.5	3.7	4.7	5.7	6.5	3.08
升学率 Promotion Rate	小学 Primary Schools	74.6	77.7	79.7	81.8	86.6	90.8	16.20
	初中 Junior Sec. Schools	40.6	42.9	43.6	44.1	47.8	48.3	7.7

在校生留级率、辍学率(%)
Repeat & Drop－Out Rate

		1990	1991	1992	1993	1994	1995	1995年比1990年增、减 Increase or Reduce from the Year 1990 to 1995
留级率 Repeat Rate	普通小学 Primary Schools	6.1	5.1	4.6	3.8	2.9	2.2	－3.9
	普通初中 Junior Sec. Schools	2.2	1.9	1.6	1	0.7	0.5	－1.7
辍学率 Drop-out Rate	普通小学 Primary Schools	2.4	2.35	2.19	2.27	1.85	1.49	－0.91
	普通初中 Junior Sec. Schools	4.8	5.38	5.78	7.08	5.11	3.98	－0.82

初中、小学生保留率(%)
Retain Rate of Student

	1990	1991	1992	1993	1994	1995	1995年比1990年增、减 Increase or Reduce from the Year 1990 to 1995
小学五年级 Primary Schools (5 year)	71.42	74.11	76.74	78.83	81.08	82.78	11.36
初中三年级 Junior Sec. Schools (3 year)	82.72	85.76	85.5	82.68	84.23	87.46	4.74

专任教师学历合格率(%)
Quelification Rate of Full－time Teachers

	1990	1991	1992	1993	1994	1995	1995年比1990年增、减 Increase or Reduce from the Year 1990 to 1995
普通小学 Primary Schools	73.9	80.7	82.7	84.7	86.6	88.9	15.0
普通初中 Junior Sec. Schools	46.5	51.8	55.6	59.5	63.8	69.1	22.6
普通高中 Senior Sec. Schools	45.5	47.2	49.1	51.1	53.4	55.2	9.7

生师比
Pupil / Teacher Ratio

	1990	1991	1992	1993	1994	1995	1995年比1990年增、减 Increase or Reduce from the Year 1990 to 1995
普通小学 Primary Schools	21.93	21.99	22.08	22.37	22.85	23.3	1.37
普通中学 Secondary Schools	15.12	15.16	15.19	14.97	15.41	16.11	0.99
职业中学 Vocational Schools	13.17	13.44	13.82	13.86	14.66	15.35	2.18
普通中专 Specialized Sec. Schools	9.57	9.8	10.24	11.78	12.95	14.49	4.92
普通高校(1) Reg. Inst. of Education Undergraduates (1)	5.23	5.23	5.64	6.54	7.06	7.25	2.02
普通高校(2) Reg. Inst. of Education Undergraduates (2)	6.30	6.63	6.82	8.02	8.79	8.90	2.60

(1) 仅为本专科学生 (2) 全部学生折合为本专科学生

普通高等学校分职称的专任教师数
Full-time teachers of Regular Higher Educational Institutions by Professional

单位:万人
in 10 thousand

		1990	1991	1992	1993	1994	1995	1995年比1990年递增(%) Average Increase Rate from the Year 1990 to 1995
教授	Prof.	1.51	1.57	1.86	2.44	2.83	3.11	15.55
副教授	Asso. Prof.	8.42	8.38	8.55	9.54	10.21	10.65	4.81
讲师	Lecturers	14.84	15.05	15.73	16.25	16.87	16.65	2.33
教员	Instructors	1.22	2.37	2.25	2.17	2.07	2.17	43.76
助教	Assistants	13.47	11.71	10.37	8.38	7.66	7.49	−30.59

理科教学仪器配备达标学校比重(%)
Proportion's of the Schools which Meet the Criteria for Science Teaching Instrument

	1991	1992	1993	1994	1995	1995年比1990年增、减 Increase or Reduce from the Year 1990 to 1995
普通小学 Primary Schools	9.00	12.80	15.00	19.80	26.02	17.02
职业中学 Vocational Schools	15.00	17.00	19.00	21.40	24.72	9.72
普通中学 Secondary Schools	25.00	29.50	33.00	38.80	46.41	21.41

图书设备达标学校比重(%)
Proportion's of the Schools which Meet the Criteria Books and Reading Material

	1991	1992	1993	1994	1995	1995年比1990年增、减 Increase or Reduce from the Year 1990 to 1995
普通小学 Primary Schools	13.2	17.4	20.9	25.9	34.2	21.00
职业中学 Vocational Schools	20.2	21.5	24.7	26.5	31.43	11.23
普通中学 Secondary Schools	20.1	24.4	28.8	34.2	42.57	22.47

教学分组实验达标学校比重(%)
Proportion's of the Schools which Meet the Criteria Group Experiment to Teaching

	1991	1992	1993	1994	1995	1995年比1990年增、减 Increase or Reduce from the Year 1990 to 1995
普通小学 Primary Schools	6	8	10	14.2	20.28	14.28
职业中学 Vocational Schools	15	17	18	20.6	24.18	9.18
普通中学 Secondary Schools	23	27	30	35.4	42.93	19.93

学校校舍情况

Condition of School Buildings

单位: 万平方米
in 10000 m²

		1990	1991	1992	1993	1994	1995	1995年比1990年递增(%) Average Increase Rate from the Year 1990 to 1995
普通高校 Reg. Inst. of Education Undergraduates	校舍建筑总面积 Floor Space	9718.69	10291.03	10815.45	11445.67	12356.94	13052.63	6.08
	危险房屋面积 Floor space of dilapidated buildings	355.40	402.24	399.95	398.76	384.97	403.27	2.56
	当年新增面积 New floor space added in current year	423.79	374.40	440.91	412.57	543.71	587.40	6.75
中专学校 Specialized Sec. Schools	校舍建筑总面积 Floor Space	5691.15	6559.21	6661.12	6953.08	7738.17	8276.76	7.78
	危险房屋面积 Floor space of dilapidated buildings	184.27	194.60	175.98	171.45	156.45	153.12	−3.64
	当年新增面积 New floor space added in current year	223.53	232.48	232.30	269.48	360.25	384.22	11.44
普通中学 Secondary Schools	校舍建筑总面积 Floor Space	25933.71	26954.73	28502.90	29664.84	31038.57	33397.81	5.19
	危险房屋面积 Floor space of dilapidated buildings	818.61	741.15	593.95	602.97	627.33	576.20	−6.78
	当年新增面积 New floor space added in current year	1343.67	1246.13	1248.29	1112.93	1355.01	1939.36	7.62
职业中学 Vocational Schools	校舍建筑总面积 Floor Space	2532.52	2760.66	3058.01	3394.24	3646.46	4143.10	10.35
	危险房屋面积 Floor space of dilapidated buildings	69.38	69.60	56.02	60.63	61.24	54.87	−4.58
	当年新增面积 New floor space added in current year	162.24	164.78	182.29	169.15	238.06	329.50	15.22
小学 Primary Schools	校舍建筑总面积 Floor Space	43221.30	42760.52	44284.18	45502.13	46733.62	49341.29	2.68
	危险房屋面积 Floor space of dilapidated buildings	1311.74	1184.22	836.26	866.18	976.30	887.87	−7.51
	当年新增面积 New floor space added in current year	1541.26	1473.66	1401.26	1167.18	1347.63	2008.55	5.44

TRANSLATOR'S NOTES

Considering that many foreign readers might not be familiar with the educational system of China, it is appropriate to give some explanations to part of the English terms used in this book.

1. "Secondary school" is used throughout instead of the conventional "middle school" to indicate zhongxue (中学), in view of the fact that in the United States and the United Kingdom, "middle school" means quite different things from Zhongxue in China, the upper stage of which leads to higher education directly.

2. "Putong gaodeng xuexiao" (普通高等学校) is rendered into "regular higher educational institutions" so as to distinguish them from institutions for adult. But "putong zhongxue" (普通中学) is rendered into "general secondary schools" so as to distinguish them from schools for adults as well as from vocational－technical schools.

3. "Duanqi zhiye daxue" (短期职业大学) is rendered into "short－cycle vocational colleges".

4. "Zhuanke xuexiao" (专科学校) is rendered into "short－cycle colleges".

5. "Guangbo dianshi daxue" (广播电视大学), "zhigong gaodeng xuexiao" (职工高等学校), "nongmin gaodeng xuexiao" (农民高等学校), "guanli ganbu xueyuan" (管理干部学院), and "jiaoyu xueyuan" (教育学院) are rendered into radio/TV universities, workers' colleges, peasants' colleges, institutes for administration, and educational colleges respectively.

6. In summary tables showing the number of schools and enrolments and the number of staff and workers, the number of schools is always given in an absolute number, while the other figures are given in 10 thousand.

7. In the statistical tables the translator has freely used the device of English letters to indicate the more clumsy terms or phrases, with the full translations given at the bottom of the table.